GTB
Gütersloher Taschenbücher
1447

Für Doro, Gav und Avi

Jonathan Magonet

Geb. 1942, promovierter Theologe, Rabbiner und Direktor
des Leo Baeck Colleges für Jüdische Studien in London,
Vizepräsident der World Union for Progressive Judaism,
leistete Pionierarbeit in der literarischen Annäherung
an biblische Texte.

Im Gütersloher Verlagshaus erschienen von ihm außerdem:
»Wie ein Rabbiner seine Bibel liest« (1994),
»Schöne – Heldinnen – Narren. Von der Erzählkunst der hebräischen Bibel« (1996),
in Zusammenarbeit mit Walter Homolka »Das jüdische Gebetbuch« (1997) und
»Mit der Bibel durch das jüdische Jahr« (1998)

JONATHAN MAGONET

Die subversive Kraft der Bibel

**Aus dem Englischen übersetzt von
Sieglinde Denzel und Susanne Naumann**

Gütersloher Verlagshaus

Deutsche Erstausgabe
Die englische Originalausgabe erschien 1997 unter dem Titel
»The Subversive Bible« bei SCM Press Ltd., London.
© Jonathan Magonet 1997

Die Deutsche Bibliothek – CIP-Einheitsaufnahme

Magonet, Jonathan:
Die subversive Kraft der Bibel / Jonathan Magonet.
Aus dem Engl. übers. von Sieglinde Denzel und Susanne Naumann. -
Gütersloh: Gütersloher Verl.-Haus, 1998
(Gütersloher Taschenbücher; 1447)
Einheitssacht.: The subversive Bible ‹dt.›
ISBN 3-579-01447-1

ISBN 3-579-01447-1
© der deutschen Ausgabe: Gütersloher Verlagshaus, Gütersloh 1998

Umschlaggestaltung: INIT, Bielefeld, unter Verwendung eines Freskos im
Ausschnitt von Bartolo di Fredi (Exodus), Dom von S. Gimignano.
Satz: Weserdruckerei Rolf Oesselmann GmbH, Stolzenau
Druck und Bindung: Clausen & Bosse, Leck
Gedruckt auf chlorfrei gebleichtem Werkdruckpapier
Printed in Germany

Inhalt

Vorwort

Am Anfang dieses Buches stand ein großartiger Titel: *The Subversive Bible* – die subversive Seite der Bibel. Doch was auf den ersten Blick recht einfach ausgesehen hatte – passende Themen und Materialien zu diesem Titel zusammenzutragen –, erwies sich schließlich als weit zeitaufwendiger als geplant. Das lag zum Teil daran, daß der Gegenstand, je mehr ich ihn auf dem Hintergrund verschiedener Teile der Hebräischen Bibel zu beleuchten suchte, immer zentraler und allgegenwärtiger schien. Ich sah mich daher gezwungen, sehr viel umfassender im Hinblick auf die Bereiche vorzugehen, die in meine Untersuchung einbezogen werden sollten, zugleich aber auch äußerst wählerisch bei den Passagen, die ich explizit vorstellen wollte.

Im Zuge der Arbeit kam mir ein weiterer, langgehegter Wunsch in den Sinn: Einige der Predigten, die ich im Laufe der Jahre anläßlich der alljährlichen jüdisch-christlichen Bibelwoche und der jüdisch-christlich-moslemischen Studentenkonferenz im Hedwig-Dransfeld-Haus in Bendorf gehalten hatte, in Buchform herauszugeben. Doch wie ließ sich die Aufnahme dieser Predigten in ein Buch zum oben skizzierten Thema rechtfertigen? Meiner Ansicht nach können Predigten, zumindest die geglückteren, biblisches Gedankengut für das Leben einer Gemeinschaft fruchtbar machen. Die Predigten konnten also vielleicht die eher theoretischen Kapitel im ersten Teil des Buches sinnvoll ergänzen. Leider sind Predigten für viele Leute Wegwerfware. Dennoch hatten die hier vorgelegten Beispiele in ihrem ursprünglichen Kontext durchaus eine bestimmte Wirkung, und ich hoffe, daß sie sich auch im Kontext dieses Buches etwas davon bewahrt haben. (Im übrigen sei zum Trost vorweg bemerkt, daß nicht alle als Predigten im klassischen Sinne daherkommen, falls das die Lektüre weniger abschreckend macht.)

Die beiden Hauptteile dieses Buches sind durch ein Kapitel miteinander verbunden, das für sich allein steht (Kapitel 6). Zwischen der Bibel selbst und der Gemeinschaft, an die sie sich richtet, steht der Leser, ganz gleich, ob er sich den Texten auf der persönlichen Ebene nähert, als Wissenschaftler oder als kirchlich Engagierter. Jeder Leser aber bringt ein Spektrum von Gedanken und Vorannahmen mit, die häufig unbewußt sind und selten explizit zur Sprache kommen. Das betreffende Kapitel ist deshalb dem Experiment gewidmet, einige der Probleme, die dieser Sachverhalt schafft, aufzuzeigen, denn wenn die Bibel manchmal subversiv ist, so wird diese Subversivität nur zu oft von ihren Interpreten unterlaufen. Heute wissen wir, daß wir die Aussagen der Leute, die den Text für uns auslegen, ihrerseits einem Interpretationsprozeß zu unterziehen haben.

Das bringt mich zurück zu dem Leser und Ausleger, der sich im vorliegenden Buch zu Wort meldet und seinen Leserinnen und Lesern damit natürlich auch eine ganz bestimmte Auffassung anbietet. Ich bitte Sie daher, das Buch ebenfalls mit dem gebührenden kritischen Bewußtsein zu hinterfragen.

Wie gewöhnlich verdankt sich auch dieses Buch in vieler Hinsicht dem Beistand anderer Menschen: der Geduld meiner Frau Dorothea und meiner Kinder Gavriel und Avigail; der Unterstützung von Ute Stamm vom Hedwig Dransfeld-Haus, die dem interreligiösen Dialog in Bendorf so viele Jahre lang eine Heimat gegeben hat; Freunden, Kollegen und Studenten, mit denen ich die hier vorgelegten Gedanken in den verschiedensten Formen erprobt und diskutiert habe; John Bowden, der bei SCM Press weiterhin ein spannendes und breitgefächertes Verlagsprogramm ermöglicht, das auch eine wachsende Zahl rabbinischer Autoren einschließt; dem Leo Baeck College, das gerade sein vierzigjähriges Bestehen gefeiert hat, für die mir in so vielen Jahren gewährten Möglichkeiten, zu lehren und zu lernen – und ab und zu in irgendwelche fernen Regionen zu verschwinden.

Eine besondere Freude war es mir, daß das Titelbild der englischen Ausgabe einen Ausschnitt aus einem Gemälde meines

Großvaters Julius Slonims zeigt. Ich habe ihn nie persönlich gekannt, fühle mich ihm aber sehr verbunden. Er genoß den Ruf eines talmudischen Gelehrten und gründete die orthodoxe Federation Synagogue in Clapton. Dennoch war er ganz eindeutig ein »moderner« Mensch, schrieb Erzählungen in hebräischer Sprache und war ein begabter Maler. Das genannte Bild ist eigentlich eine Kopie, die er von einem einst sehr berühmten Gemälde des deutsch-jüdischen Malers Eduard Bendemann (1811-1889) mit dem Titel *Jeremia bei der Zerstörung von Jerusalem* anfertigte. Es stellt in genialer Weise die verstörende Kraft der Prophetie und die tragische Rolle des Propheten dar. Wo aber entdeckte mein Großvater dieses Bild und kopierte es? Das Original verblieb offenbar in Deutschland, das er nie besucht hat. Es gibt allerdings eine Schwarz-Weiß-Fotografie des Bildes auf dem Frontblatt des dritten Bandes der alten jüdischen Enzyklopädie von 1903. Falls das die Vorlage war, so stellt die Kopie in der Tat eine außergewöhnliche Leistung dar. Mein Großvater gab sein künstlerisches Talent an mindestens drei Generationen weiter, wobei mein Anteil allerdings nur in der schon lange nicht mehr genutzten Fähigkeit zum Karikaturzeichnen bestand. Statt dessen habe ich von ihm die Liebe zur jüdischen Gelehrsamkeit geerbt und hoffe, er wäre mit seinem Enkel zufrieden, der immerhin eine ganz andere Art Rabbiner in einer völlig anderen Welt ist.

Für die deutsche Ausgabe – dort erscheinen meine Bücher immer in etwas anderem »Gewand« – empfanden wir es als angemessener, das Exodus-Thema in den Mittelpunkt zu stellen, wie es sich in dem großartigen Renaissance-Fresko von Bartolo di Fredi spiegelt. (All jene, die am Opus meines Großvaters interessiert sind, seien hiermit auf die englische Ausgabe oder einen Besuch in meinem Studierzimmer im Leo Baeck College verwiesen. Gerne wüßte ich, was aus dem Originalwerk von Bendemann geworden ist.)

Einmal mehr bin ich Sieglinde Denzel und Susanne Naumann für ihre sorgfältige und sensible Übersetzungsarbeit zu großem Dank verpflichtet. Das Gütersloher Verlagshaus nahm sich des

Buches in bewährter Weise an, und ich danke Christa Dommel und Birgit Schreiber für ihre Begleitung des Werkes in den verschiedenen Produktionsphasen.

Rabbiner Professor Jonathan Magonet
Leo Baeck College, London, April 1998

1

Die subversive Kraft der Bibel

Vielleicht ist alles ja ganz anders!

In gewisser Weise sagt der Titel schon alles. Die Hebräische Bibel ist subversiv, ja gefährlich, und wir gehen ein Risiko ein, wenn wir sie lesen. Vielleicht reicht es ja schon, diese Tatsache einfach zu konstatieren und es dem Leser selbst zu überlassen, die unzähligen Beispiele zu entdecken, die die obige Behauptung bestätigen oder auch zweifelhaft erscheinen lassen. Doch leider bleibt die Bibel allzu oft ein Buch, über das man zwar spricht, das man aber nicht liest. Wie aber soll man die ganz besondere Welt dieses Buches einer Leserschaft zugänglich machen, die mit seiner Sprache, seinen Konventionen und Absichten nicht vertraut ist?

Auf die Gefahr hin, ein Sakrileg zu begehen, muß in aller Deutlichkeit gesagt werden, daß die Bibel keineswegs nur ein »frommes« Dokument ist, das mit Glacéhandschuhen angefaßt werden muß. Wer das tut, vergißt die ungeheure Bandbreite der in ihr behandelten Themen, ihre allumfassende Menschlichkeit und ihre außergewöhnliche Kraft, Menschen in Bewegung zu setzen und herauszufordern. Und er vergißt auch, daß die Bibel auf einer bestimmten Ebene ganz einfach volkstümliche, d. h. Volksliteratur im wahrsten Sinne des Wortes ist, eine Literatur, die in ihren Anfängen Menschen direkt ansprach und dies seit ihrer Fertigstellung vor mehr als zweitausend Jahren auch weiterhin tut. Die Bibel holte die Menschen da ab, wo sie standen.

Es ist das »Image« der Bibel, das einem neuen, unverbrauchten Erleben des Textes im Wege steht. Hinzu kommt noch, daß wir ihn gewöhnlich in der Übersetzung lesen, was aus einer ganzen Reihe von Gründen seine ganz eigenen Schwierigkeiten verursacht. Die klassischen Übersetzungen, im Deutschen etwa die Lutherübersetzung, wirken heute, auch wenn sie in ihrer jeweiligen Zeit eine großartige Leistung darstellten, als Barrieren zwischen uns und der unmittelbaren Frische des biblischen Textes. Sie lassen ihn antiquiert erscheinen und nicht wie ein zeitgenössisches Stück Literatur. Dazu kommt, daß manche sprachlichen Aspekte heute ganz einfach mißverständlich wirken. Nehmen wir zum Beispiel die Einleitungsworte des Buches Kohelet – »Es ist alles ganz eitel«. Damit ist nicht »eitel« im heutigen Sinn gemeint. Vielmehr ist hier die Rede von etwas Wesenlosem, wie es in dem hebräischen Wort *hewel*, Atemzug oder Windhauch, anklingt. Manche der neueren Übersetzungen geraten wiederum ins entgegengesetzte Extrem: Durch Übervereinfachung oder in dem allzu bemühten Versuch, zeitgenössische Formulierungen zu verwenden, gehen bei ihnen die Feinheiten und wechselseitigen Bezüge innerhalb des hebräischen Urtextes verloren.

Das nächste Problem kommt mit der Frage aufs Tapet, wem die Bibel denn nun eigentlich gehört. Wir neigen begreiflicherweise dazu, sie in einem religiösen Kontext zu sehen und zu lesen, was ebenso selbstverständlich auf unser Verständnis abfärbt. Wenn sich dann noch jemand mit der institutionalisierten Religion schwertut, kann es leicht geschehen, daß das Kind, sprich die Bibel, mit dem Bade ausgeschüttet wird. Dabei zeigt schon ein flüchtiger Blick auf die Bibel, daß dieses Buch viel zu viele Bereiche des menschlichen Lebens und Erlebens abdeckt und viel zu viele unterschiedliche Stile und Erzählmodi aufweist, um sich in irgendeinen konventionellen religiösen Rahmen pressen zu lassen. Wenn wir ganz ehrlich sind, werden wir zugeben müssen, daß die Bibel uns möglicherweise deshalb fremd bleibt, weil ein paar halbvergessene Geschichten, die wir in der Kindheit gehört haben, uns den Blick trüben, und weil uns das feierliche Pathos, mit dem die Bibel gewöhnlich umgeben wird, so abstößt, daß wir ihre Relevanz gar nicht mehr wahrnehmen können. Wenn Shakespeare immer so steif und feierlich vorgetragen worden wäre wie der Text der Bibel, wäre sein Ruf wohl nie über die Grenzen von Stratford-on-Avon hinausgedrungen.

Dieses Buch will dazu einladen, das vielschichtige Material, das die Bibel bietet, mit neuen Augen zu sehen, zu erkennen, wie unkonventionell vieles von dem ist, was da erzählt wird, wenn wir es erst einmal von den Verkrustungen unserer eigenen Vorurteile befreit haben.

Der eine oder andere mag die Behauptung, die Bibel sei »subversiv«, als Abwertung empfinden, doch dazu besteht keinerlei Grund. Man denke nur an die Propheten, deren Wirken sich oft gegen die Machthaber und den Status quo richtete – manchmal auf Kosten des eigenen Lebens –, dann wird schnell klar, welche gefährliche Herausforderung die biblischen Texte zum Teil darstellen. Die Propheten waren zu ihrer Zeit subversive Aktivisten, und indem die Bibel deren Aussagen und Taten bewahrt und nacherzählt, trägt sie das Provozierende im Wirken dieser Männer weiter, in die Generationen nach ihnen.

Daß die Bibel ein provokatives Buch ist, läßt sich schon daran zweifelsfrei erkennen, daß so viele verschiedene revolutionäre Bewegungen sich von ihr inspirieren ließen und aus ihr ihre Rechtfertigung ableiteten, während umgekehrt die Mächtigen der verschiedensten Zeiten immer wieder versucht haben, ihren Impetus durch ein ihnen genehmes Deutungsraster abzuschwächen oder den Menschen ganz einfach den Zugang zu den biblischen Texten zu verwehren.

Das berühmteste Beispiel einer biblischen Geschichte, die immer wieder revolutionäres Gedankengut inspiriert und genährt hat, ist die Geschichte vom Exodus aus Ägypten. Ihre Botschaft ist in einem bekannten Spiritual zusammengefaßt:

When Israel was in Egypt's land
    Let My people go!
Oppressed so hard they could not stand
    Let My people go!
Go down, Moses, way down in Egypt's land
Tell old Pharaoh to let My people go!

In seinem Klassiker *Exodus und Revolution* lotet der politische Philosoph Michael Walzer den Einfluß der Exodus-Geschichte auf verschiedene Befreiungsbewegungen aus:

»Die Flucht aus der Knechtschaft, der Zug durch die Wüste, der Bund am Berge Sinai, das Gelobte Land – sie alle spielen im revolutionären Schrifttum eine maßgebliche Rolle. Man hat sich die Revolution sogar häufig als eine Darstellung des Exodus und den Exodus als ein Programm für die Revolution vorgestellt.

[Der Exodus] spielt eine zentrale Rolle für die kommunistische Theologie oder Antitheologie von Ernst Bloch, ist Quelle und Ursprung seines ›Prinzips Hoffnung‹ ... Er ist das Thema eines 1926 von Lincoln Steffens publizierten Buches, *Moses in Red*: einer detaillierten Schilderung des politischen Ringens Israels in der Wüste und einer Verteidigung der leninistischen Politik. Er ist von entscheidender Bedeutung für die ›Theologie der Befreiung‹, die katholische Priester in Lateinamerika entwickelt haben ... Er spielt eine prominente Rolle in den mittelalterlichen Debatten über die Legitimität der Kreuzzüge. Er ist wichtig für die politische Argumentation des radikalen Mönchs Savonarola, der in den Monaten unmittelbar vor seinem Sturz und seiner Hinrichtung zweiundzwanzig Predigten über das Buch *Exodus* hielt. Er wird in den Pamphleten der deutschen Bauernrevolte angeführt. Johannes Calvin und John Knox rechtfertigen ihre extremsten politischen Positionen dadurch, daß sie aus dem *Exodus* zitieren. Der Text untermauert die radikale Vertragstheorie der hugenottischen *Vindiciae Contra Tyrannos* und danach der schottischen Presbyterianer. Er ist ... maßgeblich für das Selbstverständnis der englischen Puritaner während der vierziger Jahre des 17. Jahrhunderts sowie der Amerikaner auf ihrem ›Gang in die Wüste‹. Er ist eine wichtige Quelle ebenso für die Begründung wie für die Symbolik im Verlauf der amerikanischen Revolution und der Errichtung von ›GOTTES neuem Israel‹ an unseren Gestaden ... Das Buch *Exodus* wurde lebendig in den Händen burischer Nationalisten, die gegen die Briten kämpften, und es ist lebendig in den Händen schwarzer Nationalisten im heutigen Südafrika.«[1]

1. Michael Walzer, *Exodus und Revolution*, Fischer Taschenbuch, Frankfurt/M. 1995, S. 7, 13-16.

Vielleicht sollte ich an dieser Stelle zunächst einmal klarstellen, von welcher Bibel ich überhaupt rede. Gemeint ist nicht der in feierliches Schwarz gebundene Foliant, den man in Kirchen findet, oder das diskrete Büchlein in den Nachttischschubladen der Hotels, die jeweils ein Altes und ein Neues Testament enthalten. Mir geht es um den ersten Teil dieses Buches, die Hebräische Bibel, die ein paar Jahrhunderte vor dem Aufkommen des Christentums schließt und nur aus ihrer ganz eigenen Zeit und ihrem ganz eigenen Umfeld heraus begriffen werden kann. Sie macht zwar zwei Drittel jenes bewußten schwarzgebundenen Buches aus, doch ihre Wurzeln liegen in einer anderen Welt und in einer anderen Sprache, und es bedarf deshalb mehr als einer bloßen Übersetzung, um zu verstehen, wovon ihr Text handelt. Dieser Punkt wird uns in der Auseinandersetzung mit den verschiedenen Themen des vorliegenden Buches immer wieder begegnen. Im Grunde geht es ganz einfach darum, daß die Hebräische Bibel beides ist, das wohlbekannte dicke Buch und zugleich etwas ganz anderes, Fremdes, das auf eine seiner Eigenart gemäße Weise angegangen werden muß, wenn wir die Herausforderungen, vor die uns dieses Fremde stellt, wirklich erfahren wollen. Die Kraft dieses besonderen Textes schimmert auch in der Übersetzung durch, sein Wesen aber muß von jeder Generation neu ausgelotet und erarbeitet werden.

Tragischerweise wird die Bibel heute oft als ureigenster Besitz der »Religiösen« betrachtet, und die in ihr zur Sprache kommenden Gedanken werden von all jenen, die religiösen Systemen oder Gemeinschaften gleichgültig oder gar ablehnend gegenüberstehen, in den Bereich der Mythen oder des Aberglaubens verwiesen. Doch die Hebräische Bibel ist ein viel zu ernstzunehmendes Buch, um es allein den Frommen zu überlassen, nicht zuletzt, weil es im Bereich des Religiösen oft zweckentfremdet wurde und für irgendwelche engen, sektiererischen Interessen herhalten mußte und muß. Die Bibel verdient wahrlich eine bessere Behandlung von beiden Lagern.

Ich will mich hier nicht in Definitionen des Begriffes »subversiv« verlieren, zumal das vorliegende Buch eher eine Erkundungsreise als ein abgeschlossenes Thesengebäude ist, doch mag es hilfreich sein, sich zumindest zwei Aspekte der subversiven Kraft der Bibel immer wieder ins Gedächtnis zu rufen: Wir könnten den einen als extrinsisch, den anderen als intrinsisch bezeichnen. Der extrinsische Aspekt manifestiert sich typischerweise im prophetischen Angriff gegen die Politik eines Königs oder gegen die Aktivitäten der Priesterschaft und Propheten-Kollegen oder auch gegen das Abirren des Volkes in den Götzendienst. In all diesen Situationen spricht die Bibel ganz offen einen Teil der israelitischen Gesellschaft an und zieht eine bestimmte Gruppe zur Rechenschaft. Der intrinsische Aspekt hat mehr mit den Vorannahmen zu tun, mit denen die Hebräische Bibel arbeitet, und mit der Weltsicht, die sie vertritt. Schon allein durch ihr ureigenes Wesen, durch den Standpunkt, den sie gegenüber den Konventionen ihrer Welt einnimmt, untergräbt sie die Machtstrukturen, Geschlechterrollendefinitionen oder religiösen Vorannahmen ihrer Zeit.

Freilich sollte man nicht außer acht lassen, daß eine so pauschale Aussage wie »die Bibel ist subversiv« nicht unproblematisch ist. Die Hebräische Bibel ist eine Bibliothek, kein einzelnes Buch, sie enthält eine riesige Menge gegensätzlichen, um nicht zu sagen widersprüchlichen Materials. Dennoch muß dieses Material in den Augen der Kompilatoren des Kanons letztlich genügend Einheitlichkeit aufgewiesen haben, um zu einem Werk zusammengefaßt zu werden. Sonst bliebe nur noch, die Bibel als ein willkürliches Sammelsurium unterschiedlichster Materialien aus den verschiedenen Krisenzeiten, die das biblische Israel zu bestehen hatte, zu betrachten. In diesem Fall gliche sie jenem jüngst erschienenen amerikanisch-jüdischen Gebetbuch, das um die zwanzig Gottesdienstalternativen für den Sabbat bereithält – für jeden nur denkbaren Anlaß und Geschmack eine. Ein Kritiker merkte in seiner Rezension wenig schmeichelhaft an, das Buch sei immerhin ein »Meisterwerk der Buchbinderkunst«!

Trotz einer durchaus vorhandenen Einheitlichkeit sind es aber doch gerade die starken Kontraste innerhalb der Bibel, die zu ihrem subversiven Charakter beitragen, da sie den Leser zur Auseinandersetzung zwingen. Da wird die konventionelle Weisheit der Sprüche hart kontrastiert durch die bitteren Auslassungen Hiobs und die rigoros-scharfsichtige Analyse des Predigers; die Detailbesessenheit der kultischen Vorschriften in Levitikus wird hinterfragt, ja geradezu unterminiert durch die wiederholte prophetische Kritik an einer Ungerechtigkeit, die sich hinter frommer Zurschaustellung versteckt: »Frevel und Feste ertrage ich nicht«, spricht Gott (Jes 1, 13). In den Psalmen steht religiöse Gewißheit neben nicht weniger tief durchlittenem religiösem Zweifel. Gebote zum Sexualverhalten stehen in schroffem Gegensatz zum durchaus nicht untadeligen Lebenswandel der allerfrömmsten Patriarchen und heldenhaftesten Könige, ganz zu schweigen von der unzweideutigen Erotik des Hohenliedes. Ungeachtet der ständig wiederholten Bitte um Frieden »nah und fern« sind die Seiten der Bibel mit Blut befleckt, das immer wieder im Namen des Gottes des Friedens vergossen wurde. Derartige Paradoxa und Gewaltorgien lassen sich nicht einfach als Ausgeburten einer »primitiven« Stufe der Religiosität abtun, die entweder durch einen neuen und besseren Bund ersetzt oder mit dem Hinweis auf die damals noch unzivilisierte Menschheit wegerklärt oder gerechtfertigt werden können. Wir müssen davon ausgehen, daß die Verfasser der Bibel uns an Klugheit nicht nachstanden – sonst würden wir ihr literarisches Vermächtnis nicht heute noch mit solcher Faszination und persönlichen Betroffenheit lesen.

Wenn es in der Bibel Dinge gibt, die wir ablehnen, weil keine noch so großen interpretatorischen Bemühungen oder Erklärungen sie wirklich rechtfertigen können, dann gibt es umgekehrt auch andere, die, wie wir einräumen müssen, noch heute ernst genommen und für unsere eigene »fortschrittliche« Gesellschaft fruchtbar gemacht werden sollten: Wenn im Jubeljahr alle Schulden erlassen würden (Lev 25), damit die Menschen von Zeit zu

Zeit die Möglichkeit hätten, neu anzufangen; wenn wir unsere Nächsten wirklich wie uns selbst lieben würden (Lev 19, 18); wenn wir unsere Schwerter zu Pflugscharen umschmiedeten und nicht länger aufrüsten würden (Jes 2, 4); wenn wir ein Segen für alle Geschlechter auf Erden sein könnten (Gen 12, 3) – dann wäre die Welt in der Tat ein besserer Ort, und wir bräuchten die Bibel nicht.

Mehr noch – die Verpflichtung, die Bibel »kritisch« zu lesen, mit offenen Augen, mit Fragen, ja sogar mit durchaus kritischer Beurteilung der Werte, die sie uns anbietet, ist selbst eines ihrer Vermächtnisse, und vielleicht das subversivste von allen. Von der Aufforderung in Dtn 4, 2, »ihr sollt dem Wortlaut dessen, worauf ich euch verpflichte, nichts hinzufügen und nichts davon wegnehmen«, bis zum Stoßseufzer des Predigers, »es nimmt kein Ende mit dem vielen Bücherschreiben«, werden wir hineingezogen in einen Prozeß des Wertens und Bewertens all der Vorgänge und Dinge, die zwischen den Einbanddeckeln der Bücher dieser Bibliothek und in unmittelbarer Folge auch in den Büchern unserer Traditionen und Gesellschaften und den ganz persönlichen Büchern unseres Lebens behandelt werden. »Worte von Gelehrten sind wie Ochsenstecken« (Koh 12, 11).

Was die Hebräische Bibel trotz ihrer Vielfalt und ihrer inneren Widersprüche zusammenhält, ist eine ganz einfache Prämisse – der eine Gott, Schöpfer der Welt. Diese Anerkennung einer letzten Einheit im geschaffenen Universum ist erstaunlich und unerhört. Die Gelehrten mögen darüber streiten, ob es sich dabei um eine späte, geistig hochstehende Entwicklungsstufe eines früheren Polytheismus oder um Monolatrie handelt, oder ob der Monotheismus einen revolutionären Sprung in ein völlig neues Bewußtsein darstellt. Zu dem Zeitpunkt, zu dem die Hebräische Bibel vorliegt, ist der Gedanke einer letzten Einheit jedenfalls vollständig ausgeformt und akzeptiert, wenngleich es – ähnlich wie bei archäologischen Grabungen – möglich ist, daneben auch versteinerte Überreste älterer oder zumindest anderer Weltanschauungen innerhalb des Textes zutage zu fördern.

Das erste Kapitel der Genesis geht nicht nur von dem einen Gott aus, der außerhalb der Natur steht, sondern ignoriert in meisterhafter Unbekümmertheit ganze mythologische Systeme, die es damit zugleich demontiert. Während an anderen Stellen in der Hebräischen Bibel, insbesondere in den eher poetischen Passagen, manchmal eine Art Engelsgefolge auftaucht, gibt es hier, in der Abfolge der majestätischen Akte der Trennung und Differenzierung, keine Götter, Halbgötter oder Mächte neben Gott. Sonne und Mond, in anderen Kulturen vielfach verehrt, werden zu bloßen Glühbirnen, praktischen Lichtpunkten am Himmel, die den Ablauf des Tages und den Wechsel der Jahreszeiten markieren. Die schrecklichen legendären Seeungeheuer verwandeln sich in Gummienten in der gigantischen Badewanne des Ozeans – so stellt es sich zumindest aus Gottes distanzierter Perspektive dar. Keine Spur vom großen Kampf zwischen den Göttern und den kosmischen Wassern der antiken nahöstlichen Mythologie. Und als krönender Schlußpunkt, mit einer beinahe nonchalanten Geste, wird die natürliche Zeit mit ihren Zyklen von Sonne und Mond dem Rhythmus von sechs Arbeitstagen und einem Ruhetag untergeordnet. Gottes Zeit wird der Welt aufgeprägt.

Die zweite einende Prämisse ist nicht weniger wundersam als die erste: Dieser Gott geht eine enge Beziehung mit einem bestimmten Teil seiner Schöpfung ein, mit den Menschen. Das findet seinen Ausdruck schon in der menschlichen Gestalt: »Als unser Abbild, uns ähnlich« (Gen 1, 26). Nur an dieser einen Stelle im Verlauf des Schöpfungsaktes äußert sich Gottes Beschluß nicht in einem strikten Befehl. Der Satz »laßt uns Menschen machen ...« steht für eine Fermate, einen Augenblick des Atemholens innerhalb des überwältigenden Schauspiels göttlicher Kreativität. Die Schöpfungsbühne ist mit bunten Tüchern und den Flaggen aller Nationen geschmückt. Jetzt beugt sich der Zauberer über den schwarzen Zylinder, und wir warten mit angehaltenem Atem, was er daraus hervorholen wird. Die Rabbinen stritten darüber, mit wem Gott sich bei diesem »laßt uns ...« beriet – ob mit Engeln, die gegen die Erschaffung des Menschen Einspruch erhoben, oder ob es sich einfach um inneres Zwiegespräch handelt. Auf jeden Fall läßt dieser Augenblick der Reflektion bereits etwas davon ahnen, was hier für Gott auf dem Spiel steht, auch wenn der Grund ewig unbekannt und unerkennbar bleiben wird.

Wir können auf diesen Gott der Genesis jedes beliebige ›Bild‹ projizieren, denn genau das ist letztlich die Folge des Geschaffenseins nach dem ›Bild‹ Gottes. Ist er eine Kraft, die ihre eigenen kreativen Möglichkeiten entdeckt? Ein Künstler, der mit den Farben auf seiner Palette experimentiert? Ein kindliches Wesen, das die Schöpfung im Spiel hinwirft? Gleicht er gewissenhaften, besonnenen Eltern? Vielleicht schafft der Gott, der außerhalb des Universums ist, ein Wesen, durch das er das Universum von innen kennenlernen will, indem er mit dessen Augen sieht und gleichsam stellvertretend durch das Erleben dieser Geschöpfe lebt. Ein Gott, der es darauf anlegt, seinen Geschöpfen die Freiheit zu geben, ihrer Phantasie zu folgen, und sich doch wünscht, ihr Verhalten zu beherrschen und zu bestimmen. Ein Gott, der bereits alles weiß und doch immer wieder enttäuscht ist vom Handeln seiner Geschöpfe.

Es dauert nicht lange, bis das erste Menschenpaar die Grenzen seiner Freiheit ausgelotet hat. Der unmittelbare Anstoß dazu geht zwar von der Schlange aus, doch weil Gott der Handlungsfreiheit der Menschen Grenzen gesetzt hat, ist irgendeine Form der Rebellion unvermeidlich. Sie müssen dieser Herausforderung begegnen, ja, schon das Verbot selbst kann als Versuch Gottes gesehen werden, die Neugier, den Mut und das Unabhängigkeitsstreben seiner neuen Schöpfung auf die Probe zu stellen.

Innerhalb einer einzigen Generation kommt es zum ersten Akt der Unabhängigkeit und zum Verlassen des Garten Eden. Der erste Mord geschieht, und schon bald ist die Welt so verdorben, daß Gott sie vernichten will. Als das neue Geschlecht, das von Noach abstammt, sich als nicht weniger problematisch erweist, ist dem Gott, der auch der göttlichen Macht im Bund mit Noach Grenzen gesetzt hat, der Weg der Vernichtung verschlossen.[2] Statt dessen nimmt das Experiment nun eine neue Gestalt an. Ein Mensch wird auserwählt, Abraham, und so lange auf die Probe gestellt, bis er Gottes Wunschvorstellung von einem ganz bestimmten Menschenschlag entspricht. Er wird zum Stammvater eines Volkes in einem bestimmten Land, das zum Vorbild für den Rest der Menschheit werden soll. Doch bevor es soweit ist, müssen wiederum bestimmte Erfahrungen und Erlebnisse durchlaufen werden.

Ich habe die These aufgestellt, daß die Bibel das Bild eines Schöpfergottes entwirft, der selbst einen Lernprozeß durchmacht. Wenn die Menschen innerhalb der Grenzen ihrer menschlichen Natur und der Kürze ihres Lebens die Freiheit der Entscheidung haben, kann Gott nur im Hintergrund bleiben und ihren Weg indirekt nach seinen Vorstellungen lenken. Gott kann befehlen, aber die Menschen sind frei zu entscheiden, ob sie gehorchen wollen oder nicht. Im Zentrum der Erzählzyklen über Abraham und Jakob steht jeweils eine bewußt ausgeführte Handlung der Hauptperson, die dazu führt, daß Gottes Pläne fehlschlagen. In beiden Fällen geht die Anstiftung zur Tat von einer Frau aus, der Ehefrau oder Mutter. Ironischerweise steht in beiden Fällen hinter dem Tun eigentlich der Wunsch, zur Erfüllung dessen beizutragen, was als Gottes Ziel angesehen wird. Abraham hätte auf die Geburt Isaaks warten sollen und Saras Drängen, Hagar zur Frau zu nehmen, nicht nachgeben dürfen; Jakob hätte Gottes besonderen Segen von Isaak empfangen; er hätte es nicht nötig gehabt, auf Rebekka zu hören und seinem Bruder Esau den falschen Segen zu steh-

2. Diese selbstauferlegte Machtbegrenzung führt uns möglicherweise zur zweiten Gelegenheit, bei der Gott mit sich selbst »zu Rate geht«, bevor er handelt, sprich: die Sprachverwirrung beim Turmbau zu Babel stiftet (Gen 11). Einer Lesart zufolge handelt es sich dabei um Gottes Antwort auf das ehrgeizige Bauprojekt der Menschen. Man kann diesen Vorgang aber auch genausogut als eine weitere Stufe des göttlichen Experimentes betrachten, indem hier eine Distanz zwischen verschiedenen Menschengruppen geschaffen wird, eine Distanz sprachlicher und geographischer Art, deren Folgen dann beobachtet werden.

len. (Der Segen, den er sich so erschleicht, ist lediglich der Segen materiellen Wohlstands. Bei seiner Rückkehr aus dem Exil macht er dem Bruder bei ihrer ersten Begegnung eine Reihe von Geschenken, die er bewußt als ›Segen‹ bezeichnet (Gen 33, 11).)

In beiden Fällen macht der Held einen großen Umweg, bevor er schließlich auf den rechten Weg zurückfindet, den Gott ihm vorgezeichnet hat: Ismael muß erst fortgeschickt werden, um Platz für Isaak, das Kind der Verheißung, zu schaffen, und Jakob muß zwanzig Jahre in der Verbannung ausharren. Am Ende siegt zwar der Wille Gottes, doch erst, als die menschlichen Akteure erkennen, daß sie von ihrem Weg abgekommen sind, und die entsprechenden Kurskorrekturen vornehmen.

Wie die Helden dieser Geschichten aus ihren Erfahrungen lernen, so lernt auch Gott aus seinen Rückschlägen immer mehr über die Menschen. Die nächste Stufe des Lernprozesses, in dessen Verlauf Gott entdeckt, wie die Menschen handeln, spielt sich auf einer höheren, eher politischen Ebene ab. Es handelt sich um die Geschichte, in der Jakobs Nachfahren hinab nach Ägypten ziehen.

Wir neigen dazu, die Geschichte vom Exodus aus Ägypten gleichsam von vornherein durch eine bestimmte Brille zu betrachten. Entweder sehen wir in ihr vor allem und in erster Linie die Geschichte Israels – die Geschichte, wie Gott sein Volk aus der Erfahrung der Sklaverei in die Freiheit führte, mit großen, mächtigen Taten, die gewissermaßen das Vorspiel bilden zum Sinai-Ereignis und dem Einzug ins Gelobte Land. Oder wir verallgemeinern das Geschehen, indem wir schlußfolgern, daß ein solcher Befreiungsakt für alle Menschen im Zustand der Sklaverei, wie immer sie auch beschaffen sein mag, Folgen haben muß. Auf jeden Fall setzen wir das ›Happy End‹ als selbstverständlich voraus. Welche Chance hat schon ein Pharao gegen den Herrscher des Universums, der ganze Heerscharen von Plagen gegen ihn aufbieten kann? Die Beteiligten waren sich dieses Ausgangs ihres Abenteuers sicherlich bei weitem nicht so gewiß – Mose zeigte sich von Anfang an eher zurückhaltend, und die Kinder Israels hatten gar panische Angst davor, überhaupt etwas an ihrem Status quo zu ändern. Für den Verfasser der Bibel dagegen steht das Ende fest. Er zeichnet das Bild eines Gottes, der mit souveräner Autorität und aus einem erzieherischen Anliegen heraus handelt. Doch daneben mag noch ein anderer Aspekt die ganze Zeit mitgespielt haben.

Da lesen wir beispielsweise, was Gott vor seinem Auftrag zu Mose sagt: »Ich habe das Elend meines Volkes in Ägypten gesehen, und ihre laute Klage über ihre Antreiber habe ich gehört. Ich kenne ihr Leid ...« (Ex 3, 7). Wir verstehen diese Worte als Beweis für Gottes Mitgefühl mit denen, die leiden. Es gibt jedoch eine rabbinische Lehraussage, die davon ausgeht, daß die Zeit der Sklaverei ursprünglich länger dauern sollte, Gott dann jedoch die Notwendigkeit sah einzugreifen, weil das Elend des Volkes so groß war. Von diesem Gedanken ist es kein weiter Weg zu der Überlegung, daß Gott vielleicht seinerseits erst lernen mußte, was so schweres Leiden für die menschlichen Geschöpfe bedeutet. Die Worte Gottes sind nicht einfach nur eine Beruhigung für Mose und die Israeliten – in ihnen spiegelt sich auch die Entdeckung Gottes, welchen Schmerz Menschen sich gegenseitig in der Freiheit, die ihnen geschenkt wurde, zuzufügen in der Lage sind. Gott kann hier nicht unbewegt und scheinbar gleichgültig bleiben – Gott hat gesehen, Gott hat gehört, Gott begreift und muß intervenieren. Es ist, als ob sich durch die Identifikation mit diesen nach dem göttlichen Bilde geschaffenen Kreaturen ein neuer Erfahrungsbereich für Gott auftut. Die Beziehung zwischen Schöpfer und Geschöpf ist eine wechselseitige. Gott muß die göttliche Distanz zu seiner Schöpfung noch einmal hintanstellen und auf der Bühne der Geschichte aktiv werden.

Andererseits können wir die Pole dieses göttlich-menschlichen Engagements auch umkehren, denn gemessen an der Ewigkeit Gottes bekommen wir eine neue Perspektive im Blick auf unsere eigene Vergänglichkeit. Dieses Paradoxon wollte wohl der Prediger in seiner gewohnt lakonischen, wenn auch nicht immer leicht verständlichen Art zum Ausdruck bringen:

»[Gott] machte alles gut zu seiner Zeit. Und [Gott] hat Ewigkeit in ihre Herzen gelegt, so daß die Menschen nicht ergründen konnten, was Gott von Anfang an bis zum Ende getan hatte.« (Koh 3, 11)[3]

Wir existieren zwischen zwei Realitäten, im Auf und Ab unseres persönlichen Alltagslebens und dem Wissen um ein »Vorher« und »Nachher« unserer eigenen Existenz, und jenseits davon sogar in dem Bewußtsein einer in flüchtigen Augenblicken erhaschten transzendenten Realität. Der Text der Bibel scheint weitgehend auf der Prämisse aufgebaut, daß die Welt nach einem göttlichen Plan gelenkt wird und funktioniert, einem Plan, von dem die Menschen durch die göttliche Offenbarung so etwas wie eine Ahnung erlangen können. Der Verfasser des Buches Kohelet dagegen beginnt genau andersherum, mit der Gesamtsumme menschlicher Weisheit und menschlichen Wissens, mit der unbestechlichen empirischen Beobachtung einer krisengeschüttelten Menschheit und mit seiner eigenen Erfahrung, sei sie nun real oder imaginär, und versucht, von hier aus den Willen und das Handeln »Gottes« zu begreifen.

Nicht das Was, sondern das Wie ist entscheidend!

Die Distanz zwischen göttlicher Realität und menschlicher Wahrnehmung findet in der Hebräischen Bibel auf vielfache Weise Ausdruck. Die Folgen des menschlichen Unverständnisses sind dabei oft tragisch. Die Rabbinen waren der Auffassung, wenn das Volk Israel schneller von Begriff gewesen wäre, hätte die Bibel nur aus den fünf Büchern Mose und dem Buch Josua bestanden: am Schluß noch die Landnahme, und dann – Happy End! Statt dessen nehmen ein Drittel der Bibel prophetische Texte ein, die sich mit der fatalen menschlichen Neigung auseinander-

---

3. Soweit dies vom Text her möglich war, wurde für die Bibelstellen die Ökumenische Einheitsübersetzung herangezogen. In einigen Fällen, wie bei der vorliegenden Passage, waren die Abweichungen zu groß, so daß der englische Text des Autors zugrunde gelegt wurde. (Anm. d. Ü.)

setzen, zu versagen und Katastrophen über sich heraufzubeschwö-
ren. Die Düsterkeit dieser Betrachtungsweise wird allerdings
durch den ungeheuren Reichtum der Erzählkunst, die Spannung
und innere Teilnahme, die der Text beim Leser erzeugt, und die
komplexe Vielschichtigkeit der uns überlieferten Geschichten bis
zu einem gewissen Grad unterlaufen. Überraschenderweise ist
der Stil der Darstellung bei aller potentiellen Tragik der zugrundeliegenden Botschaft häufig fast komödienhaft, ein meisterhaf-
tes Spiel mit den Mitteln der Absurdität und Ironie, und gerade
diese unerwartete Dimension untergräbt einmal mehr auf subversive Weise unsere zementierten Vorstellungen davon, wie die
Bibel ist oder zu sein hat.
Zugegeben, es gibt wenige Passagen in der Bibel, mit denen man
echte ›Lacher‹ kassieren kann. Andererseits ist das angesichts
der religiösen Rolle der Bibel und des bedeutungsschwangeren
Ernstes, mit dem sie häufig zum Vortrag kommt, nicht weiter
verwunderlich. Trotzdem ... Wenn das ganze menschliche Leben
in all seinen Spielarten im Bilderbogen der Bibel abgebildet ist,
dann muß auch der Humor seine Spuren im Text hinterlassen
haben, und sei es sogar in der schlichten Gestalt des Slapstick.
Eine Stelle gibt es denn auch, mit der man tatsächlich, im wahrsten
Sinne des Wortes, zwerchfellerschütterndes Gelächter ernten
kann. Es geht um jenen ungeheuer fetten König namens Eglon.
Seine Geschichte wird im Buch der Richter erzählt, das nach
einer einfachen Standardformel aufgebaut ist: Israel sündigt, daraufhin schickt Gott ein Volk, das die Israeliten bestraft, Israel
bereut, Gott schickt einen Richter oder Führer, mit dessen Hilfe
die Feinde bezwungen werden, es herrscht vierzig Jahre lang
Frieden, solange der Richter am Leben ist, dann sündigt Israel
wieder, und der Kreislauf beginnt von neuem. In diesem besonderen Fall schickt Gott Israel Eglon, den König von Moab, auf
den Hals, unter dessen Herrschaft und hohen Tributauflagen die
Israeliten achtzehn Jahre lang zu leiden haben (Ri 3, 12-30). Als
Israel sich schließlich wieder zu Gott wendet, wird ihm ein Ret-
ter in Gestalt des Linkshänders Ehud ben Gera gesandt. Die Geschichte geht folgendermaßen weiter:

»Da machte sich Ehud einen Dolch mit zwei Schneiden, eine Spanne lang, und band ihn unter seinem Gewand an seine rechte Hüfte. So überbrachte er Eglon, dem König von Moab, den Tribut. Eglon aber war ein ungeheuer beleibter Mann. Als [Ehud] mit der Übergabe des Tributs zu Ende war, schickte er die Leute, die die Abgaben getragen hatten, weg; er selber aber kehrte bei den Götterbildern in Gilgal um und sagte: Ich habe eine geheime Botschaft an dich, o König. Da gebot der König Ruhe, und alle anwesenden Höflinge gingen hinaus. Nun trat Ehud zu ihm herein. Eglon saß in seinem kühlen Obergemach, das für ihn allein bestimmt war, und Ehud sagte: Ich habe eine Botschaft Gottes für dich. Da erhob sich der König von seinem Sessel. Ehud aber streckte seine linke Hand aus, ergriff den Dolch an seiner rechten Hüfte und stieß ihn Eglon in den Leib. Die Klinge drang samt dem Heft hinein, und das Fett umschloß die Klinge, denn Ehud zog den Dolch nicht wieder aus dem Leib Eglons heraus, damit seine Gedärme nicht herausquollen. Dann schloß Ehud die Tür des Obergemachs hinter sich, schob den Riegel vor und ging zur Halle hinaus.
Als er weggegangen war, kamen die Diener und sahen, daß die Tür des Obergemachs verriegelt war. Sie sagten: Sicher verrichtet er in der kühlen Kammer seine Notdurft. So warteten sie, bis ihnen die Zeit lang wurde. Aber er öffnete die Tür des Obergemachs immer noch nicht. Da nahmen sie den Schlüssel und schlossen auf: Da lag ihr Herr tot auf dem Boden. Ehud aber war entkommen, während sie gezögert hatten. Er war bereits an den Götterbildern vorbeigegangen und hatte sich nach Seïra in Sicherheit gebracht.« (Ri 3, 16-26)

Diese Geschichte zählt zweifellos zu den derbsten in der Hebräischen Bibel und entspricht ganz sicher nicht jedermanns Vorstellung von Humor. Einige Motive aus der Weisheitsliteratur spielen hinein, so etwa der Trick des linkshändigen Dolchträgers, dem es gelingt, seine Waffe zu verbergen und zu entkommen, indem er den Wachen weismacht, der König sei noch auf der Toilette. Der vulgäre Charakter der Erzählung manifestiert sich gleich zu Beginn in dem massiven Übergewicht des Königs, der geheime Konsultationen auf dem Klo abhält. Daß er so fett ist, daß der Dolch gänzlich in seinem Bauch verschwindet, ist dabei nur das Sahnehäubchen – ein kurioses Ende für Ehuds zweischneidige Dolch-Sonderanfertigung. (Vielleicht ist ja schon der Name des Königs bezeichnend: eg*el* bedeutet Kalb, und Kälber wurden manchmal als besondere Delikatesse gemästet.)

Die Ursprünge dieser kleinen Geschichte liegen möglicherweise in der volkstümlichen Überlieferung. Von Generation zu Generation wurde sie an den Lagerfeuern weitererzählt, und jedesmal löste die Pointe von dem verschwindenden Dolch bei den Hörern laute Heiterkeit aus. Man wird unwillkürlich an unsere Cartoon-Gestalten erinnert, die in einem fort explodieren oder zerschmettert werden oder sich auf andere Weise gegenseitig zerstören, um sich dann selbst wieder zusammenzuklauben und in der nächsten Szene erneut und unversehrt aufzutreten, während das listige Kaninchen oder die raffinierte Maus schon zum nächsten Schlag ausholt, der den Gegner noch dümmer aussehen läßt.

Die Episode mit König Eglon findet sich übrigens inmitten eines durchaus ernsthaften Kontextes: Israel griff schließlich unter Ehuds Führung die Moabiter an und besiegte sie. Und das Land hatte achtzig Jahre lang Ruhe, bis die Israeliten erneut sündigten. Doch dazwischen liegt dieses Stückchen Urgestein derben Humors und schamloser Vulgarität.

Die dröhnenden Lacher sind jedoch, wie gesagt, nicht die Norm. Auch nicht der Wortwitz, obwohl ein paar recht ansehnliche Exemplare dieser Gattung in der Bibel zu finden sind. Da flieht David vor König Saul und sucht Zuflucht bei den Philistern. Während deren König Achisch nicht abgeneigt scheint, ihm Asyl zu gewähren, weisen seine Militärs mit Recht darauf hin, daß ebendieser David in der Vergangenheit gegen sie angetreten ist. David bekommt mit, was da im Gange ist, und tut so, als sei er plötzlich wahnsinnig geworden, wummert an die Palasttüren und sabbert in seinen Bart (1 Sam 21, 11-16). Achisch ist verständlicherweise indigniert und wendet sich mit der empörten Frage an seine Bediensteten: »Müßt ihr jeden Verrückten aufgabeln und zu mir bringen? Habe ich nicht genug an meinen eigenen Verrückten, müßt ihr mir auch noch den ins Haus bringen, daß er hier verrückt spielt?« Den Satz »Hab' ich nicht genug an meinen eigenen Verrückten ...?« kann eigentlich nur ein Woody Allen entsprechend bringen. Er gewinnt noch an Komik, wenn man weiß, daß das Wort für »verrückt« an dieser Stelle *meschugge* ist, ein ursprünglich hebräisches Wort, das

27

über das Jiddische Eingang in die moderne Alltagssprache gefunden hat.

Manchmal ist der Humor der Bibel auch ganz schön durchtrieben. So stoßen wir auf eine Reihe von Geschichten, in denen der Held eine Begegnung mit einem Engel des Ewigen erlebt, aber nicht hundertprozentig sicher ist, daß er wirklich einen Engel vor sich hat. Das komischste Beispiel dafür ist zweifellos die Geschichte von der Mutter Simsons, einer unfruchtbaren Frau. Sie trifft einen Engel, der ihr in knapper Form mitteilt, daß sie schwanger werden wird. Als sie die Neuigkeit brühwarm ihrem Mann erzählt, ist dessen Skepsis groß, so groß, daß er diesen »Engel«, der seiner Frau eine Schwangerschaft angekündigt hat, gern persönlich kennenlernen möchte. Der Engel erscheint auch tatsächlich, und es bleibt ihm schließlich nichts anderes übrig, als in einer spektakulären Feuerflamme zu verschwinden, um den mißtrauischen Ehemann endgültig zu überzeugen. Die Geschichte steht in Richter 13, und ich habe sie an anderer Stelle genauer untersucht.[4] Doch es gibt noch weitere Begegnungen mit Engeln oder göttlichen Manifestationen, über denen ein Hauch Ironie liegt. Nicht zuletzt zählt dazu Moses Erlebnis am Brennenden Dornbusch (Ex 3). In all diesen Fällen entsteht die Komik aus der Kluft zwischen dem Wissen des Lesers und dem Nichtwissen des Helden, der dem Ereignis halb überzeugt, halb zweifelnd gegenübersteht. Ganz stark ist der humorvolle Beiklang in der Geschichte von Gideon zu spüren, einem anderen Richter-Retter, der von einem Engel den Auftrag erhält, gegen die Midianiter in den Kampf zu ziehen und sie zu schlagen. Auch dieser Engel muß erst die Sache mit dem Verschwinden in der Flamme vorführen, ehe Gideon ihm glaubt. Überzeugt beginnt er daraufhin seine militärische Laufbahn, ist jedoch nach wie vor alles andere als ein Draufgänger, und als er schließlich der midianitischen Armee gegenübersteht, verlangt er ein weiteres Zeichen von Gott. Man beachte den verborgenen Haken in der folgenden Passage aus Ri 6, 36-40:

4. Siehe mein Buch *Schöne, Heldinnen, Narren*, Gütersloh 1996, S. 111-114.

»Da sagte Gideon zu Gott: Wenn du Israel wirklich durch meine Hand retten willst, wie du gesagt hast – sieh her, ich lege frisch geschorene Wolle auf die Tenne; wenn der Tau allein auf die Wolle fällt und es auf dem ganzen (übrigen) Boden trocken bleibt, dann weiß ich, daß du durch meine Hand Israel retten willst, wie du gesagt hast. Und so geschah es. Als er früh am Morgen hinkam und die Wolle ausdrückte, konnte er den Tau – eine Schale voll Wasser – aus der Wolle herauspressen.«

In diesem Augenblick muß Gideon plötzlich aufgegangen sein, daß es sich bei diesem Phänomen eigentlich gar nicht um ein so großes Wunder handelte; schließlich wird Wolle normalerweise noch feucht vom Tau sein, auch wenn der Boden ringsum längst getrocknet ist. Also startet er, verständlicherweise nervös, einen weiteren Versuch:

»Darauf sagte Gideon zu Gott: Dein Zorn möge nicht gegen mich entbrennen, wenn ich noch einmal rede. Ich möchte es nur noch dieses eine Mal mit der Wolle versuchen: Die Wolle allein soll dieses Mal trocken bleiben, und auf dem ganzen (übrigen) Boden soll Tau liegen. Und Gott machte es in der folgenden Nacht so: Die Wolle allein blieb trocken, und auf dem ganzen übrigen Boden lag Tau.«

Es fällt auf, daß nach der ersten Versuchsphase im Text einfach steht: »Und so geschah es.« Wie es ja auch ganz natürlich war. Im zweiten Fall heißt es im Hebräischen »Und Gott machte es ... so«, um aufzuzeigen, daß hier ein Eingreifen erforderlich war, das die natürliche Ordnung umkehrte. Trotz seiner Unfähigkeit, die Sache gleich beim ersten Mal richtig anzupacken (oder vielleicht gerade deswegen, benutzt doch Gott in der Bibel immer wieder unvollkommene Gefäße, um zu beweisen, daß menschlicher Erfolg letztlich von seinem Eingreifen und seiner Macht abhängt), erringt Gideon den Sieg.

Alle bisher angeführten Beispiele, mit Ausnahme der Erzählung von Eglon, fallen in die Kategorie eines relativ harmlosen Humors, eine Art verschmitzten, volkstümlichen Witzes auf Kosten der Helden. Doch die Bibel kennt noch eine andere Tonlage, die häufig in den Schriften der Propheten mitschwingt; es ist ein Ton, in dem eine schärfere, eher satirische, ja sarkastische Ader zutage tritt.

Eines meiner Lieblingsbeispiele findet sich bei Jesaja aus Jerusalem, einem Mann, der aus erster Hand über die höfischen Kreise, über die er sich mokiert, Bescheid wußte. In der betreffenden Passage schildert er, wie katastrophal es sich auswirkt, wenn diejenigen, die normalerweise eine Führungsrolle anstreben, sich angesichts der allgemeinen Vetternwirtschaft einem Amt verweigern.

»Dann faßt einer im Haus seines Vaters den Bruder am Arm und sagt: Du hast noch einen Mantel, du mußt unser Anführer sein. Sei der Herr dieser Trümmer! [Um den Witz ganz verstehen zu können, muß man wissen, daß das hier mit »Trümmer« übersetzte Wort *machschela* ein Wortspiel mit dem Wort für »Herrschaft«, *memschala*, ist, und daß der Satz eine Parodie der Formel darstellt, die bei der Einsetzung in ein hohes Amt gesprochen wurde – vgl. Jes 21, 22.] Der aber wird an jenem Tag schreien: Ich bin doch kein Arzt, und in meinem Haus gibt es kein Brot, und es gibt keinen Mantel. Macht mich nicht zum Führer des Volkes.« (Jes 3, 6-7)

Dieselbe sarkastische Verkehrung von Erwartungen tritt uns in Jesajas vernichtendem Urteil über die Grundstückspekulanten seiner Zeit entgegen:

»Weh euch, die ihr Haus an Haus reiht und Feld an Feld fügt, bis kein Platz mehr da ist und ihr allein im Land ansässig seid. Meine Ohren hören das Wort des Ewigen der Heere: Wahrhaftig, alle eure Häuser sollen veröden. So groß und schön sie auch sind: Sie sollen unbewohnt sein.« (Jes 5, 8-9)

Maß um Maß – Grundstückshaie, die immer mehr Land aufkaufen, um riesige Anwesen zu besitzen, werden tatsächlich große Häuser bauen und Großgrundbesitzer mit ungeheuren Ländereien sein, doch ihre Villen werden leer stehen.

Besonders scharf geht Jesaja mit den Priestern und seinem eigenen Stand, den Propheten, ins Gericht:

»Weh denen, die schon früh am Morgen aufstehen [vorgeblich um zu beten] – aber starkes Getränk verfolgt sie; die sitzen bleiben bis spät in die Nacht [zum Gebet], aber vom Wein erhitzt werden. Bei ihren Gelagen spielt man Zither und Harfe, Pauken und Flöten, und der Wein fließt in Strömen – aber was der Ewige tut, beachten sie nicht, was seine Hände vollbringen,

sehen sie nicht. [Die Priester und Propheten werden hier zwar nicht genannt, doch die aufgezählten Instrumente wurden vornehmlich von Propheten eingesetzt, um Visionen zu erzeugen – s. 1 Sam 10, 5 –, die Priester
wiederum hatten frühmorgendliche und spätabendliche Pflichten im Tempel. Es geht nicht einfach nur darum, daß die Priester nach Ansicht Jesajas
nicht merken, was Gott tut; einer ihrer Titel war ausdrücklich ›Seher‹, d. h.,
ihre eigentliche Aufgabe bestand darin, das Handeln Gottes in den Ereignissen zu erkennen. Weil sie aber versagten ...] Darum muß mein Volk in
die Verbannung, aus Mangel an Erkenntnis ... [die letzte Wendung könnte
auch bedeuten: ›bewußtlos‹, weil die Menschen, wie ihre Anführer, zu be-
trunken sind, um etwas zu erkennen].« (Jes 5, 11-13)

Jesaja macht indes mit seinen Anschuldigungen auch vor anderen Gruppen in der Führungsetage nicht halt:

»Weh denen, die das Böse gut und das Gute böse nennen, die die Finsternis
zum Licht und das Licht zur Finsternis machen, die das Bittere süß und das
Süße bitter machen.
Weh denen, die in ihren eigenen Augen weise sind und sich selbst für klug
halten.
Weh denen, die Helden sind [das bezieht sich auf das Militär], wenn es gilt,
Wein zu trinken, und tapfer, wenn es gilt, starke Getränke zu brauen,
die den Schuldigen für Bestechungsgeld freisprechen und dem Gerechten
sein Recht vorenthalten!« (Jes 5, 20-23)

Der – wenn auch bittere – Humor, der uns bei Jesaja begegnet,
ist der Humor der gebildeten Schicht, vielleicht der Welt des
Königshofes, in welcher scharfsinniger Witz und geistreiche
Wortspiele zu Hause sind. Einen ganz anderen literarischen Stil
hat Jeremia, ebenfalls Prophet, der zugleich aus einer Priesterfa-
milie stammt, doch auch er zeigt sich gleich unerbittlich in seinen Ansichten und spielt dabei in ganz ähnlicher Weise mit der
Sprache des Bundes. Mit der in Lev 25 eingeführten Institution
des Jubeljahrs soll erreicht werden, daß in bestimmten Zeitab-
ständen alle Schulden erlassen und alle Sklaven freigelassen
werden, so daß jeder die Möglichkeit hat, in seine Heimat und zu
seiner Familie zurückzukehren.

»Erklärt dieses fünfzigste Jahr für heilig, und ruft Freiheit (hebräisch *dror*)
für alle Bewohner des Landes aus! Es gelte euch als Jubeljahr. Jeder von

euch soll zu seinem Grundbesitz zurückkehren, jeder soll zu seiner Sippe heimkehren.« (Lev 25, 10)

Nun gibt es einige Zweifel daran, ob ein solches Jahr der allseitigen Erlösung jemals tatsächlich eingehalten wurde. Jeremias Äußerungen bei einer bestimmten Gelegenheit lassen vermuten, daß dieses Mißtrauen durchaus berechtigt ist. Die Babylonier belagern Jerusalem, und Jeremia teilt dem König mit, der Grund dafür liege in der Laxheit, mit der die Israeliten das Gesetz, das die Freilassung aller Sklaven und den Erlaß aller Schulden gebietet, handhaben. Er ruft zu einem allgemeinen Befreiungs- und Bußakt auf.

»Das Wort, das vom Ewigen an Jeremia erging, als König Zidkija mit dem ganzen Volk in Jerusalem das Abkommen getroffen hatte, eine Freilassung (*dror*) auszurufen. Es sollte nämlich jeder seinen hebräischen Sklaven und seine hebräische Sklavin freilassen, und keiner sollte mehr seinen hebräischen Stammesbruder als Sklaven halten. Dem hatten sich alle Großen gefügt, ebenso das ganze Volk, das dem Abkommen beigetreten war, daß jeder seinen Sklaven oder seine Sklavin freilassen und nicht mehr als Sklave halten werde. Sie hatten gehorcht und die Sklaven freigelassen. Danach aber [als die Gefahr vorüber war] holten sie die Sklaven und Sklavinnen, die sie freigelassen hatten, zurück und machten sie mit Gewalt wieder zu Sklaven und Sklavinnen.« (Jer 34, 8-11)

Daraufhin ergeht Gottes Wort über die Tradition des Sabbatjahres, in dem die Sklaven freizulassen sind, an Jeremia.

»Da seid ihr jetzt umgekehrt und habt das getan, was in meinen Augen recht ist, indem jeder für seinen Nächsten die Freilassung (*dror*) ausrief. Vor mir hattet ihr ein Abkommen getroffen in dem Haus, über dem mein Name ausgerufen ist. Aber ihr seid wieder umgekehrt und habt meinen Namen entweiht; denn jeder von euch hat seinen Sklaven oder seine Sklavin zurückgeholt, die ihr doch nach ihrem Wunsch freigelassen hattet. Ihr habt sie gezwungen, wieder eure Sklaven und Sklavinnen zu werden. Darum – so spricht der Ewige: Ihr habt mir nicht gehorcht, und keiner hat für seinen Stammesbruder und für seinen Nächsten die Freilassung (*dror*) ausgerufen. Wohlan, so rufe ich euch eine Freilassung (*dror*) aus – Spruch des Ewigen – für Schwert, Pest und Hunger, und ich mache euch zu einem Bild des Schreckens für alle Reiche der Erde.« (Jer 34, 15-17)

Jeremias Satz verlangt gebieterisch nach einer Pause nach dem Wort ›Freilassung‹. Die prophetische Standardformel »Spruch des Ewigen« wird eingefügt, bevor der Prophet seinen Zuhörern ins Gesicht schleudert, was da auf sie losgelassen wird: Schwert, Pest und Hunger. Die meisterhafte Rhetorik ist bestechend, wird hier doch zunächst die Sprache der Tradition beschworen, nur um den Spieß dann umzudrehen und gegen die Hörer zu richten. Das ist geistreich, aber nicht spaßig.

Die gebräuchlichste Form des Humors in den Erzählungen der Bibel bleibt jedoch die Ironie.[5] Die Wirkung der Ironie liegt wiederum in der Distanz zwischen unserer menschlichen Wahrnehmung dessen, was wir tun, und der ›Wirklichkeit‹, wie sie sich aus der göttlichen Perspektive ausnimmt. Im Gegensatz zu anderen Schriften gerät die Hebräische Bibel angesichts dieser Kluft kaum einmal ins Moralisieren. Eher stellt sie die beiden Gesichter der Realität einfach nebeneinander und überläßt es dem Leser, seine Schlüsse daraus zu ziehen.

So leben beispielsweise die Erbauer des Turms zu Babel in dem Glauben, einen Turm zu errichten, der bis an den Himmel reichen wird (Gen 11, 4) – dabei muß Gott »*herabsteigen*« (V. 5), um die kleine Stadt und ihren Turm überhaupt zu sehen.

Ein klassisches Beispiel durchgängiger Ironie ist das Buch Jona, mit dem ich mich mehrfach auseinandergesetzt habe.[6] In der Tat weist die Geschichte eine ganze Reihe ins Auge springender ironischer Aspekte auf. Jona, der in die entgegengesetzte Richtung von Ninive flieht, um die verderbten Niniviter nicht zur Buße rufen zu müssen, bucht eine Passage auf einem Schiff. Gott schickt

---

5. Eine detaillierte, inzwischen schon klassische Untersuchung zur Ironie in der Bibel findet sich in dem Buch *Irony in the Old Testament* von Edwin M. Good, SPCK 1965, Nachdruck 1981 bei Almond Press, Sheffield. Eine neuere Studie ist *On Humour and the Comic in the Hebrew Bible*, hrsgg. von Yehuda T. Radday und Athalya Brenner, Almond Press 1990.

6. Siehe mein Buch *Form and Meaning: Studies in Literary Techniques in the Book of Jona*, Almond Press 1983, sowie *Schöne, Heldinnen, Narren*, Gütersloh 1996, S. 185-203.

einen übernatürlichen Sturm, die Seeleute erkennen, daß Jona die Ursache ist und werfen ihn nach einigem Zögern über Bord, um gleichzeitig stehenden Fußes zu Gottesfürchtigen zu werden, als der Sturm daraufhin abflaut. So hat Jona auf seiner Flucht vor dem Willen Gottes unabsichtlich eine ganze Schar Fremder zu seinem Gott bekehrt. Von einem Fisch gerettet, rezitiert er schließlich nach drei Tagen einen Psalm – in dem alles mögliche ausgesagt wird, nur nicht das Eingeständnis, daß er selbst vor Gott davongelaufen ist. Und tatsächlich wird er auch aus dem Fisch gerettet, als dieser sich angesichts dieser schönen Übung in Pseudo-Frömmigkeit übergeben muß. Am dramatischsten ist dann der Augenblick, als Jona sich endlich zu einer Erklärung bequemt, warum er sich zunächst vor seinem Auftrag gedrückt hat. Bei dieser Gelegenheit schleudert er Gott beleidigt die eindrucksvollste und wohl umfassendste überlieferte Aufzählung der positiven göttlichen Eigenschaften entgegen, Liebe, Erbarmen und endlose Langmut – eine Langmut, die im übrigen von dem uneinsichtigen Jona weit härter auf die Probe gestellt wurde als von all den Heiden, mit denen er es zu tun hatte. In Kapitel 5 werden wir sehen, welchen Einfluß Jona auf die spätere jüdische Tradition hatte.

Von der modernen Bibelkritik wurde das Buch Jona teilweise völlig mißverstanden. So wurde die Gestalt des Propheten zu einem Sinnbild des Fremdenhasses stilisiert, der dann dem jüdischen Volk zum Vorwurf gemacht wurde. Dabei wurde die Geschichte von einem Angehörigen ebendieses Volkes aufgezeichnet, der sich offenbar der Gefahren eines engen Partikularismus nur allzu bewußt war. Der Universalismus des Verfassers parodiert ja gerade den Partikularismus seines Protagonisten. An keiner Stelle hat das Prinzip der Selbstkritik, das der Schlüssel zu vielen Texten der Hebräischen Bibel ist, einen deutlicheren Ausdruck gefunden.

In den folgenden Kapiteln werden einige Aspekte dieser inneren Haltung der Selbstkritik anhand des biblischen Materials selbst und einiger rabbinischer Anmerkungen zu diesem Material genauer betrachtet. Und wo könnte man da besser beginnen als beim ›Gründervater‹ Israels, jener Gestalt mit all ihrer Komplexität und Widersprüchlichkeit – bei Abraham selbst.

2

Abraham und die Gerechtigkeit[1]

Es fällt uns heutzutage nicht leicht, einen Zugang zu Abraham zu finden. Er ist der Patriarch schlechthin, mit allen positiven und negativen Implikationen, die mit diesem Titel verknüpft sind. Er ist niemals jung, sondern tritt uns gleich zu Anfang als vollständig entwickelte Persönlichkeit von großer Autorität und Stärke entgegen – als Vater des jüdischen Volkes, Kämpfer für Gerechtigkeit, Pionier des Glaubens und von Gott Geliebter.

Denkt man an Darstellungen von Abraham in der Kunst, so kommt einem merkwürdigerweise kein einziges Bild in den Sinn, auf dem er für sich allein steht. Es gibt berühmte klassische Porträts von Mose und David, Abraham jedoch wird immer inmitten irgendeines dramatischen Geschehens dargestellt: Wie er seinen Sohn Isaak auf den Altar legt, als er Hagar fortschickt oder bei der Begegnung mit den drei himmlischen Boten, die ihm die Geburt des langersehnten Kindes anzeigen. Doch nie bekommen wir den Menschen Abraham zu sehen.

Wenn wir uns dann mit dem Abraham der Hebräischen Bibel auseinandersetzen, beginnen wir, etwas von der Komplexität dieser Gestalt zu ahnen, wie sie sich nicht zuletzt in der Vielschichtigkeit des überlieferten Textes spiegelt.

Dies ist nicht der Ort, die Überlieferungsgeschichte der Abrahamerzählung zu diskutieren. Die einzelnen Kapitel oder Abschnitte in ihnen mögen unterschiedlicher Herkunft sein und aus verschiedenen Quellen stammen; manche von ihnen wurden viel-

1. Dieses Kapitel erschien bereits in etwas anderer Form anläßlich einer Trialog-Tagung in Köln am 1. Dezember 1992 unter dem Titel *Tradition und Interpretation Abrahams von den Anfängen bis heute: Abraham eint – Abraham scheidet.*

leicht lange Zeit mündlich oder schriftlich weitergegeben, bevor sie schließlich in ihrer endgültigen Form vorlagen; möglicherweise handeln die Abrahamerzählungen auch nicht von einer einzigen Gestalt, ja überhaupt von einer historischen Person, sondern stellen vielmehr eine Zusammenschau vieler ›Helden‹ des frühen Israel dar. Trotzdem ist die endgültige Textgestalt von Genesis 12 bis 22 so beschaffen, daß sie ein zusammenhängendes und relativ stimmiges Bild jener Persönlichkeit entwirft, die Israel als Stammvater und Begründer des jüdischen Glaubens betrachtete.

Überraschend und spannend für den heutigen Leser sind vor allem die zahlreichen Brechungen dieses Charakters und seine Widersprüchlichkeit. Der Leser muß entscheiden, ob diese Komplexität das Ergebnis willkürlich zusammengesetzter, unterschiedlicher Bruchstücke ist, oder ob hier die subversiv angesetzte Feder eines einzigen Autors am Werk war. Natürlich ist Abraham eine heroische Gestalt, aber er wird keineswegs fehlerlos dargestellt. Er glaubt an Gott, handelt jedoch bei zahlreichen Anlässen überaus menschlich, oft sogar gegen das ausdrückliche Wort Gottes. So verläßt er das Land, das Gott ihm verheißen hat, kaum daß er es betreten hat (Gen 12), als eine Hungersnot ihn in Bedrängnis bringt. Gott hat ihm Nachwuchs versprochen, dennoch versucht er, die Sache selbst in die Hand zu nehmen, indem er Hagar als Zweitfrau wählt und ein Kind mit ihr bekommt.

Spricht daraus eine innere Widersprüchlichkeit seines Wesens, so ist bei anderen Gelegenheiten sein Verhalten moralisch höchst fragwürdig. Zweimal gibt er seine Frau als seine Schwester aus, und beim ersten Mal schlägt er auch noch beträchtlichen finanziellen Profit daraus, als der König von Ägypten sie daraufhin seinem Harem zuführt. Wie sonst auch bedarf der Text auch hier der Auslegung, allerdings erscheint er an dieser Stelle mehr als eindeutig. Abraham erklärt seiner Frau, die Ägypter könnten ihn womöglich wegen ihrer außergewöhnlichen Schönheit umbringen, um in ihren Besitz zu gelangen. Deshalb bittet er sie, sich als seine Schwester vorzustellen, »*damit es mir deinetwegen gut geht* und ich um deinetwillen am Leben bleibe« (Gen 12, 13).

Als der Pharao Sara tatsächlich in seinen Harem aufnimmt, wird Abraham reich entlohnt, und die Bibel gebraucht noch einmal genau dieselbe Wendung, »und Abraham ging es *ihretwegen gut*« (Gen 12, 16), woraufhin all die Schafe und Rinder, Sklaven und Sklavinnen, Esel und Kamele aufgezählt werden, die er dafür einheimst (Gen 12, 16).

Noch schockierender vielleicht sind die eklatanten Widersprüche in seinem Gerechtigkeitsdenken. Da bringt er sich das eine Mal offensichtlich in große persönliche Gefahr, als er mit Gott verhandelt und um Verschonung der Städte Sodom und Gomorrha bittet, die wegen ihrer Verderbtheit und Gewalttätigkeit der Vernichtung preisgegeben werden sollen. Und dann wieder ist er bereit, sämtliche Gerechtigkeitserwägungen, ja selbst die natürlichen Regungen der menschlichen Zuneigung beiseite zu lassen, als es darum geht, Gott seinen Sohn Isaak zu opfern.

Diese Abrahamgeschichten erzählen nicht einfach von einem Helden oder verehrungswürdigen Ahnen. Sie geben dem Leser Rätsel auf, Rätsel, die jede Generation, die sich um ein Verständnis ihres Verhältnisses zu Abraham bemüht, neu lösen muß.

Der Vorkämpfer für Gerechtigkeit und Barmherzigkeit

Besonders gut lassen sich die Ungereimtheiten in der Person Abrahams, mit denen der Text uns konfrontiert, am Thema Gerechtigkeit aufrollen. Als Grund für die Erwählung Abrahams wird der Wunsch Gottes nach Gerechtigkeit in der Welt angegeben. Gott debattiert dabei mit sich selbst, ob er Abraham von der geplanten Zerstörung Sodoms und Gomorrhas in Kenntnis setzen soll.

»Da sagte sich der Ewige: Soll ich Abraham verheimlichen, was ich vorhabe? Abraham soll doch zu einem großen, mächtigen Volk werden, durch ihn sollen alle Völker der Erde Segen erlangen. Denn ich habe ihn dazu erkannt/auserwählt, daß er seinen Söhnen und seinem Haus nach ihm aufträgt, den Weg des Ewigen einzuhalten und zu tun, was recht und gerecht ist (*zedaka umischpat*), damit der Ewige seine Zusagen an Abraham erfüllen kann.« (Gen 18, 17-19)

Der Zweck der Erwählung Abrahams, der ihm zuteilgewordenen Verheißung einer zahlreichen Nachkommenschaft und eines eigenen Landes ist also die Einführung der Prinzipien von Rechtschaffenheit und Gerechtigkeit als beherrschender Kraft im Leben und Zusammenleben der Völker der Welt. Doch wie stellte man es an, ein solches Wertesystem zu etablieren? Im weiteren Verlauf teilt Gott Abraham mit, daß er die Städte Sodom und Gomorrha auf Grund ihrer Verderbtheit vernichten will. Abraham ist dadurch gezwungen, Gott auf zwei Ebenen zu widersprechen, die beide gleich wichtig für sein Hineinwachsen in die ihm zugedachte Rolle sind. Zunächst muß in einem solchen Fall die Frage nach der Gerechtigkeit gestellt werden:

»Er (Abraham) trat näher und sagte: Willst du auch den Gerechten mit den Ruchlosen wegraffen? Vielleicht gibt es fünfzig Gerechte in der Stadt: Willst du auch sie wegraffen und nicht doch dem Ort vergeben wegen der fünfzig Gerechten dort? Das kannst du doch nicht tun, die Gerechten zusammen mit den Ruchlosen umbringen. Dann ginge es ja dem Gerechten genauso wie dem Ruchlosen. Das kannst du doch nicht tun. Sollte sich der Richter über die ganze Erde nicht an das Recht halten?« (V. 23-25)

Wir spüren förmlich, während Abraham spricht, wie sein Entsetzen bei dem Gedanken, daß Gott ungerecht handeln könnte, wächst. Der Verfasser des Textes legt ihm uralte Fragen nach dem Leiden der Menschen und der Suche nach irgendeinem Sinn in diesem Leiden in den Mund. Ganz sicher muß Gott die Ursache des Leidens sein, und er muß auch irgendeine Erklärung dafür geben können – doch das geht nur, wenn Gottes Integrität unangreifbar bleibt. Auf keinen Fall können Gottes Werte hinter den menschlichen Werten zurückbleiben! In der anschließenden Diskussion handelt Abraham Gott von anfänglich fünfzig Gerechten, immerhin noch eine recht stattliche Zahl, auf zehn herunter, die kleinste Einheit, die als Gruppe imstande ist, einen gewissen Einfluß auf eine Gesellschaft auszuüben. So erarbeitet Abraham im Verlauf der Verhandlungen selbst die Implikationen von Gerechtigkeit und ein Verständnis von Gesellschaft.
Doch neben diesem tastenden Versuch, den Begriff Gerechtigkeit mit konkreter Bedeutung zu füllen, spielt sich vor unseren

Augen noch ein anderer Kampf ab, als nämlich Abraham die Gerechtigkeit Gottes in Frage stellt. Es mag für uns vielleicht nicht ganz einfach sein, die Radikalität seiner Argumentation in ihrem ganzen Umfang nachzuvollziehen. In einer Kultur, in der die Götter die höchsten Mächte sind und die Menschen ihnen völlig untergeordnet, läuft Abrahams kühne Infragestellung der göttlichen Gerechtigkeit jedoch auf eine ebenso erstaunliche wie ungeheuerliche Rollenumkehrung hinaus. Erich Fromm hat ausgeführt, was das bedeutet:

»Mit Abrahams Herausforderung ist ein neues Element in die biblische und die spätere jüdische Überlieferung hineingekommen. Eben weil Gott durch die Normen von Gerechtigkeit und Liebe gebunden ist, ist der Mensch nicht länger sein Sklave. Der Mensch kann Gott zur Rechenschaft ziehen, genauso wie Gott den Menschen zur Rechenschaft ziehen kann – weil beide an festgelegte Prinzipien und Normen gebunden sind. Abraham begehrte (...) gegen Gott auf, (...) indem er ihm vorhielt, er wolle seine eigenen Versprechungen und seine eigenen Prinzipien verletzen. Abraham ist kein rebellischer Prometheus; er ist ein freier Mann, der das Recht hat, Forderungen zu stellen, und Gott hat nicht das Recht, ihre Erfüllung zu verweigern.«[2]

Fromm macht diese Freiheit Abrahams an dem Bund zwischen Abraham und Gott fest, einem Bund, der den Menschen der Freiheit würdigt. In diesem Sinne hat Abraham die Freiheit und Verantwortung, die Adam und Eva verliehen wurden, als sie aus dem Garten Eden gewiesen wurden, angenommen. Von nun an tragen die Menschen ganz allein die Verantwortung für ihr Tun, sie sind rechenschaftspflichtig, doch das gibt ihnen auch das Recht, dasselbe von Gott zu verlangen. In dem Augenblick, in dem er sich vor Gott hinstellt, mit ihm streitet und seine Position behauptet, lernt Abraham die zweite Lektion über Gerechtigkeit, die er denen, die nach ihm kommen, weitergeben wird: daß es notwendig ist, für Gerechtigkeit einzutreten, ganz gleich, welche Mächte ihr im Weg stehen, bis hin zu Gott, ja sogar, wenn es sich um Gott selbst handelt.

2. Erich Fromm: Gesamtausgabe, Bd. 6: *Religion*. Hrsg. Rainer Funk. Deutsche Verlagsanstalt, Stuttgart 1980, S. 99.

Dieser wahrhaft subversive Gedanke wird in einem rabbinischen Kommentar zu jenem Satz – »sollte sich der Richter über die ganze Erde nicht an das Recht halten?« –, in dem sich Abrahams radikale Anfrage an Gott kristallisiert, gewürdigt und herausgearbeitet. Er findet sich als Anmerkung in der Midraschsammlung Genesis Rabba 49.9:

»Wen hast du aber, der dich zurückhält? Solltest du nicht das Recht ausüben?«

Hier werden die Grenzen menschlicher Macht über Gott anerkannt, aber zugleich wird auch auf die Lektion verwiesen, die im selben Maße auf der menschlichen Ebene gilt: Gerechtigkeit darf nicht von Macht abhängig gemacht werden. Gott steht vielmehr als Garant der Gerechtigkeit und menschlichen Freiheit, gegen alle menschlichen Mächte, Ideologien oder Systeme, die exklusive Autorität für sich in Anspruch nehmen, selbst wenn sie behaupten, im Namen Gottes zu sprechen.

Es gibt ungezählte rabbinische Aussagen über die Eigenschaften und Handlungsweisen Abrahams, in denen sich sein Engagement für Gerechtigkeit in der Welt spiegelt. Er wohnte in der Nähe von Sodom, weil er um die große Not der Armen dort wußte und sich um diejenigen kümmern wollte, die unter den Sodomitern zu leiden hatten.[3] Als Gott schließlich androht, Sodom zu zerstören, erinnert Abraham ihn daran, daß er nach der Sintflut versprochen hatte, nie mehr eine Flut über die Erde zu bringen. Eine Reihe anderer Midraschim argumentieren übereinstimmend dahingehend, daß Gottes Versprechen sich nur auf eine Wasserflut bezog, Gott damals aber nichts von einem verheerenden Feuersturm gesagt hatte! Doch entgegen solchen Erwägungen beharrt Abraham darauf, daß Gott sich nicht mit Spitzfindigkeiten herausreden darf. Das Versprechen, keine Flut mehr über die Welt zu bringen, um sie zu vernichten, ist ein Versprechen, und Gott muß sich daran halten. Nach wieder einem anderen Midrasch

3. Aggadat Bereschit 25, zitiert in: Israel Isaac Hasidah, *Ishe Ha-Tenakh*, Reuben Mass, Jerusalem 1964, S. 17.

war Abrahams Gerechtigkeitssinn so ausgeprägt, daß nicht einmal seine Kamele einen Ort betraten, an dem Götzendienst getrieben wurde (*Awot D'Rabbi Natan 8, 8*).

Doch der Abraham, der für die Gerechtigkeit eintritt, ringt zugleich auch um Barmherzigkeit. Im biblischen Denken sind ›Gerechtigkeit‹ und ›Gnade‹ tatsächlich komplementäre Teile eines größeren Ganzen. Der Begriff *zedek*, Rechtschaffenheit und Gerechtigkeit, beruht auf einem strengen Gefühl für das, was richtig und was falsch ist – eine Unterscheidung, die exakt und präzise getroffen werden muß. Seine Bedeutung ist am besten von einem Vers in Levitikus her zu begreifen: »Richtige Waren, richtige Gewichtsteine, richtiges Efa und richtiges Hin«, *'mosnei zedek awnei eifat zedek w'hin zedek*. (Lev 19, 36) Die Verläßlichkeit von Maßen und Gewichten garantiert die Integrität des gesamten Systems menschlicher Interaktion, von der Welt des Handels bis hin zur Ebene wissenschaftlicher Messungen – und genau diese Integrität bildet den Kern des Wortes *zedek*.

Der andere Begriff dagegen, *mischpat*, der von Abraham an seine Nachfolger weitergegeben wird, hat ein breiteres Bedeutungsspektrum. Im streng juristischen Zusammenhang hat er eine ganze Reihe von Konnotationen: So ist *mischpat* die Bezeichnung für einen Prozeß, für das Urteil, das vom Gericht gesprochen wird, für die festgesetzte Strafe und für die dem allem zugrundeliegende Vorstellung von Gerechtigkeit. Ein Teil der verschiedenen Bedeutungsspielarten beruht aber auch auf dem Gefühl von Sitte und Anstand, dem normativen Funktionieren eines Systems und dem harmonischen Zusammenwirken seiner einzelnen Teile. Ein richtiges Urteil, *mischpat*, wird daher sehr genau auf das Vergehen zugeschnitten sein, um das es geht, und die richtigen und falschen Anteile darin aufzudecken suchen – *zedek*. Ist man jedoch zu einem korrekten Schluß gekommen, wird der weitere Gedanke von *mischpat* auch noch die Umstände, die zu dem Verbrechen führten, den menschlichen und sozialen Hintergrund, in Rechnung stellen. In diesem Sinne wird Jesaja das Volk aufrufen sicherzustellen, daß Gerechtigkeit, *mischpat*, geschieht *zugunsten von* Witwen und Waisen (Jes 1, 17). Gerade weil diese Gruppen keinen Einfluß in der Gesellschaft haben, bedarf es einer zusätzlichen Anstrengung, um ihr Wohl zu sichern und dafür zu sorgen, daß sie nicht ausgebeutet werden. Auf diese Weise tritt die Barmherzigkeit ergänzend zum korrekten Urteil, vollendet das Bedeutungsspektrum von *mischpat*, Gerechtigkeit.

Man muß diesen Hintergrund kennen, um einen der bekanntesten Midraschim über Abraham verstehen zu können. Er ist wieder an unserem Vers festgemacht: »Sollte sich der Richter über die ganze Erde nicht an das Recht halten?« Abraham fährt fort:

»Willst du das Recht ausüben, so kann die Welt nicht bestehen [weil kein menschliches Wesen ein so absolut gerechtes Gericht überleben würde]; soll dagegen die Welt bestehen, so kannst du das Recht nicht ausüben. Wie willst du den Strick an beiden Enden fassen? Du willst die Welt (den Bestand der Welt) und willst auch das wahre Recht? Wenn du nicht ein wenig Nachsicht übst, so kann die Welt nicht bestehen.« (Pesikta de Rab Kahana 19.3)

So ist der Vorkämpfer für Gerechtigkeit, der strenge Gerechtigkeit von Gott fordert, zugleich auch ein Streiter für einen gemäßigten Umgang mit den Menschen und ihrer Schwäche – ein Gedanke, der bereits in Abrahams Verteidigungsrede für Sodom und Gomorrha mitschwingt, in diesem rabbinischen Kommentar jedoch explizit ausgesprochen wird. Ohne Mitleid und Barmherzigkeit, die die absolute Gerechtigkeit abmildern, könnte keine menschliche Gesellschaft bestehen. Gerechtigkeit, ergänzt und gemildert durch Gnade, das sind die Werte, die Abraham nach rabbinischer Auffassung in die Welt gebracht hat.

Die Bindung Isaaks

Doch dieses Bild von Abraham gerät ins Wanken angesichts seines Verhaltens bei dem Ereignis, das vor allen anderen aus seiner Lebensgeschichte herausragt: seiner Bereitschaft, seinen Sohn Isaak Gott zu opfern (Gen 22). Es ist unmöglich, die Geschichte mit all ihren Nebentönen hier im Detail zu behandeln, fällt es doch schon schwer, die Intention des Textes annähernd verstehen zu wollen. Für sich genommen ist es zunächst eine schockierende Erzählung. Gott weist Abraham an, seinen einzigen, geliebten Sohn mitzunehmen und ihm auf einem entfernt gelegenen Berg als Brandopfer darzubringen. Ohne erkennbares Zögern rüstet Abraham das Holz zu, sattelt seinen Esel, nimmt zwei junge Männer als Begleitung mit und begibt sich mit Isaak auf die dreitägige Reise. Als sie ankommen, machen sich Vater und Sohn allein auf zum Platz der Opferung: »So gingen beide miteinander.« Isaak fragt seinen Vater: »Hier ist Feuer und Holz. Wo aber ist das Lamm für das Brandopfer?« Aus Abrahams zweideutiger Antwort, »Gott wird für ein Lamm sorgen, mein Sohn (wörtlich ›wird zusehen, daß ein Lamm da ist‹), kann der Leser seinen Gefühlszustand allenfalls erraten. Möglicherweise wird Isaak an dieser Stelle klar, was hier geschieht. Der Text wiederholt einfach stereotyp die Wendung »beide gingen miteinander«. Scheinbar ohne Gegenwehr läßt der Sohn sich auf den Altar binden. Erst als Abrahams Messer sich schon auf Isaak herabsenkt, ertönt die Stimme des Engels vom Himmel und verhindert die Tat.

Aus einer bestimmten Perspektive wirkt das Ganze wie ein flammender Protest gegen das Kinderopfer überhaupt. Israels Gott fordert kein solches Opfer! Das würde die Geschichte unserer Kategorie ›extrinsische Subversion‹ zuordnen, d. h., in diesem Fall ginge es um einen biblischen Angriff auf die religiösen Konventionen der damaligen Zeit. Manche Exegeten meinten aus Abrahams Bereitwilligkeit, seinen Sohn zu töten, sogar ableiten zu können, daß er selbst diese Praxis durchaus akzeptierte. Ein Vater hatte die Macht über Leben und Tod seines Kindes. Wie aber konnte man seine Treue zu einem Gott besser unter Beweis stellen als durch das Opfer des eigenen Sohnes? Es bedurfte dieser radikalen Erfahrung bis an die Schwelle zum Mord, um Abraham zu überzeugen, daß sein Gott dieses Opfer nicht wollte. Die Rabbinen gehen davon aus, daß Abraham bis zum Höhepunkt so auf den Opferungsakt konzentriert war, daß der Engel seinen Namen zweimal rufen mußte, um ihn zu sich zu bringen (Gen 22, 11). Außerdem fiel ihnen auf, daß der Engel nicht nur sagt: »Streck deine Hand nicht gegen den Knaben aus«, sondern noch hinzufügt: »Und tu ihm nichts zuleide.« Abraham hatte sich in diesem Augenblick so sehr in seinen Fanatismus und seine religiöse Raserei hineingesteigert, daß er fragte, »wenn ich ihn schon nicht töten soll, kann ich dann nicht wenigstens etwas Blut vergießen, um meine Hingabe zu beweisen?«! »Tu ihm nichts zuleide«, lautete die Antwort.

Die Geschichte muß aber auch von ihrem Kontext her, ihrem Platz im Zyklus der Abraham-Erzählungen, begriffen werden. Nach rabbinischer Auffassung steht dieses Ereignis am Ende einer langen Kette von Prüfungen in Abrahams Leben. Von einer eher literarischen Warte aus kann man darin auch die Klimax eines Musters erblicken, das in der Abfolge der Erzählungen über Abraham im Buch Genesis angelegt ist. Abraham wurde zwar Nachwuchs verheißen, doch Sara, seine Frau, ist unfruchtbar. Auf ihren Vorschlag hin nimmt er deshalb Hagar, ihre ägyptische Magd, als Nebenfrau, und aus dieser Verbindung geht das Kind Ismael hervor. Dann wird Sara selbst schwanger und schenkt Isaak das Leben. Ismael wird »in die Wüste« geschickt, und alles scheint bereit für die Erfüllung der Verheißung Gottes, daß Abraham durch Sara einen Nachfahren haben wird. Trotz des Versuchs der beiden, diese Erfüllung durch eigenmächtiges Handeln und die Geburt des falschen Sohnes Ismael, der dann wieder fortgeschickt werden muß, ›sicherzustellen‹, hat Gott am Ende das gewünschte Resultat zustande gebracht. Und ausgerechnet an diesem Punkt, beim ›Happy End‹, »stellt Gott Abraham auf die Probe«, wie es explizit im Text heißt (Gen 22, 1).[4]

Worin bestand diese Prüfung? In einer Hinsicht erscheint es, als ob hier Abrahams Gottvertrauen auf die Probe gestellt werden soll, nachdem alles so gekommen ist, wie ihm verheißen wurde. Wenn Gott Abraham nun auffordert, Isaak zu opfern, den Sohn zu töten, auf dem die ganze Verheißung ruht, ist er dann noch bereit, darauf zu vertrauen, daß Gottes Verheißung dennoch er-

---

4. Eine detaillierte Untersuchung des Erzählzyklus um Abraham findet sich in meinem Buch *Schöne, Heldinnen, Narren*, Gütersloh 1996, S. 41-54.

füllt wird? Abraham besteht die Prüfung, und durch seine Bereitschaft, seinen Sohn für Gott aufzugeben, gewinnt er diesen Sohn letztlich für die Zukunft.

Der biblische Bericht scheint keinerlei Zweifel an der Rechtschaffenheit der Handlungsweise Abrahams zu hegen. Allerdings ist unter der Oberfläche eine gewisse Ambiguität zu spüren, die ihren Ausdruck beispielsweise in den wechselnden Gottesnamen in der Geschichte findet. An dieser Stelle ist ein kurzer Exkurs über den Gebrauch der göttlichen Namen in der Hebräischen Bibel unerläßlich. Zwei Namen tauchen am häufigsten auf. Der eine ist *Elohim*, eine allgemeine Bezeichnung für ›Götter‹ und andere ›Mächte‹, aber auch für den ›einen Gott‹ des Universums. Dieses Wort wird gewöhnlich mit ›Gott‹ übersetzt. Der andere Begriff, der aus vier hebräischen Buchstaben (*jod-he-waw-he*) besteht, wird aus ebendiesem Grund auch als ›Tetragramm‹ bezeichnet und in modernen Übersetzungen einfach mit JHWH transliteriert oder ›Jahwe‹ ausgeschrieben. Das Tetragramm ist der israelitische Terminus für den ›Einen Gott‹ des Universums, *Elohim*, jedoch in der besonderen Identität, die er in seinem einzigartigen Verhältnis zum jüdischen Volk annimmt. Eine frühe Überlieferung verbot das laute Aussprechen dieses Namens, das allein dem Hohenpriester vorbehalten blieb. Deshalb wurde der Terminus durch das Wort *adonai*, Herr, ersetzt, das dadurch zur herkömmlichen Bezeichnung für ›Gott‹ in vielen Übersetzungen wurde. (Ich halte mich gern an eine Tradition, die in diesem Namen eine Form des hebräischen Verbs *haja*, ›sein‹, erblickt und daraus die Übersetzung ›der Ewige‹ ableitet.) Warum aber wird der eine oder andere Name in einem bestimmten Kontext gebraucht? Und warum wechseln sie manchmal innerhalb einer Passage?

Bibelwissenschaftler der historisch-kritischen Schule der vergangenen Jahrhunderte haben das Postulat aufgestellt, daß die beiden unterschiedlichen Namen zwei oder mehr unterschiedliche Überlieferungsstränge widerspiegeln, die von den Kompilatoren der Bibel aufgenommen und miteinander verwoben wurden. Das hier erörterte Kapitel der Genesis mit seinen beiden Varianten des Gottesnamens wäre damit ein solcher ›zusammengesetzter‹ Text.

Doch neben anderen schwerwiegenden Problemen, die in der Theorie selbst liegen, bietet sie keine zufriedenstellende Erklärung für die Verwendung der verschiedenen Namen in diesem speziellen Fall. Wenn wir andererseits davon ausgehen, daß irgendeine Bedeutung hinter dem unterschiedlichen Wortgebrauch steckt, fällt uns als erstes ins Auge, daß Gott Abraham als *Elohim* »auf die Probe stellt« – wie es im ganzen ersten Teil der Geschichte konsequent heißt. Es ist jedoch ein Engel von JHWH, der ihm in den Arm fällt. Ja, es steckt eindeutig ein bewußtes Spiel mit den wechselnden Namen dahinter, wenn Abraham Isaak erklärt, *Elohim* (Gott) werde zusehen, daß ein Lamm für das Opfer da ist (dafür Sorge tragen, *Elohim jir'eh*) (22, 8), am Ende aber dem Ort den Namen JHWH *jir'eh*, »der Ewige wird sehen« (22, 14), gibt.

An anderer Stelle im Pentateuch wird eine ähnliche Unterscheidung zwischen den beiden Namen Gottes gemacht, bezeichnenderweise ebenfalls im Zusammenhang mit widersprüchlichen Aussagen, die scheinbar von Gott kommen. Der Prophet Bileam erhält den Auftrag, Israel zu »verfluchen«, und zeigt sich bereit, der Aufforderung zu folgen, doch Gott, *Elohim*, verbietet es ihm (Num 22, 12). Als eine zweite Gesandtschaft ihn erneut einlädt, gibt *Elohim* seine Erlaubnis, doch dann wird *Elohim* zornig, als Bileam sich tatsächlich auf den Weg macht. Ein Engel JHWHs tritt ihm schließlich in den Weg, und Bileam kommt bei der Auseinandersetzung beinahe ums Leben. Am Ende wird der Prophet gezwungen, Israel zu segnen, statt das Volk zu verfluchen (Num 22-24). Das Schwanken zwischen den Gottesnamen scheint hier die widersprüchlichen inneren Wünsche Bileams und die ausdrücklichen, von ›außen‹ kommenden Wünsche Gottes widerzuspiegeln. Der Gebrauch der beiden Gottesnamen ist also vielleicht ein Ausdruck verschiedener psychologischer oder geistiger Befindlichkeiten einer bestimmten Person.

Wenn wir diese Annahme vorläufig einmal akzeptieren, könnte man sagen, daß der *Elohim*, der Abraham ›befiehlt‹, seinen Sohn zu opfern, in Wirklichkeit ein Wunsch ist, der aus Abraham selbst kommt, als ob er das zwanghafte Bedürfnis verspüre, durch diesen Akt seine absolute Loyalität und seinen bedingungslosen

Glauben unter Beweis zu stellen. Es bedarf des Auftretens des »Engels des Ewigen«, JHWH, um ihn davon abzuhalten.

Diese Auslegung der unterschiedlichen Verwendung der göttlichen Namen ist eigentlich nur eine moderne Variante der alten rabbinischen Auffassung, daß die beiden Namen zwei verschiedene Aspekte Gottes repräsentieren, Aspekte, die den beiden göttlichen Attributen entsprechen, die wir zuvor herausgearbeitet haben. Gott ist das Attribut strenger Gerechtigkeit eigen, das, so die Rabbinen, immer dann zutage tritt, wenn der Name *Elohim* gebraucht wird. Aber Gott gehört auch das Attribut der Gnade zu, das spürbar wird, wann immer der Name JHWH im Text erscheint. Nach dieser Lesart ist es Gott als strenger Richter, der Abraham im ersten Teil der Geschichte eine Prüfung auferlegt, doch Gottes Gnade interveniert und verhindert die Vollstreckung der Tat.

Die Rabbinen waren ganz offensichtlich genauso verstört von der Geschichte wie wir modernen Leser und verfaßten daher zahlreiche Kommentare dazu, in dem Versuch, eine Erklärung für dieses unerklärliche Geschehen zu finden. Dabei konzentrierten sie sich unter anderem auf Abrahams dreitägige Reise zur Opferstätte, ein Zeitraum, der im biblischen Text einfach übergangen wird. Die rabbinischen Anmerkungen fragen deshalb, was Abraham wohl während dieser Zeit dachte. Wie reagierte sein natürlicher Gerechtigkeitssinn auf die Forderung Gottes? Protestierte er? War er in Versuchung, seinen Gott angesichts dieser ungeheuerlichen Zumutung aufzugeben? Den Rabbinen fiel außerdem auf, daß Isaak am Ende des Kapitels, als Abraham wieder nach Hause zieht, überhaupt nicht erwähnt wird. Das bewog sie zu der Frage, ob Abraham ihn vielleicht tatsächlich getötet hatte und Isaak möglicherweise später wieder auferweckt wurde.

In der rabbinischen Behandlung dieser und anderer problematischer Episoden im Leben der Patriarchen ist eine apologetische Tendenz erkennbar, die Tendenz zur Rechtfertigung der ›scheinbaren‹ Fehlhandlungen der Gründergenerationen. Manchmal geschieht dies aus dem tiefen Respekt dem Gedächtnis der Erzväter gegenüber, manchmal aber auch, weil die Rabbinen selbst gerade im theologischen Schlagabtausch mit Gegnern standen, die sie und ihre Traditionen herabsetzen wollten. Die subversive Ehrlichkeit des biblischen Textes wird dadurch natürlich unterlaufen und entschärft, der Text büßt seine schockierende und verstörende Kraft ein. Andererseits fasziniert an den rabbinischen Kommentaren, in welch hohem Maße ihre Verfasser sich der Gefahr bewußt waren, daß ein Problem im Text entweder einfach wegerklärt wird oder seine Deutungsmöglichkeiten zu stark kanalisiert werden. Ihre Achtung vor der Unantastbarkeit des Textes, der für sie ja immerhin das unmittelbare Wort Gottes darstellte, führte sie zu der Feststellung: »Kein Schriftvers kommt aus seinem Wortlaut« (Schabbat 63a) oder verliert die Bedeutung, die er in seinem ursprünglichen Kontext hatte. Ganz gleich, wie viele Deutungsschichten auch über ihn gelegt werden, der ursprüngliche Text ist immer da und läßt sich jederzeit ganz neu entdecken.

Nichtsdestotrotz steckt eindeutig ein gefährliches Potential in Genesis 22, insofern, als Abraham ja Vorbild für die kommenden Generationen sein sollte und ein solcher an Fanatismus grenzender Eifer sich langfristig als höchst problematisch erweisen konnte. Die Rabbinen waren daher sehr darauf bedacht klarzustellen, daß dieses Ereignis im Gegensatz zu den zahlreichen anderen positiven Eigenschaften Abrahams, die durchaus nachahmenswert sind – seine Gastfreundschaft etwa und sein missionarisches Engagement –, eine absolut einmalige, ein für allemal abgeschlossene Angelegenheit darstellt. Niemand sollte sich je einbilden, er sei dazu aufgerufen, sein Kind Gott zu opfern. Vielmehr kam der Verdienst, den Abraham sich durch seinen Gehorsam gegenüber Gott erworben hatte, von nun an dem ganzen jüdischen Volk zugute.

Doch die jüdische Geschichte geht weiter, und neue Situationen erfordern neue Deutungen. Als im Mittelalter jüdische Gemeinden im Rheinland von den Kreuzfahrern zerstört wurden, suchten die Menschen Trost in der *Akeda*, der »Bindung Isaaks«, wie das Ereignis bezeichnet wurde (nicht »Opferung« Isaaks!), und verglichen sich mit Abraham – mit dem Unterschied, daß sie das Gefühl hatten, noch mehr geopfert zu haben als er, weil ihre Kinder tatsächlich getötet worden waren. Die für die Synagogenliturgie geschaffene Dichtung aus jener Zeit ist voll von diesem Gedanken. Das Thema wird in dem Buch *The Last Trial* von Shalom Spiegel genauer beleuchtet, einer glänzenden Studie zur Behandlung der *Akeda* in Midrasch und Liturgie. Spiegel zitiert aus den liturgischen Texten:

»Bevor der Patriarch in seiner Eile seinen Einzigen opfern konnte,
War vom Himmel zu hören: Streck deine Hand nicht aus, um zu vernichten!
Nun aber, wie viele Söhne und Töchter von Juda sind dahingemordet –
Während Er keine Eile hat, jene Hingeschlachteten zu retten noch die, die die Flammen verzehrten.«
(*Rabbi Eliezer bar Joel ha-Levi*)

»Einst konnten wir uns auf das Verdienst der *Akeda* am Berg Moria stützen,
Bewahrt für die Rettung einer Generation nach der anderen –
Nun aber folgt eine *Akeda* auf die andere, sie sind nicht mehr zu zählen.«
(*Rabbi David bar Meshullam*)[5]

Es ist, als ob die Fremdheit und das Schockierende dieser Geschichte jede Generation wieder aufs neue beschäftigte. Wenn wir einen Sprung ins zwanzigste Jahrhundert machen, so können wir bei dem Psychiater Erich Wellisch lesen, daß das »*Akeda*-Motiv« eine Lösung für den von Freud beschriebenen Ödipus-Komplex darstellte. Während Freud sich auf die eine Seite des Geschehens konzentrierte, die von ihm postulierte Rivalität zwischen Sohn und Vater und den daraus resultierenden Haß des Sohnes auf den Vater in der frühen Kindheit, weist Wellisch auf die Praxis des Kindermordes durch die Väter hin, die aus der Angst heraus, entthront zu werden und ihre Macht und Führungsrolle zu verlieren, zu Mördern wurden. Kindermord war nach dieser Auffassung eine Vorkehrung gegen Vatermord, der jedoch häufig damit bemäntelt wurde, daß die Götter dieses Opfer forderten und ihre Freude daran hätten. Bewußte oder unbewußte Kindermordwünsche und -phantasien blieben während der ge-

5. Shalom Spiegel, *The Last Trial*, Schocken Books, New York 1969, S. 20-21.

samten Antike präsent und sind bis heute spürbar geblieben, doch Abraham beendet sie in der Episode der *Akeda*. »Bis zu Abraham beruhte die Autorität des Vaters auf Furcht. Seit Abraham basiert sie auf Liebe. Nach der *Akeda* erkennt Abraham, daß Gott Leben und nicht Tod fordert.«[6]

Eine andere psychologische Deutung liefert Rabbi David Polish. Er bringt die Geschichte der Akeda, wie es auch die Bibel tut, mit der Verstoßung Ismaels im vorangehenden Kapitel in Verbindung. Nach Polish veranlaßt das ungeheure Gefühl der Schuld über diese Tat Abraham als eine Art Selbstbestrafung zur Opferung Isaaks. Ein Theologe wie Ignaz Maybaum dagegen nimmt bei Abraham ein tiefverwurzeltes Vertrauen in die Integrität, Verläßlichkeit, Gerechtigkeit und Güte Gottes wahr. Trotz des göttlichen Befehles weiß er, daß Gott den Knaben am Ende retten wird. Tatsächlich läßt der biblische Text auch für diese Deutung Raum. Immerhin teilt Abraham den beiden jungen Männern mit, daß er und Isaak das Opfer darbringen wollen und »wir« dann zurückkommen (Gen 22, 5).

Eine letzte, ungewohnte Interpretation mag veranschaulichen, wie sich die Geschichte noch einmal verwandeln läßt und ein ganz neues Gesicht erhält. Der israelische Dichter Amir Gilboa hat ein Gedicht mit dem Titel *Isaak* geschrieben, das Teile der biblischen Bildwelt, ja selbst den Wortlaut des Textes aufnimmt und dessen subversive Kraft bewahrt, indem es den Inhalt der Geschichte radikal umkehrt:

»Bei Sonnenaufgang spazierte die Sonne in den Wald
zusammen mit mir und Vater,
und meine Rechte lag in seiner Linken.

Wie ein Blitz leuchtete ein Messer unter den Bäumen auf.
Und ich entsetze mich vor dem Schrecklichen, das meine Augen sehen,
geblendet von Blut auf den Blättern.

6. Eine Zusammenfassung und Kritik dieser Ansätze sowie anderen psychoanalytischen Materials liefert Silvano Arietis Buch *Abraham and the Contemporary Mind*, Basic Book, New York 1981.

Vater, Vater, rasch, rette Isaak,
damit keiner fehlt beim Mittagsmahl.

Ich bin es, der gemordet wird, mein Sohn,
und mein Blut glänzt schon auf den Blättern.
Und Vaters Stimme erstickte und sein Antlitz war fahl.

Und ich wollte schreien, mich bäumend in Unglauben,
und riß die Augen auf.
Und ich erwachte.

Und meine rechte Hand war naß von Blut.«[7]

Im Gedicht ist es nicht Isaak, der geopfert wird, sondern Abraham selbst. Der Vater im Gedicht ist der Patriarch und zugleich der Vater des Dichters, der im Holocaust ermordet wurde.

Die Beschäftigung mit diesem Kapitel der Bibel findet nie zu einem befriedigenden Abschluß. Im Gegenteil: Die Tatsache, daß die Passage zu den Lesungen am jüdischen Neujahrsfest gehört, stellt sicher, daß die Rätsel und Widersprüchlichkeiten, mit denen sie uns konfrontiert, Jahr für Jahr wieder vorgetragen und öffentlich diskutiert werden. Das Kapitel Genesis 22 ist aber auch Teil der täglichen Lesung im jüdischen Morgengottesdienst. Auf diese Weise sind fromme Juden jahrein, jahraus dazu herausgefordert, Abraham neu zu entdecken, ihn zu hinterfragen oder ihn gelten zu lassen, und in diesem ganz besonderen Sinn ist er für jede jüdische Generation so lebendig wie kaum eine andere biblische Gestalt.

Abraham und Ismael

Wenn sich die Geschichte von der Bindung Isaaks vor dem Hintergrund von Abrahams Eintreten für Gerechtigkeit höchst problematisch ausnimmt, so ist die Art und Weise, wie er und Sara mit dem erstgeborenen Sohn Ismael umspringen, sicherlich nicht

7. Amir Gilboa, ›Isaac‹, aus *The Penguin Book of Hebrew Verse*, hrsg. und übersetzt von T. Carmi, Penguin Books 1982, S. 560.

51

minder bedenklich. Aus der biblischen Erzählung geht hervor, daß Ismael im Grunde ein ›Fehltritt‹ ist, der nie passiert wäre, wenn Abraham einfach ein bißchen geduldiger gewesen wäre und abgewartet hätte, bis Sara schwanger geworden wäre. Doch eine der Stärken der Hebräischen Bibel besteht genau darin, die Realitäten menschlichen Handelns unbeschönigt stehenzulassen. Abraham schickt Hagar und Ismael fort, und ganz gleich, ob er sie nun mit reichen Vorräten versehen hat oder nicht – Hagar verirrt sich in der Wüste, und das Kind stirbt beinahe. Auch Ismael wird schließlich von einem Engel gerettet, in direkter Parallele zu der Geschichte von dem Engel, der Isaak vor der Opferung rettet, und auch Ismael wird eine große Zukunft prophezeit. Da auch er der Sohn Abrahams ist, geboren unter der Verheißung, daß viele Völker aus ihm hervorgehen werden, kann es kaum überraschen, wenn wir später lesen, daß Ismael der Stammvater von zwölf Völkern wird (Gen 25, 16). Ismael wird am Ende auf genau dieselbe Weise gesegnet sein wie Abrahams anderer Nachfahre, Jakob, der zwölf Söhne zeugt, aus denen die zwölf Stämme Israel werden. Zumindest in dieser Hinsicht gibt es eine Symmetrie zwischen den beiden Linien der Nachkommen Abrahams. Dem biblischen Bericht zufolge begegnen sich Isaak und Ismael wenigstens einmal, als sie gemeinsam ihren Vater Abraham beerdigen (Gen 25, 9).

Auch die Rabbinen taten sich mit der Geschichte Ismaels schwer und hatten das Bedürfnis, Abrahams und Saras Verhalten zu rechtfertigen. Also lasen sie in Ismaels ›Umhertollen‹ mit dem kleinen Isaak (Gen 21, 9) alle möglichen anstößigen Dinge hinein. Manche rabbinischen Einstellungen müssen ihre historischen Wurzeln in den Auseinandersetzungen des jüdischen Volkes mit seinen Nachbarn gehabt haben. In einer späteren Periode wird Ismael zum Paradigma der arabischen Welt, so wie Esau, Jakobs Zwillingsbruder, zum Sinnbild Roms wird. Gerade in unserem Jahrhundert aber tritt Abrahams Umgang mit Ismael erneut in den Blick, ist doch das jüdische Volk und der Staat Israel auf der Suche nach einer Verständigungsbasis mit der arabischen Welt. Dies ist freilich ein Thema, das weit über das Anliegen dieses

Buches hinausgeht, dennoch möchte ich ein persönliches Erlebnis erzählen, das deutlich macht, wie diese scheinbar so irrelevanten uralten Geschichten auf ganz unerwartete Weise lebendig werden können und neue Antworten von uns fordern.

Irgendwann gegen Ende der sechziger Jahre nahm ich an einer Podiumsdiskussion bei einem der ersten Jüdisch-Christlich-Moslemischen Kongresse in Berlin teil. Als die Zuhörer Fragen stellen durften, stand ein junger Mann auf und sagte, er sei Palästinenser und wolle mich etwas fragen. Ich nahm an, daß es sich um eine politische Frage handeln würde, aber er sagte, es gehe um etwas ganz anderes. Er hatte die Hebräische Bibel gelesen und ganz besonders die Geschichten von Abraham, Isaak und Ismael gründlich studiert. Dabei störte ihn, daß Ismael, der Stammvater der arabischen Völker, in diesen Geschichten der verstoßene Sohn von Abrahams ungeliebter Frau Hagar war. Wie konnte er da imstande sein, sich mit dem jüdischen Volk zu identifizieren?

Die Frage des jungen Mannes war in mehrfacher Hinsicht bedeutsam. Die Juden sind es gewöhnt, sich an der historischen Abfolge von Judentum, Christentum und Islam zu orientieren. Auf Grund dieser Abfolge sehen sie sich immer wieder dazu gedrängt, den Christen, manchmal aber auch den Moslems, das Bild vorzuhalten, das deren heiligen Schriften von den Juden zeichnen. Da jedoch weder das Christentum noch der Islam existierten, als die Hebräische Bibel niedergeschrieben wurde, reden wir uns gerne ein, in unserer heiligen Schrift könne eine ähnliche Problematik gar nicht erst auftauchen. Rein historisch betrachtet ist das natürlich völlig richtig. Insofern die Hebräische Bibel jedoch den tragenden Mythos des jüdischen Volkes enthält und damit in gewisser Weise auch die Haltung dieses Volkes gegenüber anderen festlegt, sind die Texte der Hebräischen Bibel in der Tat noch immer lebendig. Und welches Verhältnis die Juden selbst diesen Texten gegenüber auch immer einnehmen mögen – sofern sie überhaupt eines haben –, andere betrachten sie auf jeden Fall als repräsentative Darstellung jüdischen Glaubens und jüdischer Praxis. Was die Bibel über Ismael sagt, und was sie über die Grenzen des Heiligen Landes sagt, hat heute wieder eine Realität gewonnen, die jahrhundertelang verschüttet war. Wo sind also die zeitgenössischen jüdischen Kommentare zur Bibel, die das zeitgenössische jüdische Verständnis dieser Texte ansprechen, und was sagen sie?

In diesem besonderen Fall war ich glücklicherweise imstande, dem jungen Palästinenser zu antworten, weil meine eigenen Erfahrungen mit dem Dialog mich zumindest in diese Problematik eingeführt hatten. Wir können die uns überlieferten Texte nicht einfach ignorieren oder auslöschen, doch diese Texte können durch die Art, wie sie gedeutet werden, eine Verwandlung erfahren. Wie schon erwähnt, wird die Geschichte von der *Akeda*, der Bindung Isaaks, aber auch das ihr vorangehende Kapitel über Hagar und Ismael beim jüdischen Neujahrsfest Rosch ha-Schana vorgelesen. Ich habe in Zusammenarbeit mit Rabbiner Lionel Blue das Gebetbuch für hohe Festtage der Reformsynagogen von Großbritannien herausgegeben, und dabei unter anderem auch einen Kommentar zu den entsprechenden biblischen Lesungen verfaßt, in dem traditionelles und modernes Material seinen Platz hat. Im Bewußtsein der Notwendigkeit einer Versöhnung zwischen Israel und der arabischen Welt und der daraus resultierenden Notwendigkeit einer symbolischen Darstellung dieses Faktums innerhalb der Liturgie nahm ich ein Gedicht des israelischen Dichters Shin Shalom in die Sammlung auf. Shalom thematisiert darin das so frappierend ähnlich verlaufende Schicksal der beiden Brüder Isaak und Ismael: beide sind vom Tod bedroht und werden im letzten Augenblick durch einen göttlichen Boten bewahrt.

»Ismael, Bruder mein,
Wie lang noch soll Krieg sein zwischen uns?

Bruder mein aus längst vergangnen Tagen,
Bruder mein – Hagars Sohn,
Bruder mein, der rastlose Wanderer.

Ein Engel ward uns beiden gesandt,
Ein Engel bewahrte uns Kinder –

Damals in der Wüste, vom Verdursten bedroht,
Ich, Opfer auf dem Altar, Saras Erstgeborner.

Ismael, Bruder, hör meine Bitte:
Jener Engel hat dich an mich gefesselt ...

Die Zeit verrinnt. Laß den Haß ruhn
und uns Schulter an Schulter unsere Schafe tränken.«[8]

Abraham und Melchisedek

Zu den besonderen Qualitäten der biblischen Erzählungen um
Abraham gehört auch, daß sie mit großer Schlichtheit sowohl über
sein Privatleben wie auch über seine Beziehung zu anderen Personen in seinem gesellschaftlichen Umfeld berichten. Abraham
ist eindeutig ein Mann mit Einfluß und einem gewissen Status,
der da, wo er sich aufhält, Zugang zu den allerhöchsten Kreisen
hat (Gen 21, 22). So werden wir Zeugen, wie er Verteidigungs-
bündnisse mit den ortsansässigen Stammesfürsten schließt (Gen
14, 13). Ein andermal verhandelt er mit den Einheimischen über
den Kauf eines Landstückes als Grabstätte für seine Familie (Gen
23 ,8-18). Er erwirbt einen Brunnen und stellt den ortsansässigen
Stammesfürsten zur Rede, als dessen Knechte ihm den Brunnen
streitig machen (Gen 21, 25). Nur ein einziges Mal finden sich
Hinweise auf einen ernsteren Konflikt in Abrahams Beziehung zu
den Kanaanitern. Es geht dabei wieder einmal um die Stadt Sodom, allerdings *vor* Abrahams Streit mit Gott um Sodoms Vernichtung. Im Anschluß an eine kriegerische Auseinandersetzung
(Gen 14) erscheint Abraham in ganz ungewohntem Gewand, als

8. Shin Shalom, ›Ishmael my brother‹, zitiert in *Forms of Prayer for Je-*
    wish Worship Vol. III: Prayers for the High Holidays, Reform Syn-
    agogues of Great Britain 1985, S. 891. [Vgl. auch die leicht gekürzte
    deutsche Ausgabe: *Das jüdische Gebetbuch.* Bd. 1 u. 2. Hrsg. von Jo-
    nathan Magonet in Zusammenarbeit mit Walter Homolka, Gütersloher
    Verlaghaus 1997.]

Militärstratege, der eine Koalition seiner Bündnispartner zur Rettung seines Neffen Lot heranführt. Bei seiner Rückkehr hat er zwei Begegnungen: die eine mit Melchisedek, dem König von Salem, dem künftigen Jerusalem, die andere mit dem namenlos bleibenden König von Sodom. Letzterem möchte Abraham aus persönlicher Animosität heraus oder aus moralischen Gründen wegen der Zustände in Sodom in keiner Weise verpflichtet sein und lehnt daher jede Entschädigung für seine Hilfe ab.

»Der König von Sodom sagte zu Abram: Gib mir die Leute zurück, die Habe behalte! Abram entgegnete dem König von Sodom: Ich erhebe meine Hand (schwöre) zum Ewigen El Eljon (dem höchsten Gott), dem Schöpfer des Himmels und der Erde: Keinen Faden und keinen Schuhriemen, nichts von allem, was dir gehört, will ich behalten. Du sollst nicht behaupten können: Ich habe Abram reich gemacht! Nur was meine Leute verzehrt haben und was auf die Männer entfällt, die mit mir gezogen sind, auf Aner, Eschkol und Mamre, das sollen sie als ihren Anteil behalten.« (Gen 14, 21-24)

Und dennoch wird Abraham später, als es notwendig wird, vor Gott stehen und leidenschaftlich für die Rettung Sodoms plädieren, sollten auch nur ein paar rechtschaffene Menschen in der Stadt zu finden sein.

In Melchisedek dagegen findet Abraham einen Gleichgesinnten, der in gewisser Weise seine eigenen religiösen Überzeugungen teilt. Dennoch ist es eine recht verhaltene Konversation, in deren Verlauf Abraham in El Eljon Melchisedeks »höchsten Gott« erkennt, den Gott, dem auch er selbst begegnet ist (Gen 14, 18-20.22). Abrahams Herkunft und seine ursprünglichen Lebensumstände werden nur kurz gestreift, und nichts wird darüber gesagt, wie er dazu kam, der Stimme zu gehorchen, die zu ihm sagte: »*lech lecha*«, »geh du aus deinem Land!« Wie kam Abraham dazu, zum Gläubigen zu werden, und wie sah der religiöse und soziale Hintergrund aus, aus dem er stammte? Die Bibel selbst berichtet, daß Abrahams Vater ein Götzenanbeter war (Jos 24, 2), und die Rabbinen schmückten diese knappen Informationen aus in dem Versuch, Abrahams Aufbruch zu erklären. Sie glaubten, daß er aus seiner eigenen Weltbeobachtung heraus zu der Überzeugung gekommen sei, es gebe nur einen einzigen Gott. Beim Betrachten der Sonne dachte er, sie sei die mächtige Schöpferin der Welt, doch bei Nacht verschwand sie, und an ihre Stelle traten der Mond und die Sterne, also glaubte er nun, daß der Mond der Schöpfer aller Dinge sei. Doch am nächsten Tag verschwand auch der Mond, und Abraham begriff, daß irgendeine größere Macht beide geschaffen hatte. Er erlangte sein Bewußtsein von Gott sowohl durch Ratio als auch durch Inspiration.

Die berühmteste rabbinische Geschichte über den jugendlichen Bilderstürmer Abraham fand ihren Widerhall in islamischen Quellen. Abrahams Vater Terach pflegte Götzenbilder herzustellen. Eines Nachts zerschmetterte Abraham sie alle und ließ in der Hand der größten Figur den Hammer zurück. Als Terach fragte, was geschehen sei, erklärte er, die Götzenbilder hätten um die ihnen dargebrachten Opfergaben gekämpft, und die große Figur habe die anderen zerstört. Terach sagte zu ihm, das sei absoluter Blödsinn, da die Figuren nicht imstande seien, sich auch nur zu rühren! » Mögen die Ohren meines Vaters hören, was sein Mund sagt«, entgegnete Abraham darauf.

In all diesen Geschichten ist Abraham der Entdecker des Monotheismus, ein Revolutionär, der eine neue Idee in die Welt trägt. Doch die Bibel beweist einmal mehr ihre subversive Tendenz, als sie durchaus bereit ist, auch anderen Gestalten, Nicht-Israeliten, zuzugestehen, daß sie dieselbe Gotteserfahrung gemacht haben. Es ist auffällig, daß die beiden ganz großen Führer, Abraham und Mose, beide solchen Persönlichkeiten begegnen und eine positive Beziehung zu ihnen haben: Abraham und Melchisedek, Mose und sein Schwiegervater Jitro. Diese Offenheit fand auch Eingang in das rabbinische Denken. So lehrten die Rabbinen, daß die Gerechten aller Völker einen Platz in der künftigen Welt haben. Auch wenn es in der rabbinischen Literatur Äußerungen gibt, die solchen Gedanken zuwiderlaufen und die Heiden eher abwerten, die Grundtendenz rabbinischer Anschauung läßt sich in der Debatte darüber, welches der wichtigste biblische Vers sei, eindeutig ablesen. Der große Rabbi Akiwa lehrte, der wichtigste Vers sei der Satz: »Du sollst deinen Nächsten lieben wie dich selbst« (Lev 19, 18). Sein Kollege Ben Azzai hielt jedoch dagegen, noch größer sei der Satz aus Gen 5, 1:

»Das sind die Generationen von Adam, der Menschheit: Als Gott den ersten Menschen schuf, machte er ihn nach dem Bilde Gottes.«

Alle Menschen sind nach Gottes Bild geschaffen und somit vor Gott gleich. Von daher werden rabbinische Aussprüche wie die folgenden verständlich:

»Die Gerechten unter den Nicht-Juden sind Priester Gottes.«

»Ich rufe Himmel und Erde zum Zeugen auf, daß, gleich, ob Nicht-Jude oder Israelit, Mann oder Frau, Sklave oder Magd, nach ihren Taten der Heilige Geist auf ihnen ruhen wird«[9]

Abraham bleibt in der Komplexität seines Charakters, die sich in den verschiedenen Texten spiegelt, ein Rätsel. Wir erblicken in ihm den Vater eines ganz bestimmten Volkes und zugleich das Urbild einer universalen Menschheit. Wir sehen ihn als Kämpfer für Gerechtigkeit für die verdorbene Stadt Sodom – obwohl er diesen Ort offensichtlich mit Abscheu betrachtet –, bereit, sich selbst Gott in den Weg zu stellen und von ihm zu verlangen, daß er sich seinerseits an die Werte hält, die für die Menschheit bindend sein sollen. Neben diesem ausgeprägten Gerechtigkeitssinn wird auch ein Zug des Erbarmens spürbar, der vor allem in der rabbinischen Deutung Abrahams herausgestellt wird. Und doch, in dem Augenblick, in dem wir meinen, Abraham ›gezähmt‹ zu haben, in dem er allzu positiv und eindimensional erscheint, stoßen wir auf seine dunkle Seite, den engstirnigen Fanatismus – in seiner Art nicht weniger menschlich –, der ihn sogar so weit gehen läßt, seinen eigenen Sohn opfern zu wollen und erst im allerletzten Moment innezuhalten.

9. Aus *Tanna de be Eliyahu* (Lublin-Ausgabe 1897), zitiert jeweils als ›Schluß von Kap. 20, S. 48‹ in *A Rabbinic Anthology*, hrsg. von C. G. Montefiore und H. Loewe, Meridian Books und The Jewish Publication Society of America, New York und Philadephia 1963, S. 557.

Wir hätten auch andere Abrahams untersuchen können, es gibt noch viel zu erzählen über sein häusliches Leben, seine Beziehung zu dem Land, das ihm verheißen wurde, und nicht zuletzt über seinen Glauben. Wie ich zu Beginn angedeutet habe, weist das biblische Bild dieser Persönlichkeit zahllose Facetten auf, und jede von ihnen fand einen eigenen Widerhall in der rabbinischen und später in der jüdischen Überlieferung. Am wichtigsten wäre mir wohl, wenn ich wählen müßte, die Tatsache, daß Abraham uns immer noch herausfordert, zu neuer Deutung und neuen Gedanken, daß seine Person immer noch nicht ausgelotet ist. Der biblische Bericht selbst unterläuft jede einfache, einseitige Betrachtungsweise Abrahams, die ihn unseren Fragen und unserer Kritik entrücken und nur noch zur bewunderten, verehrungswürdigen Gestalt machen würde.

Als Gott seinen Namen von Abram in Abraham ändert, weist die Bibel eigens darauf hin, daß es sich hier um ein Wortspiel handelt, wird er doch der *aw hamon gojim* sein, der »Vater vieler Völker«. In diesem Titel spiegeln sich die vielen Manifestationen des jüdischen Volkes über die Jahrhunderte hinweg, aber auch der ›Völker‹ der Christenheit und des Islam, die sich als seine Nachkommen betrachten. Wie Mose vom jüdischen Volk den Titel *Mosche Rabenu* erhalten hat, Mose unser Lehrer, so hat auch Abraham den Titel verdient, unter dem er in der jüdischen Überlieferung bekannt ist: *Awraham Awinu*, Abraham, unser Vater.

3

Exodus und Befreiung

Die wohl bekannteste Geschichte in der Hebräischen Bibel ist die Flucht der Kinder Israel aus dem Würgegriff des bösen Pharao von Ägypten. Wie schon im Einleitungskapitel angesprochen, fand diese Geschichte Widerhall weit über ihren ursprünglichen Geltungsbereich hinaus: in den Liedern der Sklaven im amerikanischen Süden, die sich nach Freiheit sehnten; in den Befreiungsbewegungen Südamerikas; im Kampf der Juden, die ehemalige Sowjetunion verlassen zu dürfen, unter dem Motto: »Laß mein Volk ziehen!« Wo immer die Bibel direkt oder indirekt Einfluß ausübte und wo immer Menschen von anderen versklavt wurden, gab die Geschichte des Exodus den Unterdrückten Hoffnung und diente als Schreckbild für ihre Unterdrücker.

Viele ihrer Motive sind mittlerweile geradezu Allgemeingut geworden. Die Tötung neugeborener israelitischer Knaben auf Pharaos Befehl hin; die zehn Plagen, die im Tod der ägyptischen Erstgeborenen ihren Höhepunkt erreichten, jenem schrecklichen Geschehen, das schließlich den Trotz des Pharaos und seines Volkes brach; die Durchquerung des Schilfmeeres, das sich vor den Israeliten teilte, über den Streitwagen der ägyptischen Verfolger aber wieder zusammenschlug, so daß sie ertranken. Und über allem die Vision vom Land der Verheißung, zu dem sie unterwegs waren, einem Land, in dem es keine Sklaverei mehr geben würde und alle frei sein würden.

Während dies die Versatzstücke sind, an die wir uns gewöhnlich auf Anhieb erinnern, so gibt es daneben noch zahlreiche andere Details, die oft übersehen werden, und doch liegt die Essenz biblischer Texte gerade in den Details. Hier finden sich die besonderen Qualitäten und Werte, die dem breiten Fluß der Erzählung seine Richtung geben und ihm subversive Kraft verleihen. Schon bei flüchtigem Lesen der Anfangspassagen der Exodusgeschichte wird klar, daß die eigentlichen Heldinnen der Erzählung jene ganz unterschiedlichen Frauen sind, die – jede auf ihre Weise – ein großes persönliches Risiko auf sich nahmen und dadurch den Lauf der Geschichte veränderten. Die Hebammen Schifra und Pua weigerten sich, Pharaos Anstiftung zum Völkermord nachzukommen und wußten ihre Handlungsweise höchst selbstbewußt zu verteidigen, als er sie zur Rede stellte (Ex 1, 15-22). Jochebet, die Mutter Moses, verbarg ihr neugeborenes Kind, solange es irgend ging (Ex 2, 1-3). Mirjam, die Schwester des Knaben, wachte über ihn in seinem zerbrechlichen Schilfboot und wagte es, sich der Tochter des Pharao zu nähern (Ex 2, 4.7). Diese wiederum war bereit, gegen den ausdrücklichen Befehl ihres Vaters zu handeln und einen hebräischen Jungen zu adoptieren (Ex 2, 5-9). Noch bevor die eigentliche Geschichte des Exodus beginnt, stoßen wir im biblischen Bericht auf das mehrfach wiederkehrende, ungewöhnliche Phänomen, daß die Frauen sich völlig anders verhalten, als wir es angesichts der patriarchischen Struktur der damaligen Gesellschaft erwarten würden. Der Grund wäre zu diskutieren. Ging es den Verfassern der Bibel darum, diese Frauen, unter denen zufälligerweise Hebräerinnen und Ägypterinnen waren, ganz speziell zu würdigen, und die Rolle, die sie spielten, hervorzuheben? Oder haben wir es hier mit dem Ausdruck einer anderen biblischen Konvention zu tun, nämlich sämtliche Erwartungen im Hinblick auf Macht und Hierarchie auf den Kopf zu stellen, sobald Gott in das Geschehen eingreift? So wird in der Bibel häufig der Zweitgeborene vor dem Erstgeborenen erwählt, der doch eigentlich der Erbe sein müßte, wenn Gott es nicht anders beschlossen hätte. Und im vorliegenden Fall bringen ausgerechnet Frauen, die schwächsten Glieder der Gesellschaft, die Pläne eines Pharaos zum Scheitern, des mächtigsten Mannes im Staate, der durch diesen Tatbestand natürlich doppelt blamiert ist.

Wir, die wir das Ende der Exodusgeschichte kennen, empfinden fast Mitleid mit Pharao. Er ist trotz allem nur ein Sterblicher, der sich für einen Gott hält und mit dem wirklichen Gott, dem Schöpfer des Universums, in einen Wettstreit tritt. Das aber wußte allenfalls Mose, als er der Macht Ägyptens als Herausforderer gegenübertrat, und selbst er hatte seine Zweifel (Ex 3, 13-4, 17). Die Israeliten, um die es ja eigentlich ging, teilten Moses Überzeugung keineswegs, und als die Zustände sich nach seiner Intervention beim Pharao noch verschlechterten, forderten sie von Gott, er möge ihn strafen:

»Ihr habt uns beim Pharao und seinen Dienern in Verruf gebracht und ihm ein Schwert in die Hand gegeben, mit dem er uns umbringen kann!« (Ex 5, 21)

Doch starben sie nicht schon jetzt wie die Fliegen bei ihrem Frondienst auf den Feldern, und wurden ihre Kinder nicht vom Regime ermordet? Der Pharao brauchte wahrlich keine weitere Entschuldigung, um sie umzubringen. Doch Sklaven können per definitionem nicht über den Horizont ihrer Sklaverei hinaussehen. Die Bibel betrachtet diese »Sklavenmoral« mit schmerzhafter Ehrlichkeit. Joseph B. Soloveitchik geht in seinen Anmerkungen zu bestimmten Aspekten des jüdischen Passarituals, das die Geschichte des Exodus nacherzählt, auf die wesentlichen Punkte dieses Zustandes ein:

»Ein Sklave ist ein Mann ohne Alternativen. Er kann, abgesehen von unwichtigen Bereichen, keine eigenen Entscheidungen treffen. Dadurch leidet seine Unterscheidungsfähigkeit in wichtigen Dingen. Er entwickelt kein Vertrauen in sein eigenes Urteil, weil es nie auf die Probe gestellt und in der Praxis geschärft wird. Durch Versuch und Irrtum gesammelte Erfahrungen, die das Selbstvertrauen stärken und die Wahrnehmung verbessern, fehlen. Nur der Freie wird ständig von den zahlreichen Möglichkeiten, die allen Aspekten des Lebens innewohnen, gefordert. Jene, die im Radius ihrer Wahlmöglichkeiten und ihres Handelns eingeschränkt sind, neigen dazu, Illusionen zu entwickeln; sie sehen die Wahrheit subjektiv, nehmen die Dinge nicht wahr, wie sie sind, sondern wie sie (die Sklaven) sie gerne hätten ...

Ein Sklave lebt außerdem in einem ständigen Zustand der Angst, weil er der Willkür seines Herrn ausgeliefert ist. Diese Angst dauert fort, selbst wenn keine äußere Bedrohung erkennbar ist und kein momentaner Einschüchterungsversuch vorliegt. Es ist eine immerwährende Anspannung, die seinem Status inhärent ist ... Er wird sich daher intuitiv davor hüten, seinem Herrn jemals zu widersprechen, aus Angst, seinen Zorn zu erregen. Es wird zu einer Reflexhandlung der Angst und des Mißtrauens.[1]

Es bedurfte schon einer Persönlichkeit vom Format eines Mose, der als freier Mann am Hof des Pharao aufgewachsen war, um die Israeliten in die Freiheit zu führen.

Wieder spiegeln die Details der Geschichte die den Geschehnissen zugrundeliegende Befindlichkeit der Beteiligten. Bei jedem Hindernis wollten die Israeliten umkehren. In der Wüste steigerten sie sich geradezu in eine nostalgische Sehnsucht nach den ›guten alten Zeiten‹ hinein:

»Wären wir doch in Ägypten durch die Hand des Ewigen gestorben, als wir an den Fleischtöpfen saßen und Brot genug zu essen hatten!« (Ex 16, 3).

Bei sorgfältigem Lesen fällt auf, daß sie zwar an den »Fleischtöpfen« (der Ägpyter) *saßen*, aber nicht »Fleisch« aßen, sondern lediglich Brot! Gegenwärtige Schwierigkeiten lassen die Erinnerung an vergangenes Elend verblassen.

Während die Erzählung selbst allenfalls andeutungsweise davon spricht, lenkt die rabbinische Tradition den Blick auch auf die düstere Seite des Exodus. Die Rabbinen gingen sogar so weit zu behaupten, daß es damals viele gab, die Ägypten gar nicht verlassen wollten. Sie hatten sich erfolgreich an das Leben in Ägypten angepaßt und wollten ihre Position, die ihnen immerhin einen gewissen Einfluß sicherte, keinesfalls aufs Spiel setzen. Einer verstörenden rabbinischen Legende nach war das der Grund für die Plage, die drei Tage totaler Finsternis brachte. Unter dem Mantel der Dunkelheit, der den Ägyptern das Geschehen verbarg, tötete Gott all diejenigen, die sich weigerten mitzuziehen (Exodus Rabba 14.3). Der Exodus mußte als einhellig gewählter Weg erscheinen. Jede Revolution fordert ihre Opfer.

1. Joseph B. Soloveitchik, *Reflections of the Rav (Lessons in Jewish Thought adapted from Lectures of Rabbi Joseph B. Soloveitchik by Abraham R. Besdin)*, Jerusalem 1979, S. 199.

Doch neben dem ›verheißenen Land‹, dem Ziel der Israeliten, und neben der neuen Gesellschaftsform, die sie dort begründen sollten, gibt es noch ein anderes Motiv für die Ereignisse, die die Exodusgeschichte bestimmen: Auch Ägypten sollte die befreiende Macht Gottes kennenlernen. War Ägypten die größte Weltmacht seiner Zeit, dann war auch der Exodus als universale Lehre gedacht – alle Welt, die Unterdrücker und die Unterdrückten, sollten sehen und aufmerken. Jahrhunderte später, als Israel unter einem anderen Exil in Babylon litt und sich nach der Heimkehr ins eigene Land sehnte, rief eine andere prophetische Stimme den Israeliten diese größere Aufgabe, für die sie ausersehen waren, in Erinnerung.

»Und er sagte zu mir: Es ist zu wenig, daß du mein Knecht bist, nur um die Stämme Jakobs wieder aufzurichten und die Zerstreuten Israels heimzuführen. Denn ich habe dich zum Licht für die Völker gemacht; damit mein Heil bis an das Ende der Erde reicht.« (Jes 49, 6).

Gott erhebt seine Hand in der Geschichte des Exodus nicht nur gegen das ägyptische Volk, sondern gegen das ganze ägyptische System der Sklaverei, wie es in den ägyptischen Göttern personifiziert ist. Wie der Pharao, der »Josef nicht gekannt/anerkannt hatte« (Ex 1, 8), so verspottete auch sein Nachfolger auf dem Thron Mose bei ihrer ersten Begegnung:

»Wer ist ›der Ewige‹, daß ich auf ihn hören und Israel ziehen lassen sollte? Ich kenne/anerkenne den Ewigen nicht!« (Ex 5, 2)

Den Rabbinen zufolge schlug er in einem Buch nach, in dem alle »Götter« der Welt verzeichnet waren, und fand den Namen des Ewigen nirgendwo erwähnt (Exodus Rabba 5,14). Es ist nur eine scherzhaft gemeinte Anekdote, doch sie führt uns vor Augen, daß Pharaos Ägypten natürlich seine Sozialwissenschaftler, seine Bibliotheken und Forschungsinstitute hatte, wie es sich für eine imperiale Großmacht der Antike ziemte. Mose entgegnete auf Pharaos zynische Bemerkung, daß der Lebendige nicht bei den Toten zu finden sei. Sein Gott ließe sich nicht zwischen die Seiten eines Buches pressen. So mußte Pharao den Ewigen auf dem harten Weg »kennen« und »anerkennen« lernen. Zu seinem eigenen Besten, aber auch, um dem Rest der Welt eine neue Sozialordnung vorzuführen, die Israel als Pioniernation im gelobten Land einführen sollte. Die Geschichte konnte deshalb nicht an dieser Stelle enden. Jede ihrer Einzelheiten wurde vielmehr sorgfältig im Text der Hebräischen Bibel bewahrt, und die biblische Tradition selbst verlangte, daß die Ereignisse jedes Jahr im Rahmen einer Abfolge verschiedener symbolischer Akte noch einmal durchlebt und so allen künftigen Generationen überliefert werden sollten.

»Und wenn euch eure Kinder fragen: Was bedeutet diese Feier für euch?, dann sagt: Es ist das Passa-Opfer zur Ehre des Ewigen, der in Ägypten an den Häusern der Kinder Israel vorüberging ...« (Ex 12, 26-27).

»An diesem Tag erzähl deinem Sohn: Das geschieht für das, was der Ewige an mir getan hat, als ich aus Ägypten auszog.« (Ex 13, 8).

»Wenn dich morgen dein Sohn fragt: Was bedeutet das?, dann sag ihm: Mit starker Hand hat uns der Herr aus Ägypten, aus dem Sklavenhaus, herausgeführt.« (Ex 13, 14)

Ja, das Gedenkritual sollte sich im Laufe der Zeit immer differenzierter gestalten, so daß der ›Sohn‹ einer späteren Generation die eher theologische Frage stellen würde:

»Welches sind die Satzungen, die Gesetze und Rechtsvorschriften, die der Ewige, euer Gott, euch aufgetragen hat?« (Dtn 6, 20).

Diese vier biblischen Verse, die als vier verschiedene Fragen aufgefaßt werden können, die Antwort erheischen, haben Eingang in die jüdische Pessach-Haggada gefunden, die dem Seder, dem Familienfest des Gedenkens, zugrunde liegt. Die Fragen werden durch vier unterschiedliche Knabentypen, Darsteller im Drama dieses Abends, verkörpert: der Kluge, der Böse, der Einfältige und der, der zu jung ist, um zu fragen. In der Familienfeier dieser Nacht, die immer noch ihre eindrückliche Kraft bewahrt hat und in der jeder der Anwesenden sich vorstellen soll, er selbst wäre unter denen, die aus Ägypten entkamen, erwachen die biblischen Schemen zu neuem Leben. Die Freiheit wurde unter Opfern errungen, und sie kann nur erhalten werden durch das lebendige, immer neue Gedenken jeder einzelnen Generation.

Doch woran sollen sich die Seder-Teilnehmer in der Pessach-nacht erinnern? Sie sollen die Geschichte des Exodus erzählen. Die Rabbinen waren sich allerdings nicht ganz einig, an welcher Stelle diese Geschichte einsetzt – wo genau die Sklaverei begann. Sie ordneten auf jeden Fall an, daß das Ritual mit dem Erzählen einer beschämenden Situation beginnen sollte, und daß eine Episode, die Anlaß zu Lob und Dank gab, den Abschluß bilden sollte. Am Ende steht natürlich die »Freiheit«, doch was ist das Beschämende daran, wenn man von einer stärkeren Macht versklavt wird? Schließlich hat der Versklavte in diesem Fall gar nicht die Möglichkeit, Einfluß auf seine Situation zu nehmen. Wenn irgend jemand Grund hatte, sich seiner Handlungsweise zu schämen, so allenfalls der Pharao, der Übeltäter, und nicht die Opfer! Die Rabbinen entwickelten schließlich zwei unterschiedliche Verständnisweisen, worin denn nun das Beschämende am Anfang der Exodusgeschichte liegt, und wie es ihre Gepflogenheit war, bewahrten sie beide Versionen.

In der einen heißt es: »Wir waren Sklaven Pharaos in Ägypten, doch der Ewige, unser Gott, führte uns von dort heraus mit starker Hand und ausgestrecktem Arm ...« Der physische Zustand der Sklaverei selbst also ist die schändliche Vergangenheit, die erinnert und die Jahr für Jahr in diesem rituellen Gedenken neu reflektiert werden soll. Anders als bei den Feiern anderer Nationen und Völker, die stolz ihrer heroischen Anfänge gedenken, wird das jüdische Volk dazu angehalten, über seine Fesseln, seine hilflose Lage nachzudenken, mit allen Implikationen, die eine solche Situation mit sich bringt.

Die andere Version der Einleitungssequenz dagegen geht zurück in die Zeit vor dem Exodus, zu den Ursprüngen Abrahams und seiner Vorfahren:

»Am Anfang waren unsere Vorfahren Götzendiener, doch nun hat uns Gott an seinen Dienst herangeführt, wie geschrieben steht: Josua sagte zum ganzen Volk: So spricht der Ewige, der Gott Israels. Vor Urzeiten lebten eure Vorfahren jenseits des Euphrat, Terach, der Vater Abrahams und der Vater Nahors, und dienten anderen Göttern.« (Jos 24, 2)

Einmal mehr hatte hier die subversive Herausforderung der biblischen Erzählung selbst unmittelbare Auswirkungen auf das
traditionelle Textverständnis.

An den beiden unterschiedlichen Auffassungen vom ›Anfang‹
der Exodusgeschichte wird ein zentrales Thema von Pessach
deutlich, nämlich, daß es zwei Arten von Sklaverei gibt: die physische Knechtung unter ein Regime und die geistige Sklaverei,
wie sie sich im Götzendienst niederschlägt. Beide stehen in di-
rektem Zusammenhang, und beide gilt es in den Blick zu nehmen. Auch die ›Götter Pharaos‹ müssen in dem immer wieder
auszufechtenden Kampf um die Freiheit besiegt werden.

Diese doppelte Knechtschaft scheint bereits in den beiden Versionen der Zehn Gebote im Buch Exodus und in Deuteronomium anzuklingen. Neben einigen geringfügigen Abweichungen,
zum Teil in Buchstaben oder Wortfolgen, die letztlich wenig zu
bedeuten haben, fällt ein größerer Unterschied ins Auge, der im
Zusammenhang mit der Begründung für das Gebot, den Sabbat
zu »halten« (Dtn 5, 12) bzw. seiner zu »gedenken« (Ex 20, 8),
auftritt. Die Exodusversion gilt als die ›religiöse‹ Rechtfertigung
für die Bestimmung des siebten Tages zum Ruhetag:

»Denn in sechs Tagen hat der Ewige Himmel, Erde und Meer gemacht und
alles, was dazu gehört; am siebten Tage ruhte er. Darum hat der Ewige den
siebten Tag gesegnet und ihn für heilig erklärt.« (Ex 20, 11)

Im Gegensatz dazu betont die Version in Deuteronomium die
gesellschaftlichen und politischen Gründe für die Einhaltung des
Ruhetages:

»Denk daran, daß du in Ägypten Sklave warst und der Ewige, dein Gott,
dich mit starker Hand und hocherhobenem Arm dort herausgeführt hat.
Darum hat es dir der Ewige, dein Gott, zur Pflicht gemacht, den Sabbat zu
halten.« (Dtn 5, 15)

Von meinem Lehrer Rav Sperber in Jerusalem habe ich gelernt,
daß beide Anschauungen Jahrhunderte später in den Prophezeiungen Jeremias über die bevorstehende Zerstörung Jerusalems

ein Echo finden sollten. Für den Propheten war das babylonische Heer lediglich ein Werkzeug Gottes, das die Strafe zu vollstrecken hatte, die das Volk durch seine Mißachtung und Vernachlässigung des Bundes mit Gott mehr als verdient hatte. Kein militärisches Bündnis konnte sie mehr schützen, wenn die Menschen nicht in der Lage waren, die innere Struktur ihrer Gesellschaft zu ändern. Zwei Gebote markierten dabei den schmalen Grat zwischen Überleben und Vernichtung: die Sabbatvorschriften und die Vorschriften zur Freilassung von Sklaven. Jeremia betonte deshalb in seinen Predigten die zentrale Bedeutung der Einhaltung des Sabbats, jenes Tages, an dem die Menschen ihre absolute Unterwerfung unter den Willen Gottes durch das völlige Ruhenlassen jeder Arbeit zum Ausdruck bringen:

»So spricht der Ewige: Hütet euch um eures Lebens willen, am Tag des Sabbats eine Last zu tragen und durch die Tore Jerusalems hereinzubringen. Auch dürft ihr am Sabbat keine Last aus euren Häusern hinaustragen und keinerlei Arbeit verrichten. Vielmehr sollt ihr den Sabbat heiligen, wie ich es euren Vätern geboten habe ... dann werden durch die Tore dieser Stadt Könige einziehen, und Fürsten werden auf dem Thron Davids sitzen ... Wenn ihr aber nicht auf mein Gebot hört ... dann lege ich Feuer an seine Tore, das Jerusalems Paläste verzehrt und nie mehr erlischt.« (Jer 17, 21-27)

Das andere Gebot, dem Jeremia Priorität einräumte, betraf die Freilassung von Sklaven im siebten Jahr – und wir haben im ersten Kapitel gesehen, mit welchem Ingrimm der Prophet die Führungsschicht für das Unterlaufen dieses Gebotes attackierte. Gott spricht hier durch Jeremia mit dem ganzen Hohn und dem ganzen schmerzlichen Zorn verwundeten Stolzes. Die Botschaft ist eindeutig. Freiheit ist ein wesentlicher Bestandteil der Gesellschaft, die unter dem Bund mit Gott errichtet werden soll. Diese Freiheit zu verraten heißt, alles zu verraten, worum es im Exodus ging. Doch was ist der Garant der Freiheit, das wesentliche Element, das sie untermauern soll? Nichts Geringeres als die Gleichheit aller Menschen als Geschöpfe Gottes, und diese Geschöpflichkeit ist symbolisiert im Sabbat. Den Sabbat zu halten bedeutet, Gott als Schöpfer der Welt und der ganzen Menschheit zu ehren. Es bedeutet auch, die menschliche Knechtung durch die Natur, unter die Zwänge des täglichen Überlebenskampfes, die tägliche Arbeit abzustreifen. Es ist eine Bekräftigung der Aussage, daß der Mensch zu mehr geschaffen ist als nur dazu. Dies alles zu verraten heißt, das ganze Experiment zu verraten, das mit dem Exodus seinen Anfang nahm.

Die beiden Themen Schöpfung und Exodus sind eng miteinander verwoben. Die Durchquerung des Schilfmeers hinüber in die Freiheit, die Teilung der Wasser ist eine eindrucksvolle Metapher für eine Geburt. Gleichzeitig klingt in diesem Bild aber auch jener frühere Schöpfungsmoment wieder an, als Gott Wasser von Wasser schied und das Wasser unter dem Himmel sammelte, damit das Trockene sichtbar werde (Gen 1, 6.9). Die knappe Schilderung im Buch Genesis, in der Gott als Künstler und Handwerker gezeichnet wird, der mit Rohmaterialien arbeitet, die sich einem göttlichen Wort fügen, steht, wie wir sahen, in bemerkenswertem Gegensatz zu den Schöpfungslegenden anderer alter nahöstlicher Kulturen. Der ganze Aufbau des Schöpfungskapitels mit seinen sich wiederholenden formelhaften Wendungen drückt dasselbe distanzierte Können, die völlige Beherrschung des Materials aus:

»Gott sprach ... und es wurde so ... Gott sah, daß es gut war ... es wurde Abend und es wurde Morgen ...«

Hinter dem strengen Formalismus verbirgt sich ein bemerkenswerter Auswahlprozeß, der zum Ausschluß einer großen Menge mythologischen Materials aus dieser Schilderung geführt hat. Allenfalls an anderer Stelle in der Hebräischen Bibel, in den poetischen und prophetischen Schriften, stoßen wir auf Spuren der kosmischen Schlachten aus den Schöpfungsmythen des Nahen Ostens der Antike. Denn die Wasser, die sich vor dem Wort oder Wind Gottes scheinbar so leicht voneinander scheiden, waren anderswo die rasenden Mächte der Sturmgötter, die gezähmt werden mußten, damit aus dem ursprünglichen Chaos Ordnung entstehen konnte:

»Wach auf, wach auf, bekleide dich mit Macht, Arm des Ewigen!
Wach auf, wie in den früheren Tagen, wie bei den Generationen der Vorzeit!
Warst du es nicht, der das Monster zerhieb und den Drachen durchbohrte?
Warst du es nicht, der das Meer austrocknen ließ, die Wasser der großen Flut,

der die Tiefen des Meeres zum Weg gemacht hat, damit die Erlösten hindurchziehen konnten?« (Jes 51, 9-10)

Daß Israels Gott außerhalb der geschaffenen Welt stehen konnte, daß er die Mächte der Natur kontrollieren und seinen göttlichen Willen in den Wechselfällen der Geschichte und im Aufstieg und Fall irdischer Königreiche zum Ausdruck bringen konnte, war eine schwer errungene Erkenntnis. Und doch spiegelt dieses göttliche Engagement in der Welt, gepaart mit Gottes Geschiedenheit von der Welt, das Paradoxon unserer eigenen menschlichen Existenz – auf ewig in den Grenzen unserer Kreatürlichkeit gefangen, mit denselben physischen Attributen ausgestattet wie die Tierwelt, und doch zugleich fähig, diese physische Seite zu übersteigen durch die Kraft unseres Geistes und unserer Vorstellungskraft. Der folgende Ausspruch, in dem diese besondere Spannung auf den Punkt gebracht ist, wird im Midrasch einer ganzen Reihe von Rabbinen zugeschrieben:

»Nach R. Josua ben Nechemja im Rahmen des R. Chanina bar Jizchak und den Rabbinen im Namen des R. Eleasar erschuf Gott den Menschen mit vier Eigenschaften von den oberen und mit vier von den unteren Wesen [Engeln]. Er isst und trinkt, begattet sich, entleert sich und stirbt wie das Thier, aber er steht aufrecht, spricht, hat Erkenntnis und sieht wie die Dienstengel. Sieht denn das Thier nicht? Ja wohl, aber es sieht von der Seite.« (Genesis Rabba 8.1)

Unsere menschliche Freiheit ist auf den Raum beschränkt, den diese beiden Dimensionen uns lassen. Wir sind durch unser Dasein als Menschen in bestimmte Grenzen verwiesen.

»Die Rabbinen lehrten: Die Philosophen fragten die Ältesten in Rom: Wenn euer Gott an der Anbetung der Götzen keinen Gefallen hat, weshalb vernichtet er sie nicht!? Diese erwiderten ihnen: Würden sie Dinge, deren die Welt nicht bedarf, angebetet haben, so würde er sie vernichtet haben, sie beten aber Sonne, Mond, Sterne und Planeten an, sollte er denn wegen der Thoren die Welt zerstören!? Die Welt behält vielmehr ihren natürlichen Lauf, und die Thoren, die (ihre Handlungen) verderbt haben, werden dereinst Rechenschaft ablegen. Eine andere Erklärung: Wenn jemand eine Seah Weizen raubt und ihn in den Boden aussäet, so sollte er von rechtswegen nicht hervorsprossen, denn noch behält die Welt ihren natürlichen Lauf, und die Thoren, die (ihre Handlungen) verderbt haben, werden dereinst Rechenschaft ablegen.« (Awoda Sara 54b)

»Die Welt behält ihren natürlichen Lauf«, und wir sind durch unsere menschliche Natur nicht weniger gebunden als der Rest der Schöpfung. Unsere Freiheit wird, schon lange bevor wir in die Fesseln schlüpfen, die Menschen einander auferlegen, beschnitten. Oder wie Bob Dylan schreibt: »Are birds free of the chains of the sky?« – Sind die Vögel frei von den Ketten des Himmels? Doch Vögel fliegen, und Menschen sind in ihrem täglichen Leben den Gesetzen der Schwerkraft unterworfen. Wir sind frei, doch innerhalb der Grenzen, die die Beschaffenheit der Welt ihr und uns auferlegt.

Wird die Natur von den Gesetzen von Ursache und Wirkung beherrscht, so gibt es nach biblischer Auffassung daneben noch ein göttliches Gesetz, das das menschliche Verhalten bestimmt. Die Schwierigkeit liegt in der mangelnden Bereitschaft der Menschen und ganz besonders Israels, des Volkes, das es besser wissen sollte, sich an diesem Gesetz zu orientieren. Zwei Autoren der Bibel, Jesaja (28, 24-28) und Jeremia, haben in diesem Zusammenhang den Begriff mi*schpat* auf eine ganz besondere Weise gebraucht. Wir haben ihn im vorangehenden Kapitel im Sinne von »Gesetz« oder »Gericht« kennengelernt, in der Geschichte des für Sodom plädierenden Abraham. Aber *mischpat*, das sind auch die »Pfade des Rechts«, die den Lauf des Geschehens bestimmen (Jes 40, 14), und beide Propheten verwenden den Begriff denn auch im Sinne einer Art zugrundeliegenden regulierenden Mechanismusses innerhalb der Natur, einer letzten Harmonie des Universums, der alles unterworfen ist.

»Selbst der Storch am Himmel kennt seine Zeiten (für die Wanderung); Turteltaube, Schwalbe und Drossel halten die Frist ihrer Rückkehr ein; mein Volk aber kennt nicht die *mischpat* des Ewigen«. (Jer 8, 7)

Für die Verfasser der Bibel steht Gott außerhalb der Natur. Unsere Selbst-Transzendenz, unsere letzte Freiheit, kann also nur von Gott kommen. Alles darunter ist einfach eine andere Form der Sklaverei.

»Denn mir gehören die Israeliten als Knechte (Sklaven), meine Knechte sind sie; ich habe sie aus Ägypten herausgeführt, ich der Ewige, euer Gott.« (Lev 25, 55).

Und doch war es nicht einmal für die Verfasser der Bibel so einfach. Der Psalmist kann voller Verwunderung ausrufen:

»Was ist der Mensch, daß du an ihn denkst,
des Menschen Kind, daß du dich seiner annimmst?
Und doch hast du ihn nur wenig geringer gemacht als Gott,
hast ihn mit Herrlichkeit und Ehre gekrönt!« (Ps 8, 5-6)

Ijob aber bringt umgekehrt das Erstaunen über Gottes Fürsorge aus seinem Leiden heraus zum Ausdruck:

»Was ist der Mensch, daß du groß ihn achtest
und deinen Sinn auf ihn richtest,
daß du ihn musterst jeden Morgen
und jeden Augenblick ihn prüfst?« (Ijob 7, 17-18)

Wenn die Dinge für uns ihren rechten Gang gehen, mag Gottes Aufmerksamkeit schmeichelhaft erscheinen. Doch wenn es nicht so ist, dann ist das gesamte Universum nicht groß genug, um uns zu verbergen:

»Wohin könnte ich fliehen vor deinem Geist,
wohin mich vor deiner Gegenwart flüchten?
Steige ich hinauf in den Himmel, so bist du dort;
bette ich mich in der Unterwelt, so bist du zugegen.
Nehme ich die Flügel des Morgenrots
und lasse mich nieder am äußersten Meer,
auch dort wird deine Hand mich leiten
und deine Rechte mich fassen.« (Ps 139, 7-10)

Wie Gott Adam fragte, als dieser sich nach dem Essen der verbotenen Frucht im Garten versteckte: »Ajekka« – »wo bist du?« (Gen 3, 9). Das ist die Frage, die die ganze Bibel durchzieht. Alle biblischen Geschichten sind im Grunde Variationen über ein und dasselbe Thema – den Kampf zwischen dem Willen Gottes und dem des einzelnen oder der Gruppe, die ihr eigenes, unabhängiges, selbstbestimmtes Schicksal sucht. Die Erzählzyklen über die Patriarchen folgen genau diesem Muster. Wie wir gesehen haben, wäre Isaak, wenn Abraham Gott vertraut hätte, von Sara zu einem von Gott bestimmten Zeitpunkt zur Welt gebracht worden. Statt dessen versuchte Abraham, die Sache selbst in die Hand zu nehmen, und Ismael wurde geboren, nur um dann fortgejagt zu werden, damit Isaak das Erbe antreten konnte. Zwei Generationen später empfing Jakob den abrahamitischen Segen von seinem Vater Isaak um den Preis, in Schande fortgeschickt zu werden (Gen 28, 3-4). Daß er seinem Bruder den Segen stahl, trug ihm letztlich nichts ein als zwanzig Jahre in der Verbannung, bis er schließlich heimkehren und den ihm bestimmten Platz einnehmen konnte. Die Kinder Israel hätten direkt in das ihnen verheißene Land ziehen können, ohne vierzig Jahre Wüstenwanderung, und sie hätten dort immer bleiben können, ohne siebzig Jahre babylonisches Exil. Immer wieder zielt der Impetus der biblischen Erzählungen auf dieses scheinbare Paradoxon: die den Menschen gewährte Freiheit auf der einen Seite und auf der anderen Seite Gottes Wunsch, die Menschen mögen sich dem göttlichen Willen fügen, möglichst aus eigener, freier Entscheidung, und wenn sie dies nicht tun, dann unter Drohung und Zwang. Jede Abweichung von dem von Gott gewiesenen Weg hat Konsequenzen und bringt schmerzliche Lernerfahrungen mit sich, die damit zugleich aber auch zu fest eingeschriebenen Bestandteilen der ganzen Geschichte werden, wenn Gottes Plan schließlich irgendwie zum Ziel kommt. Das ist der Preis, den Gott für die den Menschen geschenkte Freiheit, nein zu sagen und die wahre Freiheit nicht erkennen zu wollen, bezahlen muß, ist doch auch er durch den Bund mit der eigensinnigen Menschheit gebunden.

Die Bibel drückt das Paradoxon von der Selbstbeschränkung der göttlichen Macht in ihren Geschichten und prophetischen Verkündigungen aus. Die Rabbinen haben ihre eigenen Formulierungen dafür gefunden:

»Alles ist vorherbestimmt, aber die Freiheit der Entscheidung besteht«. (Pirqe Awot 3, 15)

»Alles in den Händen des Himmels, ausgenommen die Gottesfurcht.« (Berachot 33b, Megilla 25a, Nidda 16b)

Selbstverständlich sind dieser Freiheit bestimmte natürliche Grenzen gesetzt, über die wir keine Macht haben:

»Gegen deinen Willen wirst du geschaffen, und gegen deinen Willen wirst du geboren, und gegen deinen Willen wirst du leben, und gegen deinen Willen wirst du sterben, und gegen deinen Willen wirst du Rechenschaft ablegen müssen und dich rechtfertigen vor dem König der Könige, dem Heiligen, gepriesen sei er.« (Pirqe Awot 4, 22)

Die Rabbinen hatten ihre eigene Lösung für das Rätsel der gleichzeitigen Begrenztheit und Freiheit unserer Existenz. Die Offenbarung der Lehre Gottes, die Tora, deren Studium sowie deren praktische Befolgung ermöglichen es uns nach ihrer Auffassung, unsere Grenzen zu übersteigen:

»Die Tafeln hatte Gott selbst gemacht, und die Schrift, die auf den Tafeln eingegraben (*charut*) war, war Gottes Schrift.« (Ex 32, 16)

»Lies nicht ›eingegraben‹ (*charut*), sondern ›Freiheit‹, (*cheirut*). Denn es gibt keine andere Freiheit für dich als das Halten der Tora.« (Pirqe Awot 6, 2)

Und dabei sollte man es vielleicht belassen. Nur war Religion nie so einfach. Die Menschen haben immer Wege gefunden, sie zu mißbrauchen, und genausooft ersannen sie neue, raffinierte Formen der Sklaverei. Genau an dieser Stelle zeigt sich aber auch die Bibel von ihrer allersubversivsten Seite, indem sie Formen der Religiosität, wie sie in ihrer eigenen Gesellschaft vorherrschen, in Frage stellt. Die Söhne Elis versuchten einst, die Bundeslade als magischen Talisman gegen ihre Feinde zu benutzen, mußten aber feststellen, daß sie völlig wirkungslos war (1 Sam 4, 4-11). Jeremia parodierte mit beißendem Spott all jene, die im Tempel die magische Antwort auf alle ihre Probleme sahen und ihn ständig im Munde führten: »Der Tempel des Ewigen, der Tempel des Ewigen, der Tempel des Ewigen« (Jer 7, 4). Der Prophet erlebte es noch persönlich mit, daß der

74

so beschworene Tempel in Schutt und Asche fiel, wie er es befürchtet und warnend vorhergesagt hatte. Weder Amos (Am 4, 4-5) noch Jesaja (Jes 1, 10-17) waren beeindruckt von den regelrechten Massenvernichtungen von Opfertieren, die ihre Zeitgenossen in religiöser Ekstase inszenierten, während ihr Lebenswandel gleichzeitig zum Himmel schrie. Die Bereitschaft, die wichtigsten und fundamentalsten religiösen Institutionen ihrer Zeit einer schonungslosen Kritik zu unterziehen, selbst um den Preis des eigenen Lebens, war das Vermächtnis der Propheten an die Welt. Die Rabbinen waren später nicht weniger empfindlich gegen religiöse Heuchelei, und auch sie erkannten, zu welch pervertiertem Werteverständnis eine falsch verstandene Frömmigkeit führen kann:

»Wer heisst ein dummer Frömmling? – Wer beispielsweise, wenn ein Weib im Wasser ertrinkt, sagt, es sei unschicklich, sie anzusehen und zu retten.« (Sota 21b)

»Wer heißt ein dummer Frömmling? – Einer, der ein Kind im Wasser zappeln sieht und sagt, ›Wenn ich meine Tefillin, Gebetsriemen, abgelegt habe, werde ich gehen und es retten‹, und während er es tut, ertrinkt das Kind.« (Jerusalemer Talmud, Sota 3, 4)

Man war sich unter den Rabbinen wohl bewußt, wie leicht religiöser Eifer ausarten und schließlich in Mord und Totschlag münden kann. So kam man zum Beispiel im Zuge der Auseinandersetzung mit der Frage, was wohl die Gründe für den Streit zwischen Kain und Abel waren, der zum Tod des letzteren führte, unter anderem zu einer überraschenden Antwort:

»R. Josua von Sichnin sagte im Namen des R. Levi: Worüber stritten sie sich nun? Jeder behauptete: Auf meinem Gebiete wird einst der Tempel erbaut werden.« (Genesis Rabba 22)

Wenn Freiheit aus biblischer Sicht im Suchen der Nähe Gottes besteht, dann liegt die größte Gefahr, in die Irre zu gehen und wieder versklavt zu werden, an dem Punkt, an dem aus der Gottsuche Religion, Religiosität wird. Der heiligste Ort und die heiligste Tradition der einen Generation kann für die nächste zum Götzen werden. Für Jesaja war Jerusalem vor dem Angriff fremder Invasoren sicher, weil Gott die Zerstörung der Stadt nicht zulassen würde. Kaum ein Jahrhundert später wurde Jeremia fast von den Spitzen des Staates umgebracht, weil er davor warnte, daß Jerusalem und der Tempel fallen könnten. Es ist eine beunruhigende biblische Botschaft: Nichts ist für immer garantiert, und was Gott angeht, kann nichts auf Dauer für selbstverständlich genommen werden. Schon der Versuch, Gott auf eine Zeit oder einen Ort festzulegen, auf ein Ritual, eine religiöse Praxis oder ein Dogma, kann der erste Schritt in die Katastrophe sein. Denn dieser Versuch kann auf ein Neuschaffen Gottes nach unserem Bilde hinauslaufen, in dem das Geschöpf seinen Schöpfer zu kontrollieren versucht und dem Unergründlichen künstliche Grenzen auferlegt werden. Der Gott aber, den wir definieren können, ist nicht länger Gott.

»Sie haben einen Mund und reden nicht,
sie haben Augen und sehen nicht;
sie haben Ohren und hören nicht,
sie haben eine Nase und riechen nicht;
mit ihren Händen greifen sie nicht,
mit ihren Füßen gehen sie nicht,
sie bringen keinen Laut hervor aus ihrer Kehle.
Wie sie werden jene sein, die sie machen,
alle, die auf sie vertrauen.« (Ps 115, 5-8)

Das Gegenteil von Befreiung und Freiheit ist also letztlich der Götzendienst.

»Gott als höchster Wert und höchstes Ziel ist *nicht* ein Mensch, er ist nicht der Staat, er ist keine Institution, ist nicht die Natur, nicht Macht, Besitz, Sexualkräfte oder irgendein vom Menschen künstlich gefertigtes Gebilde. Die Beteuerungen ›ich liebe Gott‹, ›ich folge Gott nach‹, ›ich möchte Gott ähnlich werden‹, bedeuten vor allem: ›Ich liebe keine Götzen, ich folge ihnen nicht nach und ahme sie nicht nach.‹ Ein Götze repräsentiert den Gegenstand der zentralen Leidenschaft des Menschen: seinWunsch, zur Mutter-Erde zurückzukehren, das Streben nach Besitz, Macht, Ruhm und so weiter. Die vom Götzen repräsentierte Leidenschaft ist gleichzeitig der höchste Wert innerhalb des Wertesystems des Menschen. Nur eine Geschichte des Götzendienstes könnte die Hunderte von Götzen aufzählen und analysieren, die menschliche Leidenschaften und Wünsche repräsentieren. Hier möge die Feststellung genügen, daß die Geschichte der Menschheit bis zum heutigen Tage in erster Linie die Geschichte der Götzenverehrung ist, von den primitiven, aus Lehm und Holz geformten Götzen bis zu den modernen Idolen von Staat, Führer, Produktion und Konsum, denen ein zum Götzen gemachter Gott seinen Segen gibt.«[2]

Um die Pessachbotschaft wieder aufzunehmen: So wie jede Generation sich fühlen sollte, als sei sie selbst aus Ägypten gekommen und habe am Sinai gestanden, so hat auch jeder einzelne die Pflicht, die Götzen, die ihn versklaven, auszumachen und zu zerstören.

Die auf diese Weise gewonnene Freiheit operiert aus biblischer Sicht immer noch innerhalb von Grenzen. Es ist eine Freiheit innerhalb einer Gemeinschaft, die die Versklavung anderer nicht duldet, ganz gleich, ob sie mit politischen oder ökonomischen Mitteln, durch emotionale Erpressung oder blanke Gewalt durchgesetzt wird. In diesem Sinne ist die Exodus-Erzählung und ihr wiederholtes Nacherzählen schon in sich ein Ansporn, der jede neue Generation von Lesern dazu zwingt, das eigene gesellschaftliche Umfeld und das Weltgeschehen um sie herum mit wachen Augen und kritischem Urteil zu betrachten, auf der persönlichen und kollektiven Ebene, im Hinblick auf ihre Institutionen, die religiösen genauso wie die säkularen, und im Hinblick auf die Ideologien, die ihr Denken bestimmen. Denn der Feind der Freiheit ist der Götzendienst, der Nährboden des Götzendienstes aber ist Gleichgültigkeit oder Trägheit. Es reicht nicht, des Sabbattages bloß zu gedenken (Ex 20, 8), wir müssen ihn auch halten (Dtn 5, 12). Vielleicht findet sich deshalb im jüdischen Morgensegen anstelle des Dankes dafür, daß Gott uns ›frei‹ geschaffen hat, eine negative Formulierung. Nur durch die ständige Erinnerung an die Sklaverei, die wir bekämpfen müssen, vermögen wir die Freiheit, die wir haben, wahrhaft zu schätzen.

»Gepriesen seist du, unser lebendiger Gott, Herrscher des Universums, der du mich nicht als Sklaven geschaffen hast!«

2. Erich Fromm, Gesamtausgabe, Bd. 6: *Religion*. Hrsg. Rainer Funk. Deutsche Verlagsanstalt, Stuttgart 1980, S. 108.

4

Das »auserwählte Volk« und die Völker[1]

Es ist dies eines der heikelsten Themen, mit denen uns die Hebräische Bibel konfrontiert, ein Thema, das das jüdische Volk über die Jahrtausende verfolgt hat. Israel ist in gewissem Sinne »das auserwählte Volk« – was jedoch genau damit gemeint ist und wie dieser Erwählungsbegriff von Israel und seiner Umwelt aufgefaßt wird, bleibt bis zum heutigen Tag höchst kontrovers. Man könnte beinahe sagen, daß die äußere Welt, unabhängig davon, wie sehr Israel selbst sich in irgendeiner Form für »besonders« und als von Gott für eine bestimmte Aufgabe »erwählt« betrachtet hat, von diesem Gedanken geradezu besessen war. Das fand seinen Ausdruck im Philosemitismus und in besonders hohen Erwartungen an das jüdische Volk, die einerseits schmeichelhaft sein können, hinter denen sich häufig aber auch ein tödlicher Neid verbirgt. Die negative Seite dieser Besessenheit, die unendlich verbreiteter ist, offenbart sich im Antisemitismus, dem Haß auf das jüdische Volk, den es schon lange gab, ehe er im neunzehnten Jahrhundert seinen Namen erhielt, und der in unserem Jahrhundert in einem Völkermord ungeheuerlichen Ausmaßes seinen Höhepunkt erlebte.

Doch wie nimmt Israel sich selbst und seine Beziehung zu Gott im Verhältnis zu den übrigen Nationen der Welt wahr? Da die Anfänge des jüdischen Volkes und seines Selbstverständnisses

1. Dieses Kapitel basiert zum Teil auf dem Artikel »The Attitude Towards Egypt in the Book of Exodus«, veröffentlicht in *Concilium* 6, 1988, S. 11-20, und zum Teil auf einer Vorlesung mit dem Titel »The Relationship to the People and the Peoples in the Scriptures in Judaism«, gehalten im Rahmen einer Konferenz zum Thema »Religion und Nation« an der evangelischen Akademie in Berlin-Brandenburg, die vom 24.-26. November 1995 stattfand.

in der Hebräischen Bibel zu finden sind, ist sie die erste Quelle, in der wir nach einer Antwort auf diese Fragen suchen müssen.

Die Bibel berichtet von einer Reihe von »Bundesschlüssen«, besonderen Verträgen, die zwischen Gott und der Menschheit geschlossen wurden. Als die Welt, die Gott geschaffen hatte, immer mehr in Verderbtheit versank, versuchte Gott sie durch eine Flut zu vernichten, und rettete nur einen einzigen Menschen, Noach und seine Familie, in einer Arche, in der auch alle tierischen Spezies überlebten. Nach der Flut schloß Gott den ersten Bund mit der ganzen Menschheit, einen Bund, der Gottes Versprechen enthielt, die Welt nie wieder durch eine Wasserflut zu vernichten, besiegelt mit dem Symbol des Regenbogens.

Die von Noach abstammenden Geschlechter, die über siebzig Völker (Gen 10) bildeten, bewohnten die Erde, zeigten sich jedoch wenig besser als ihre Vorgänger. So verfiel Gott auf einen neuen Plan, die Menschen zu erziehen. Er wählte einen Mann, Abram/ Abraham, den er strengen Prüfungen unterwarf und dem er erst, als er wirklich von seiner Rechtschaffenheit überzeugt war, einen Nachkommen schenkte, Isaak. Mit Abraham schloß Gott den zweiten Bund. Er verhieß seinen Nachkommen ein eigenes Land und eine Sonderrolle, die zum Wohle der ganzen Menschheit ausschlagen sollte, sollten sie doch ein Segen für alle Geschlechter der Erde werden (Gen 12, 3). Von Abraham stammte Isaak, ihm folgte Jakob, dessen zwölf Söhne zwölf Stämme begründeten, Bausteine einer neuen Nation. Doch bevor aus den Stämmen eine Nation wurde, mußten sie erst noch die Erfahrung des Exils und der Knechtschaft im Lande Ägypten durchleben.

In der Bibel wird kein Grund für diese Knechtschaft angegeben, wenngleich Gott Abraham davor warnt, daß seinen Nachkommen dieses Schicksal beschieden sein wird (Gen 15, 13). (Es ist zwar für unseren Kontext nicht relevant, dennoch sei hier auf eine interessante rabbinische These verwiesen, die mit dem im vorangegangenen Kapitel Gesagten in Zusammenhang steht. Die Kinder Rachels und Leas, der beiden ›richtigen‹ Frauen Jakobs, pflegten die Kinder der Mägde Bilha und Silpa damit zu verspotten, daß sie im Gegensatz zu ihnen selbst nur die Kinder von

›Sklavinnen‹ seien. Deshalb beschloß Gott, den Nachkommen Jakobs eine Lehre zu erteilen. Sie alle sollten die Knechtschaft zu spüren bekommen, so daß die Unterschiede zwischen ihnen ausgeglichen wurden. Am Ende würden sie alle Nachkommen von Sklaven sein!)

Im Anschluß an die Befreiung aus Ägypten unter der Führung Moses begegnet Israel am Berge Sinai Gott und geht den dritten Bund ein, der diesmal zwischen Gott und dem Volk geschlossen wird. An diesem Punkt wird etwas vom Wesen und vom Zweck dieser besonderen Beziehung deutlich. In der Unterredung mit Mose, dem Mittler in den anschließenden Vertragsverhandlungen, läßt Gott Israel Folgendes ausrichten:

»Ihr habt gesehen, was ich den Ägyptern angetan habe, wie ich euch auf Adlerflügeln getragen und hierher zu mir gebracht habe. Jetzt aber, wenn ihr auf meine Stimme hört/meiner Stimme gehorcht und meinen Bund haltet, werdet ihr unter allen Völkern mein besonderes Eigentum sein, denn die ganze Erde gehört mir. Und ihr sollt mir als ein Reich von Priestern und als ein heiliges Volk gehören. Das sind die Dinge, die du den Kindern Israel mitteilen sollst.« (Ex 19, 4-6)

Israel soll eine besondere Rolle übernehmen, erwählt von einem Gott, dem die ganze Erde zu eigen ist und der deshalb die Freiheit hat, eine solche Wahl zu treffen. Der genaue Sinn der Aufgabe wird nicht klar. Ein Priester steht in einem besonderen Verhältnis zu Gott. In gewisser Weise soll Israel die Priesterschaft, die die Menschheit vor Gott vertritt, gleichsam verkörpern, zugleich aber auch dafür Sorge tragen, daß die Welt ihren geistlichen Pflichten nachkommt. Damit ist Israel aufs engste mit dem Rest der Menschheit verbunden und trägt eine Art Verantwortung für sie. Die zweite Formulierung dagegen, »ein heiliges Volk«, betont das ›Anderssein‹ und die Isolation Israels – der Begriff ›heilig‹, *kadosch*, hat die Bedeutung von ›Trennung, Absonderung‹. Frappanterweise erwies sich diese Aufforderung insofern als selbsterfüllende Hypothese, als sie – wie schon angedeutet – haargenau die ambivalente Situation Israels und später des jüdischen Volkes spiegelt. Zunächst jedoch, im Buch Exodus, müssen die Verhandlungen weitergehen, bis das Volk schließlich Gottes Angebot im Prinzip annimmt und am Ende die Details wie die Zehn Gebote und eine Reihe weiterer Vorschriften und Gesetze ausgearbeitet werden (Ex 21-23), die die Grundlage für die Annahme des Vertrages bilden. Auf einen Nenner gebracht, soll Israel eine besondere Gesellschaftsform schaffen, und zwar auf einem Territorium, das Gott dem Volk zuzuweisen hat. Diese Gesellschaft soll, falls sie funktionsfähig ist, zum Modell für den Rest der Menschheit werden.

Der Rest der Hebräischen Bibel handelt gewissermaßen von der Umsetzung dieser Bundeshoffnung – von ihren Erfolgen, aber häufiger noch von ihrem Scheitern. Wir wollen im folgenden einige Aspekte des Wesens der geplanten Gesellschaft und ihres Verhältnisses zu den übrigen Völkern der Welt genauer beleuchten.

Auch wenn Abrahams Herkunft in die mesopotamische Welt zurückreicht, so ist doch Ägypten die eigentliche Wiege der neuen Gesellschaft, eine der Großmächte des alten Nahen Ostens. Israels Kultur ist in vieler Hinsicht von den Einflüssen dieser beiden uralten Zentren der Zivilisation geprägt. Seine geographische Lage zwischen beiden in jenem kleinen Gebiet, das die großen Handelsrouten und Heerstraßen kontrollierte, brachte es mit sich, daß es sich, abgesehen von bestimmten Phasen, in denen es seine Unabhängigkeit behaupten konnte, meistens in der Vasallenposition befand. Auf diese Weise entwickelte Israel schon früh ein ausgeprägtes Verständnis für die Realpolitik dieser Region mit ihren vielen Kleinstaaten, die wiederum abwechselnd von verschiedenen Großreichen beherrscht wurden. Israel mußte seine Rolle in dieser Welt schon allein deswegen begreifen und spielen, um zu überleben.

Ägypten

Divide et impera. Die Bedeutung Ägyptens für das israelitische Bewußtsein kann in den Augen der Verfasser der Bibel gar nicht hoch genug eingeschätzt werden. Die Geschichte des Exodus wird, ganz abgesehen davon, daß sie zentral für das israelitische

Verständnis der eigenen Herkunft ist, zugleich zum Deutungsmodell für das babylonische Exil und die Rückkehr in die Heimat. Die Erinnerung an die ägyptische Knechtschaft wird zur entscheidenden Grundlage der gesamten Gesetzgebung, nicht nur im Hinblick auf die Behandlung von Sklaven, sondern auch auf den Umgang mit den im Lande wohnenden Fremden und allen sozial schwachen Gruppen. Die spätere Geschichte des geteilten Königreiches (Juda im Süden, Israel im Norden) ist unmittelbar mit dem wechselnden politischen Geschick der regionalen ›Supermächte‹ verbunden. Der heftige Widerstand der Propheten gegen irgendwelche Bündnisse mit Ägypten entspringt dabei letztlich einem tiefverwurzelten Mißtrauen gegen politische Abhängigkeiten jeder Art und einer skeptischen Haltung im Blick auf die Verläßlichkeit Ägyptens als Vertragspartner. Dagegen ist in ihren Auslassungen kaum etwas von der Wut und dem Haß zu spüren, die nicht selten die Einstellung zu Assyrien und Babylonien prägen. Die Erinnerung an Ägypten und die Darstellung des Landes fallen im Gegenteil überraschend wohlwollend aus, obwohl Ägypten doch das »Sklavenhaus« war, aus dem die Israeliten nach eigener Auffassung unter großen Gefahren und Beschwernissen entronnen waren.

Je nachdem, welche These man zur historischen Entstehung der Texte des Buches Exodus vertritt, hat das Buch entweder selbst zur Entwicklung dieser toleranten Haltung beigetragen, oder es spiegelt sie nur wider.

Wie wir gesehen haben, wird die Anweisung der Bibel, den Kindern von den Ereignissen des Exodus zu erzählen (Ex 10, 2; 12, 26; 13, 8.14), später zum Herzstück des komplexen Passageschehens. Das verstärkt das Gefühl, daß jedes Detail des damals Geschehenen von ungeheurer Bedeutung ist. Das Exodus-Ereignis ist sowohl in einem umfassenderen theologischen Sinne (Gottes Eingreifen in die menschliche Geschichte und seine Sorge um das Schicksal Israels) wichtig als auch im Hinblick auf den Bestand menschlicher Werte, der durch dieses Geschehen initiiert wurde (Freiheit von Sklaverei, Befreiung). Doch zunächst einmal ging es um die politischen Verhandlungen zwischen Pharao und Mose.

Man sollte sich unbedingt bewußt machen, daß die Ägypter keineswegs als durchgängig böse dargestellt werden. Ebensowenig sind die Israeliten allesamt gut oder folgen auch nur sofort bereitwillig dem Ruf ihres Gottes. Ein einzelner, ein Pharao, bringt die Ereignisse ins Rollen, und dessen Nachfolger setzt seine Politik fort. Seine Beamten und das ägyptische Volk im allgemeinen werden jedoch deutlich von der Person des Herrschers abgegrenzt und stehen am Ende sogar in Opposition zu deren Handlungsweise. Diese Unterscheidung muß man im Kopf behalten, wenn man sich mit der Gesamtsicht Ägyptens in der Hebräischen Bibel auseinandersetzt.

Die Geschichte beginnt mit der dramatischen Ankündigung der ›Machtergreifung‹ eines neuen Königs in Ägypten, der »Josef nicht kannte«. Die Formulierung »ein neuer König« wurde häufig so interpretiert, daß möglicherweise ein dynastischer Wechsel stattgefunden hatte, wenngleich die exakten historischen Datierungen noch immer strittig sind. Immerhin werden in einer solchen Situation die tiefergehenden Gründe für die Tatsache, daß der neue König Josef »nicht kannte«, klarer – es geht hier um die Weigerung, die Macht oder Legitimität eines vom vorigen Regime Berufenen und seiner Nachfolger ›anzuerkennen‹. Dieser Wortsinn erfährt eine Bestätigung, wenn wir den Gebrauch des hebräischen Verbs *jada* in der gesamten Passage untersuchen. Nicht genug damit, daß Pharao Josef »nicht kennt«, sein Nachfolger wird, wie wir bereits gesehen haben, auch den Gott der Hebräer nicht *kennen* (Ex 5, 2), und eine der Intentionen der Plagen wird daher, wie immer wieder betont wird, sein, daß Pharao und die Ägypter Gott *kennenlernen* sollen (Ex 7, 5; 8, 6.18; 9, 14.29; 11, 7; 14, 4.18). Das erinnert uns zugleich daran, daß neben dem nationalen oder partikularistischen Zweck des Exodus in Gottes Plan auch ein bewußt universalistisches Ziel steht, und daß beide Elemente in Israels Verständnis von den Anfängen des Volkes gleichermaßen betont wurden.

Wir haben es also möglicherweise mit der Konsolidierung neuer Machtstrukturen zu tun. Unter solchen Umständen wird die Haltung Pharaos gegenüber den Israeliten, wie sie im ersten Kapitel des Exodusbuches geschildert wird, verständlicher.

»(Pharao) sagte zu seinem Volk: Seht nur, das Volk der Israeliten ist größer und stärker als wir. Wir müssen klug mit ihnen umgehen, damit sie sich nicht weiter vermehren. Wenn ein Krieg ausbricht, können sie sich unseren Feinden anschließen, gegen uns kämpfen und sich des Landes bemächtigen.« (Ex 1, 9-10)

Der vorgeschobene Grund für die Besorgnis des Herrschers im Blick auf Israel, die wachsende zahlenmäßige Stärke des Volkes und die Gefahr, daß es zur Fünften Kolonne werden könnte, mag durchaus eine politische Realität widerspiegeln, erinnert im Ton aber dennoch fatal an demagogische Panikmache. Die Bibel berichtet noch von einem anderen Fall, in dem eine ähnliche Hetzpropaganda fast zum Völkermord geführt hätte – als Haman König Ahasveros gegen die in seinem Land lebenden Juden aufwiegelte:

»Es gibt ein Volk, das über alle Provinzen deines Reiches verstreut lebt, aber sich von den anderen Völkern absondert. Seine Gesetze sind von denen aller anderen Völker verschieden; auch die Gesetze des Königs befolgen sie nicht. Es kann dem König nicht dienlich sein, sie zu tolerieren. Wenn der König einverstanden ist, soll ein schriftlicher Erlaß herausgegeben werden, sie auszurotten. Dann kann ich den Schatzmeistern zehntausend Talente Silber übergeben und in die königlichen Schatzkammern bringen lassen.« (Est 3, 8-9)

Derartige Manöver waren in der Geschichte vor allem bei Regimes beliebt, die einen Sündenbock suchten, um die eigene Machtposition zu sichern. Schon die Formulierung »wir müssen klug mit ihnen umgehen« (Ex 1, 10) und der anschließend von Pharao ausgeheckte Plan weisen auf einen geheimen, nicht provozierten Schlag gegen ein Volk, das von der übrigen Bevölkerung gar nicht als Bedrohung wahrgenommen wurde.
Ich habe an anderer Stelle[2] den Kommentar von Nachmanides (Rabbi Mosche ben Nachman, *RaMBaN*, 1194-1270) zu den Vorgängen in Ägypten zitiert. Es schadet jedoch nicht, seine Ausführungen zu wiederholen:

2.   In Magonet, *Schöne, Heldinnen, Narren*, Gütersloh 1996, S. 86.

»Pharao und seine Ratgeber hielten es für unklug, Leib und Leben des Volkes anzutasten, denn das hätte als großer Verrat gegolten, ohne allen Grund ein Volk anzugreifen, das auf Geheiß des früheren Königs ins Land gekommen war. Außerdem hätte das Volk (von Ägypten) dem König nicht gestattet, so gewaltsam vorzugehen, weil er ein Übereinkommen mit ihnen hatte. Außerdem waren die Kinder Israel ein großes und mächtiges Volk und hätten selbst gegen ihn zu den Waffen gegriffen. Deshalb beabsichtigte er, mit List vorzugehen, damit die Israeliten nicht merkten, daß sie feindselig behandelt wurden. Also verlangte er von ihnen, ein Aufgebot (von Arbeitern) zur Verfügung zu stellen, denn es ist vernünftig, von Leuten, die nicht die vollen Bürgerrechte haben, zu erwarten, daß sie ein Aufgebot für den König stellen, wie es auch während der Herrschaft König Salomos der Fall war.

Danach befahl er den Hebammen, die männlichen Neugeborenen heimlich umzubringen, und zwar so, daß es nicht einmal die Gebärenden selbst merken sollten. Und schließlich befahl er seinem ganzen Volk, ›jeder Sohn, der geboren wird, ist in den Nil zu werfen‹ (Ex 1, 22). Seine Absicht dabei war, daß er die Führer des Heeres nicht beauftragen wollte, sie mit dem Schwert des Königs zu töten. Auch sollten sie nicht diejenigen sein, die sie in den Fluß warfen, sondern er gebot dem Volk: wer auch immer ein hebräisches Kind findet, der soll es in den Fluß werfen, und wenn der Vater des Kindes an den König oder an das Oberhaupt der Stadt appelliert, dann können sie ihm ausrichten, daß er Zeugen beibringen solle, und dann würden sie schon zusehen, daß Gerechtigkeit geübt würde!

Und als diese Erlaubnis des Königs (d. h. die üblichen Sanktionen gegen Ungerechtigkeit wurden im Falle der Israeliten beiseite gesetzt) bekannt wurde, spionierten die Ägypter in den Häusern (der Israeliten), schlichen sich nachts unter falschem Namen hinein und brachten die Kinder heraus (wörtlich: indem sie sich selbst zu Fremden machten).« (Nachmanides zu Ex 1, 10)

Es gibt erschreckende Parallelen zwischen der Darstellung von Nachmanides und dem schrittweisen Vorgehen der Nationalsozialisten, die den jüdischen Bürgern zunächst ihre Ehrenrechte aberkannten, um ihnen dann am Ende noch den letzten Rest Menschenwürde zu rauben, bis andere keinerlei Schuldgefühl mehr empfanden, wenn sie sie mißhandelten. Andere Kommentatoren der Exodusstelle sehen die phasenweise Unterdrückung der Israeliten in noch grellerem Licht. Für sie ist in Ex 1, 11-14 ein Trend hin zu immer schwererer, geringer geachteter Arbeit zu erkennen, die die Israeliten verrichten mußten und die ihren sozialen Abstieg in der ägyptischen Gesellschaft besiegelte.

Eine weitere Stufe der Erniedrigung stellt die Beschäftigung israelitischer ›Vorarbeiter‹ dar, die den ägyptischen Aufsehern unterstehen und ihre Mitsklaven bei der Arbeit antreiben sollen (Ex 5, 14). In diesem Schachzug manifestiert sich die übliche Politik des ›Teilens und Herrschens‹, bei der eine bestimmte Gruppe dem Rest der Bevölkerung entfremdet wird, indem sie einen höheren Status erhält und von der herrschenden Macht abhängig gemacht wird, um diese bevorzugte Position zu halten und gleichzeitig vor dem Zorn der eigenen Leute geschützt zu sein. Ein zusätzlicher Effekt dieser Strategie ist, daß dadurch eine Art Puffer zwischen den Unterdrückten und denen, die die eigentliche Macht haben, geschaffen wird. Der biblische Bericht zeichnet hier also in knappen, aber prägnanten Strichen das Bild eines hierarchischen, unterdrückerischen und ausbeuterischen Regimes. Ob dieses Bild mit einer ›realen‹, historisch verifizierbaren ägyptischen Gesellschaft übereinstimmt, mag schwer festzustellen sein, doch aus der Sicht der Erzählung, die später zur Schrift werden sollte, gehört dies zur ›Wahrheit‹ der ägyptischen Knechtschaft.

Jener Pharao, der mit dem zurückkehrenden Mose verhandelt, steht seinem Vorgänger an politischer Raffinesse in nichts nach. Mit Moses erster Forderung konfrontiert, geht er, nachdem er diesen unbekannten »Gott« gleich verächtlich abgetan hat, energisch daran, die potentiell gefährliche neue Führerschaft dieses Mose zu unterminieren, indem er die Arbeitslast der Israeliten massiv erhöht mit dem Hinweis, dies geschehe einzig und allein auf Grund der gefährlichen Initiative Moses. Dabei zitiert er boshafterweise zweimal Moses eigene Worte, und konstruiert daraus einen Vorwurf gegen die Israeliten (vgl. 5, 17 und 5, 8 mit 5, 3). Auch hier scheint die Strategie des Teilens und Herrschens zu funktionieren, wie die bitteren Vorwürfe zeigen, die Mose von den Vorarbeitern einstecken muß (5, 21).

Die Unterschiede zwischen den verschiedenen Protagonisten der Geschichte sind hierbei äußerst wichtig und dürfen auf keinen Fall verwischt werden. Denn sobald sich Gott einschaltet und in

Gestalt der Plagen antwortet, wird ein Prozeß in Gang gesetzt, in dessen Verlauf Pharao seinerseits den verschiedenen Schichten der ägyptischen Gesellschaft entfremdet wird und schließlich völlig isoliert dasteht. Er wird ein Opfer derselben Strategie, die er zuvor so erfolgreich angewandt hat. Während sich darin einerseits ein unmittelbares Vorgehen Gottes gegen Pharao persönlich manifestiert, müssen die Israeliten andererseits in dieser Situation lernen, sich ein differenzierteres Bild der Gruppierungen innerhalb der ägyptischen Gesellschaft zu bewahren, um auf diese feinen Unterscheidungen entsprechend reagieren zu können. Es kann deshalb kein durchweg ›böses‹ Ägypten geben, gegen das sich aller Haß und alle Vorurteile richten.

Die Plagen. Die Geschichte der Plagen ist sorgfältig nach einem wiederkehrenden Dreierschema aufgebaut. Die erste Plage in jedem Plagenzyklus wird durch eine morgendliche Warnung an die Adresse Pharaos angekündigt (Blut, Ungeziefer, Hagel); auch der zweiten Plage in jedem Zyklus geht jeweils eine Warnung voraus (Frösche, Seuche, Heuschrecken); die dritte Plage erscheint ohne Vorwarnung (Stechmücken, Geschwüre, Finsternis). Die drei Plagen pro Zyklus steigern sich jeweils im Schweregrad, und die drei Plagenzyklen stellen in sich ebenfalls eine Steigerung dar. Die erste Gruppe macht das Leben unangenehm und beschwerlich. Die zweite verursacht Krankheit und richtet Schaden an. Die dritte Gruppe dagegen bringt Lebensgefahr und Tod. Innerhalb dieses konstanten Musters lassen sich noch verschiedene andere Sequenzen herausarbeiten. Ein wichtiges Thema sind die Zauberer des Pharao. In dem sich anbahnenden Wettstreit steht Mose Pharao gegenüber (ein ›Gott‹ gegen einen anderen ›Gott‹), während Aaron als sein ›Prophet‹ (7, 1) und Assistent bei der Einleitung einiger Plagen eine Rolle spielt, die in etwa der der Zauberer entspricht.
Die verschiedenen magischen Operationen, die da veranstaltet werden, mögen unseren Augen allenfalls als Taschenspielertricks erscheinen, doch sie stellen eine Herausforderung dar, die das Herz der ägyptischen Religion und Kultur trifft. Sie sind ein Angriff auf

die Quellen der Macht dieser volkreichen Gesellschaft mit ihrer Sklavenwirtschaft, ihren riesigen Bauprojekten, ihrem technologischen Sachverstand, ihrer gigantischen Bürokratie, ihrem reichen kulturellen und künstlerischem Erbe. In recht eigentlichem Sinne sind die ›Zauberer‹ auf Grund ihrer besonderen Fähigkeiten die privilegierten ›Technokraten‹ dieser Welt. Sarna schreibt:

»Ägypten insbesondere war das klassische Land der Zauberei, die eine zentrale Rolle im religiösen Leben des Staates spielte ... Man glaubte, daß das menschliche Schicksal von zwei verschiedenen Kräften beherrscht werde, von den Göttern und den unter den Göttern stehenden Mächten. Keine der beiden Kräfte war unbedingt wohlwollend. Im Gegenteil, Feindseligkeit und Übelwollen wurden geradezu als charakteristisch für das Verhältnis der Götter zum Menschen betrachtet. Vor diesem Hintergrund wurde es zwangsläufig im wachsenden Maße zum Zweck der Religion, immer komplexere Rituale hervorzubringen, die darauf abgestimmt waren, die zahllosen unvorhersehbaren Mächte, die es gab, versöhnlich zu stimmen oder zu neutralisieren ... Der Zauberer war ein wichtiger, ja unverzichtbarer religiöser Funktionär. Er besaß das für die Manipulation der mysteriösen Mächte erforderliche Können ...

Angesichts dieser Ausgangssituation paßt es hervorragend in das soziale und religiöse Milieu Ägyptens, daß Mose Zeichen und Wunder tut und daß dieses Motiv in der Exodusgeschichte so massiv hervortritt. Dennoch trügt der Augenschein. Während die Handlungsweise Moses oberflächlich betrachtet in dieselbe Kategorie zu gehören scheint wie die Manipulationen der ägyptischen Zauberer, erweist sich der Vergleich in Wirklichkeit als vordergründig.[3]

Je weiter die Exoduserzählung voranschreitet, desto schwächer wird die Macht der Zauberer, bis sie schließlich neben der wahren Macht des Gottes Israels kläglich versagt. Die einzelnen Stadien ihrer Niederlage sind deutlich markiert: Die Zauberer können die Schlangen nachmachen (Ex 7, 10-12), und es ist ihnen auch möglich, das Nilwasser in Blut zu verwandeln (7, 22). Doch im Grunde führt schon diese Fähigkeit, etwas zu reproduzieren, was eigentlich eine Plage ist, in den Bereich des Absurden. Wie dem Zauberlehrling ist es ihnen nicht möglich, den verheeren-

3.   N. M. Sarna, *Exploring Exodus: The Heritage of Biblical Israel,* New York 1987, S. 58-59.

den Kräften Einhalt zu gebieten und sie zurückzurufen. So gelingt es ihnen zwar ebenso, Frösche zu erzeugen (8, 7), doch wiederum nur, um die Katastrophe zu vergrößern.

Bei der dritten, der Stechmückenplage, geben sie ihre Niederlage zum ersten Mal zu, als sie ein Ereignis, mit dem sie nicht mehr konkurrieren können, auf die Einwirkung von *ezba elohim*, den »Finger Gottes«, zurückführen (8, 19). Was genau damit gemeint ist, wird nicht ganz klar. Steckt in dieser Aussage die Anerkenntnis eines göttlichen Eingreifens oder ist der Begriff *elohim*, Gott, hier eher allgemein gebraucht wie in der Wendung *jirat elohim*, Furcht Gottes, in Gen 20, 11, die einfach auf das Vorhandensein moralischer oder ethischer Werte verweist? (In diesem Sinn ist wohl auch die Gottesfurcht der Hebammen zu verstehen (Ex 1, 17) – die Frauen haben ein moralisches Bewußtsein.) Die Bezeichnung »Finger Gottes« hätte damit mehr oder weniger dieselbe Bedeutung wie der Begriff ›höhere Gewalt‹ in einer Versicherungspolice – eine Naturkatastrophe, die sich der menschlichen Kontrolle entzieht, aber nicht unbedingt ein Beleg für ein direktes, kausales Eingreifen irgendeiner göttlichen Macht und ganz sicher nicht des JHWH Israels. Dann aber wäre die Äußerung nur der Versuch, vor Pharao das Gesicht zu wahren.

Doch die Zauberer kommen mit ihrer Ausrede nicht davon. Die Geschwürplage zieht sie selbst physisch so sehr in Mitleidenschaft, daß sie Mose nicht einmal mehr gegenübertreten können (9, 11). An dieser Stelle zeigt sich die ›extrinsische subversive‹ Erzählweise der Bibel in ironischer Bestform.

Ein neues Element taucht mit der vierten Plage auf, die im massenhaften Auftreten von »Hundsfliegen« oder, wie es ein andermal heißt, von »allerlei Ungeziefer« besteht. In diesem Fall wird nämlich das Land Goschen, die von Israeliten bewohnte Region, ausgespart und bleibt unbehelligt (8, 22). Das Phänomen wiederholt sich bei der Viehplage (9, 4), beim Hagelschlag (9, 26) und bei der Finsternis (10, 23). Diese auffällige Ungleichbehandlung rückt die Vorfälle aus dem Bereich ›normaler‹ Naturkatastrophen in die Sphäre eben jener göttlichen Intervention, die die Zauberer so hartnäckig zu leugnen suchten.

Bezeichnenderweise zeigen mehrere ägyptische Gruppen von da an eine differenziertere Haltung. Einige der »Diener« Pharaos glauben Moses Wort und bringen ihr Vieh vor dem Hagel in Sicherheit (9, 20). Vor der Heuschreckenplage schließlich wenden sie sich direkt an Pharao und drängen ihn, die Israeliten ziehen zu lassen. Mit der wachsenden Isolation wird Pharaos Verhandlungsspielraum geringer, sein Starrsinn scheint sich dadurch jedoch nur noch zu steigern.

Von diesem Moment an ist Ägypten immer weniger ein realer Ort oder ein reales Volk, übrig bleibt einzig und allein die Machtbesessenheit eines Herrschers. Es ist ein Verdienst des Textes, daß unsere Sympathie für das ägyptische Volk selbst, gefangen in einem System, das dem Herrscher so absolute Machtbefugnis einräumt, wächst, je mehr Gottes Macht sich zeigt.

Die letzte Plage schert aus dem bisherigen Dreierschema aus und durchbricht in ihrer Ungeheuerlichkeit zugleich das Muster des abgestuften Schweregrades, das in den drei vorangegangenen Plagenzyklen erkennbar wurde. Die Tatsache, daß jeweils nur die Erstgeborenen getötet werden, beweist, daß es sich hier nicht um einen Zufall handelt. Einerseits mag darin eine Strafe nach dem Prinzip ›Maß um Maß‹ für die Ermordung der israelitischen Knaben liegen, die Pharao zu Beginn der Geschichte veranlassen wollte. Andererseits wird hier die ätiologische Basis für die besondere Rolle der Erstgeborenen in Israel geschaffen, die Gott geweiht sind (13, 11-16) und die wiederum von den Leviten abgelöst werden.

Ägyptische versus israelitische Gesellschaft. Die Erfahrungen in Ägypten wirken gleichsam als Anti-Modell auf die Gesellschaft, die Israel schaffen soll. Es bleibt zwar ein nahezu unlösbares Problem, die politische Realität aus der theologischen Erzählung herauszuschälen, in die sie eingegangen ist. Immerhin ergeben die folgenden Assoziationen ein äußerst negatives Bild der ägyptischen Gesellschaft, gegen die Israel sich auflehnte.

In Gen 47 wird von den Folgen jener Hungersnot berichtet, die die Träume des Pharao angekündigt hatten. Josef hatte während der sieben Jahre, die reiche Ernte brachten, mit staatlicher Unterstützung die riesigen Speicher gefüllt. Nun machte sich die Not der sieben Hungerjahre bemerkbar, und Josef wurde von Nahrungssuchenden um Getreide angegangen. Im Text heißt es, daß sie zunächst mit Geld dafür bezahlten (47, 14), dann mit ihrem Vieh (47, 16-17) und schließlich als Gegenleistung für Nahrung dem Pharao im Laufe der Jahre ihre Arbeitskraft und ihr Land anboten (47, 18-21.23).

Es liegt etwas Erschütterndes in der Verzweiflung der Menschen, wenn sie in V. 19 bitten: »Wir und unser Ackerland wollen dem Pharao·dienstbar sein.« Das Land und seine Bewohner werden so Eigentum des Pharao, und die ganze Nation sinkt auf den Status von Sklaven herab. Einen radikal alternativen Ansatz dazu stellt die israelitische Erkenntnis dar, daß alle Menschen tatsächlich letztlich ›Sklaven‹ sind, jedoch nicht Sklaven irgendeiner menschlichen Macht, sondern allein Gottes. In der Auseinandersetzung zwischen Pharao und Mose geht es daher im Kern auch um zwei völlig verschiedene Auffassungen von dem Begriff *eved* (Sklave, Knecht). In Pharaos Ägypten steht ein Sklave auf der untersten Stufe menschlicher Existenz, in Moses Sprache ist es die höchste Freiheit, ein »Knecht JHWHs« (7, 16) zu sein. Er selbst wird bei seinem Tod als »Knecht JHWHs« bezeichnet werden (Dtn 34, 5).

Was die Behandlung von Sklaven angeht, wird die ägyptische Grausamkeit bewußt als Anti-Modell eingesetzt. In Ex 1, 13.14 heißt es, daß die Ägypter »hart (*befarech*) gegen die Israeliten vorgingen«. Genau dasselbe Wort taucht später wiederholt in der Verbotsform in der Jubiläengesetzgebung zur Behandlung und Freilassung von Sklaven auf: »Du sollst *nicht* mit Gewalt, *befarech*, über ihn herrschen« (Lev 25, 43.46.53). Und bezeichnenderweise betrifft die erste Gesetzeseinheit nach dem Empfang der Zehn Gebote, die wohl als eine Art Grundgesetz des Bundes gedacht waren, das Gesetz über die Befristung der Versklavung auf sechs Jahre. Auch hier sind die gesellschaftspolitischen Einsichten aus der ägyptischen Knechtschaft, losgelöst von allen gefühlsmäßigen Animositäten gegen Ägypten, in das Gesetzesgebäude Israels eingegangen.

Erstaunlich am Umgang mit den Erfahrungen in Ägypten ist die im Buch Exodus wie auch an anderen Stellen der Hebräischen Bibel deutlich werdende ungebrochene Wertschätzung der Ägypter trotz der Schrecken und Leiden, die die damaligen Ereignisse mit sich brachten. Zwar sind aus dem Erleben der Knechtschaft am eigenen Leib ganz konkrete Lehren zu ziehen – etwa die, den eigenen Sklaven Ruhezeiten zu gönnen und die hebräischen Sklaven und die Fremden im eigenen Land gut zu behandeln. Auch die Lehre, daß die israelitische Gesellschaft völlig anders aussehen soll als die Ägyptens. Dennoch heißt es, daß die Israeliten einen Ägypter nicht verachten sollen, weil sie einst in seinem Land gesiedelt haben. Ja, anders als im Falle der Moabiter und Ammoniter dürfen Ägypter in der dritten Generation sogar in die Versammlung des Herrn aufgenommen werden (Dtn 23, 8-9).

Etwas von diesen Fäden, die sich von Ägypten zu Israel spinnen und umgekehrt, wird vielleicht schon in der Exoduserzählung selbst erkennbar, wie wir im vorangehenden Kapitel gesehen haben. Schließlich ist die Lebensretterin Moses, des künftigen Retters und Schöpfers der Nation, Pharaos Tochter. Und bei den »hebräischen Hebammen« kann es sich um Israelitinnen oder – was wahrscheinlicher ist – um ägyptische Hebammen der Hebräer handeln.

Ein ähnlich positives Bild scheint sich gegen Ende der Geschichte, in der Episode des Abschiednehmens, abzuzeichnen, als den Israeliten von ihren ägyptischen Nachbarn Geschenke aufgedrängt werden. Was hier genau geschah, ist freilich nicht recht auszumachen – ›borgten‹ die Israeliten unter falschen Versprechungen, oder ›baten‹ sie um Dinge in einer Situation, in der jeder wußte, daß sie sie nicht zurückgeben würden? Daß Gott die Israeliten in den Augen der Ägypter Gunst finden ließ, wird jedenfalls eindeutig festgehalten (Ex 11, 3; 12, 36). Problematischer ist die Formulierung, daß Israel die Ägypter »ausplünderte« (12, 36) oder, wie es manchmal heißt, »ausraubte«. Das kann entweder als Beleg für einen triumphalen Auszug oder eine letzte Rache gewertet werden (für die später in Gestalt der Schmuckstücke, aus denen das Goldene Kalb entstand, bezahlt werden mußte!). Man könnte darin aber auch das Eintreiben des Lohns für Jahrhunderte unbezahlter Arbeit sehen, was im Einklang mit den Gesetzen Israels darüber stünde, die festlegten, was einem Sklaven bei seiner Freilassung auszuzahlen war:

»Wenn du ihn als freien Mann entläßt, sollst du ihn nicht mit leeren Händen entlassen. Du sollst ihm von deinen Schafen und Ziegen, von deiner Tenne und von deiner Kelter soviel mitgeben, wie er tragen kann. Wie der Ewige, dein Gott, dich gesegnet hat, so sollst du ihn bedenken. Denk daran: Als du in Ägypten Sklave warst, hat der Ewige, dein Gott, dich freigekauft. Darum verpflichte ich dich heute auf dieses Gebot.« (Dtn 15, 13-15)

Doch das hier mit »plündern« übersetzte Verb kann auch noch ganz anders verstanden werden. In seiner gebräuchlicheren Form wird es im Sinne von »jemanden einer Gefahr entreißen« oder »retten« verwendet. In dieser Bedeutung taucht dieselbe Verbform bei Ezechiel auf:

»Und wenn in diesem Land die drei Männer Noach, Daniel und Ijob leben würden, dann würden nur diese drei um ihrer Gerechtigkeit willen ihr Leben *retten* ...« (Ez 14, 14)

Nach dieser Lesart ›retteten‹ die Israeliten also die Ägypter, indem sie ihren Lohn beanspruchten oder Geschenke von ihnen annahmen, so daß sie am Ende doch noch als Freunde schieden. Ob diese letzte Deutung für den vorliegenden Text Gültigkeit hat, ist schwer zu sagen. Auf jeden Fall begegnen wir bereits hier der überraschenden Sympathie, mit der die Ägypter in der Exoduserzählung und auch sonst in der Hebräischen Bibel sowie in der späteren jüdischen Tradition betrachtet werden. Anhand der verschiedenen Elemente, die wir herausgearbeitet haben, scheint deutlich zu werden, daß der Exodus Israeliten und Ägypter gleichermaßen ›rettete‹. Die Leistung der/des Erzähler(s) lag darin, aus einer bloßen Siegesmeldung über die Niederlage eines übermächtigen Feindes und den glücklichen Ausgang eines Freiheitskampfes einen Text zu machen, in dem ein vielschichtiger symbolischer Kampf zwischen zwei Vorstellungen vom Verhältnis zwischen Gott und Mensch und zwei Auffassungen von der menschlichen Gesellschaft, die sich von diesen Vorstellungen herleiten, ausgetragen wird. Diese ihre universale Bedeutung macht die Exoduserzählung bis heute zum Prüfstein und zur ständigen Herausforderung für den einzelnen wie für ganze Gesellschaften.

Die Völker der Welt

Die Hebräische Bibel präsentiert sich als Geschichtswerk, das den Bogen schlägt von der Erschaffung der Welt über das Auftreten verschiedener Völker und Nationen bis hin zur Entstehung eines bestimmten Volkes, den Nachkommen Abrahams, Isaaks und Jakobs. Der detaillierte Bericht über die Entwicklung, die dieses Volk durchläuft, von der Großfamilie zum Stammesverband, zu einem versklavten Volk und schließlich zu einer Nation auf eigenem Boden, über die Gründung des Reiches und seine Teilung, das Exil und die Rückkehr, spiegelt ein Drama, das durchgängig vor der Kulisse der ganzen Welt spielt. Die Verfasser der Bibel haben diese weitere Perspektive immer mit im Blick, ganz gleich, wie sehr sie sich auf die inneren Erfahrungen oder Erlebnisse Israels konzentrieren. Und tatsächlich sind die wechselseitigen Beziehungen zwischen Israel und seinen Anrainerstaaten wie auch den zeitgenössischen Großmächten Ägypten, Assyrien und Babylon entscheidend für den Gang der Geschichte.

Den Rahmen für das biblische Bild von der Menschheit bildet die Genesiserzählung von der Erschaffung des ersten Menschen, der zum Ahnherrn aller Menschen wird. Dadurch ist allen Individuen und allen Völkern dasselbe Erbe gemein: Sie alle sind nach dem Bilde Gottes geschaffen. Israels Geschichte als Nation läßt sich deshalb nur vor dem Hintergrund der anderen Nationen der Welt begreifen. Wir haben oben die zwiefache Natur des Verhältnisses zwischen Israel und den anderen Völkern, wie es im Bund am Sinai umrissen wird, kennengelernt. In dieser Formulierung kommen die Zwillingspole des Wesens und der Erfahrungen Israels zum Ausdruck: der gleichzeitige Universalismus und Partikularismus des Volkes, die beide jederzeit in den Vordergrund treten können.

Diese Spannung wird von inneren wie von äußeren Situationen beeinflußt, doch noch die ureigensten Anliegen des biblischen Israel spielen auf der Weltbühne. Bisweilen mag Israels Geschichte wie ein Zwiegespräch zwischen Israel und Gott wirken, bei dem die anderen Völker und Nationen allenfalls als Zuschauer oder gelegentliche Nebendarsteller fungieren, etwa wenn sie ausgeschickt werden, ein irrendes Israel, das Gott vorübergehend ungehorsam geworden ist, zu bestrafen. Zugleich aber wird den anderen Völkern, vor allem in den prophetischen Schriften, eigenständige Bedeutung und Verantwortung zuerkannt. Gott greift in ihre Geschichte ebenso ein wie in die Israels, ob sie sich dessen nun bewußt sind oder nicht. Der Prophet Amos betont dies mit großer Nüchternheit, als er Israels Gefühl der Einzigartigkeit vor Gott in Frage stellt:

»Wohl habe ich Israel aus Ägypten heraufgeführt, aber ebenso die Philister aus Kaftor und die Aramäer aus Kir.« (Am 9, 7)

Gott hat in die geheiligte Geschichte und in die Wanderungen *aller* Völker auf genau dieselbe Weise eingegriffen wie bei Israel.

Und doch – was hat es mit diesem Volk auf sich und in welcher Beziehung steht es zu Gott? Einen ersten Ansatz zur Beantwortung dieser Frage bietet der Sprachgebrauch der Hebräischen Bibel, wenn es um die Bezeichnung des Volkes oder der Nation Israel geht. Hier tauchen gewöhnlich zwei Begriffe auf, die beide nicht besonders präzise sind und häufig austauschbar erscheinen. Gemeint sind die Wörter *goj* und *am*. Das erste, *goj*, wird sowohl für Israel als auch für die anderen Völker verwendet, für diese häufig im Plural, *gojim*. Der Terminus definiert offenbar den Begriff der Nation auf der Basis politischer oder territorialer Einheit oder gemeinsamer Abstammung.[4] Das Wort *am* wird häufiger für ein Volk

4. R. E. Clements, ›goy‹, in G. Johannes Botterweck und Helmer Ringgren (Hgg.), *Theologisches Wörterbuch zum Alten Testament,* Verlag W. Kohlhammer GmbH, Stuttgart 1972/1973.

gebraucht, das durch gemeinsame Herkunft verbunden ist, während *goj* den territorialen Aspekt betont und umgangssprachlicher ist. Doch beide Begriffe werden jeweils nicht ausschließlich im besagten Sinne gebraucht. Ein Unterschied wird allerdings zwischen ihnen gemacht, und zwar wird im Zusammenhang mit Israel nur *am* in Verbindung mit dem Namen Gottes gebraucht, entweder in der Formulierung »das Volk JHWHs« oder mit dem Personalpronomen, »Mein Volk« oder »Dein Volk«.

Martin Buber sieht einen ganz speziellen Unterschied zwischen den beiden Termini:

>»Ein Volk muß ein Beispiel der Harmonie im Gehorsam gegen Gott für die anderen geben. Aus einer bloßen Nation, aus der biologischen und historischen Einheit eines *Goj* ..., muß es zu einer Gemeinschaft werden, einem wahren *Am*, dessen Glieder nicht nur durch Herkunft und gemeinsames Schicksal miteinander verbunden sind, sondern auch durch gerechte und liebende Teilhabe an einem gemeinschaftlichen Leben. Das aber kann es nur als ein *Am Elohim*, ein Volk Gottes, leisten, in dem alle durch ihre gemeinsame Bindung an einen göttlichen Mittelpunkt miteinander verbunden sind. Eine Pseudo-Gemeinschaft, der der Mittelpunkt fehlt (Gen 11, 6) [der Turm zu Babel], muß zerfallen. Denn Menschen werden nur Brüder, wenn sie Kinder eines Vaters werden. Jener Brudermord [Kains Mord an Abel] und jener Bau des Turms können nur gemeinsam gesühnt und überwunden werden.«[5]

Man kann den Unterschied zwischen den beiden Begriffen aber auch dahingehend verstehen, daß sie jeweils eine unterschiedliche Nähe bzw. Ferne zu Gott ausdrücken. So entschlüpft beispielsweise Mose nach dem Zwischenfall mit dem Goldenen Kalb, als er Gott bittet, das Volk auf seinem Weg durch die Wüste nicht zu verlassen, die leicht wütende Bemerkung, wie sehr er selbst es müde ist, ein so schwieriges Volk führen zu müssen: *ki am cha ha-goj ha-seh* – »es ist doch *Dein* Volk!«
Ob das Volk nun Mose oder Gott gehört, ist Gegenstand eines kurios anmutenden Dialogs zwischen Gott und Mose, der eben-

---

5. Martin Buber, Biblical Humanism: *Eighteen Studies by Martin Buber*, hrsg. von Nahum N. Glatzer, Macdonald 1968, S. 86.

falls nach der Episode mit dem Goldenen Kalb stattfindet. Als er Mose berichtet, was das Volk getan hat, verweist Gott sehr pointiert auf die Israeliten als »*dein* Volk, das du aus Ägypten heraufgeführt hast ... ich habe dieses Volk durchschaut: ein störrisches Volk ist es« (Ex 32, 7.9). Gott droht, die Israeliten zu vernichten und ein neues Volk, *goj*, aus Mose selbst erstehen zu lassen (32, 10). Mose versucht, Gott zu besänftigen, indem er sagt: »Warum, o Ewiger, ist dein Zorn gegen *Dein* Volk entbrannt? *Du* hast es doch ... aus Ägypten herausgeführt.« (V. 11)

Die Unterscheidung zwischen *goj* und *am* begegnet uns erneut in einer Aussage des Propheten Jesaja, die ebenfalls den göttlichen Zorn widerspiegelt. Hier könnten die beiden Begriffe einfach parallel gebraucht sein, doch die auffällige Wortfolge deutet in eine andere Richtung. Das Hebräische entfaltet an dieser Stelle eine ganz besondere Ausdruckskraft: *hoj goj hotej – am kewed awon – sera mereim – banim maschhitim* – »weh der sündigen Nation, dem schuldbeladenen Volk, der Brut von Verbrechern, den verkommenen Söhnen«! (Jes 1, 4) Die Bezeichnungen, mit denen das Volk hier belegt wird, variieren von Begriffen, die eine größere Ferne der Beziehung ausdrücken, bis zu solchen, die eine sehr nahe Beziehung beschreiben: Nation – Volk – Brut – Söhne. Umgekehrt werden die Bezeichnungen für Israels Übeltaten immer stärker: sündig – schuldbeladen – Verbrecher – verkommen. Je enger die Beziehung empfunden wird, desto größer auch der empfundene Verrat.

Wenn Gott Israel durch die Worte der Propheten züchtigen will, so gilt deren Kritik stets gleichermaßen auch dem Verhalten anderer Völker. Allerdings scheinen sie dabei immer ihr eigenes Volk vor Augen zu haben. Neben dem größeren Anliegen, ein Wertesystem zu schaffen, das universale Geltung finden soll, steht immer die spezielle Botschaft für Israel. Ein gutes Beispiel dafür sind die Einleitungskapitel des Buches Amos. Schon die Reihenfolge der Nationen, die der Prophet zurechtweist, verrät, daß es ihm keineswegs nur darum zu tun ist. Vielmehr nützt er diesen rhetorischen Kniff, um zugleich den eigentlichen Gegenstand seiner Kritik ins Blickfeld zu rücken, das Nordreich Israel. Indem er zunächst andere attackiert und sich so die Zustimmung seiner Zuhörer sichert, lullt er sie ein, um dann plötzlich die Angriffsrichtung zu ändern und umso effektvoller gegen sie selbst zu Felde zu ziehen. Bei den Bannsprüchen gegen andere Völker in den prophetischen Texten wird auch sonst oft nicht klar, inwieweit sie tatsächlich den fraglichen Nationen galten und ihnen auch wirklich überbracht wurden, oder ob sie lediglich als rhetorische Folie für eine Attacke gegen Israel dienten.

Es ist recht aufschlußreich, Amos' Worte etwas mehr im Detail zu betrachten. Jeder seiner Bannsprüche beginnt mit der Formel »wegen der drei Verbrechen, die X beging, wegen der vier nehme ich es nicht zurück ...« (wobei mit ›es‹ wahrscheinlich die durch das Fehlverhalten heraufbeschworene Strafe gemeint ist).[6] Syrien wird wegen seiner räuberischen Grenzüberfälle gerügt (Am 1, 3); die philistinische Küstenstadt Gaza für die Deportation und den Verkauf von Sklaven; dieselbe Kritik trifft die nördlich gelegene Hafenstadt Tyrus, allerdings noch verschärft dadurch, daß die Einwohner damit gleichzeitig einen alten Vertrag mit Israel verletzen. In allen drei Fällen geht es um Nachbarstaaten Israels, zu denen keine engeren Bande bestehen. Die gegen sie gerichteten Vorwürfe bleiben auf der politischen Ebene und spiegeln Belastungen, wie sie zwischen Nachbarstaaten entstehen können, zwischen denen ein eher frostiges Klima herrscht. Die Aussagen des Propheten hätten beim israelitischen Publikum unbedingt Beifall gefunden, nicht zuletzt, weil die Hörer sich den so Gemaßregelten moralisch überlegen fühlen konnten. Gleichzeitig geht es bei dem getadelten Verhalten aber auch um die Mißachtung allgemeiner Richtlinien, die dazu dienen, die Beziehungen zwischen Völkern zu regeln.

Als nächstes wendet sich Amos Edom zu, das aus biblischer Sicht von Esau, dem Zwillingsbruder Jakobs, abstammt und Israel daher enger ›verwandtschaftlich‹ verbunden ist. In diesem Fall wer-

---

6. Der Aufbau der Passage wirft textkritische Fragen auf; ich gehe hier jedoch einfach von der Form aus, wie sie in der Hebräischen Bibel erscheint.

den jedoch alte Kränkungen ausgegraben, die noch in die Zeit der Wüstenwanderung zurückreichen, als Edom Israel das Durchzugsrecht durch sein Land verweigerte und drohte, die Israeliten widrigenfalls anzugreifen (Num 20, 14-21). Hinter dieser Weigerung stand noch immer die Erinnerung an Jakobs Verrat an Esau im Zusammenhang mit dem Segen des Erstgeborenen, eine Schmach, die Esaus Nachkommen nie vergessen haben:

»Weil Edom seinen Bruder mit dem Schwert verfolgte und jedes Mitleid unterdrückte, weil es unversöhnlich festhielt an seinem Zorn und nie abließ von seinem Groll.« (Am 1, 11)

Die Abfolge der getadelten Völker, die sich zum einen am Verwandtschaftsgrad orientiert und von den ›entfernteren‹ Nachbarn zu den ›näherstehenden‹ reicht, ›kreist‹ Israel zum anderen auch geographisch ein, vom Nordosten nach Südwesten, dann nach Nordwesten und nach Süden. Nun geht es um die beiden Nationen auf der anderen Seite des Jordan, Ammon und Moab, die nach der Überlieferung als Nachkommen Lots gelten, des Neffen Abrahams, gezeugt in einem inzestuösen Intermezzo mit seinen beiden Töchtern. Ammon wird dafür verurteilt, daß seine Krieger im Zuge expansiver Vorstöße über die Grenzen Israels schwangere Frauen aufschlitzten (1, 13). Moab wird vorgeworfen, die Gebeine des Königs von Edom verbrannt zu haben (2, 1). Diese beiden letzten Anklagen erstaunen, stellen sie doch Angriffe auf die Heiligkeit des Lebens selbst dar: die Vernichtung ungeborenen Lebens und die Entweihung von Toten.

Amos nähert sich nun seinem eigenen Umfeld, indem er zunächst einen Ausfall gegen das Südreich Juda macht, die andere Hälfte der israelitischen Nation, die zugleich in vieler Hinsicht als Rivalin empfunden wurde. Seine Kritik richtet sich gegen den mißbräuchlichen Umgang mit den Vorschriften des Bundes mit Gott, der sich im Südreich eingeschlichen hat. Die Einwohner Judas haben die Tora mißachtet und sind von den Geboten Gottes abgefallen, um Götzen nachzulaufen. Da seine Zuhörer aus dem Nordreich diese Auffassung teilen, hat der Prophet nun endgültig ihre Sympathie und volle Zustimmung errungen. Und genau an dieser

Stelle feuert er eine schwere Breitseite gegen ihre eigene ökonomische Ungerechtigkeit und die Ausbeutung der Armen ab:

>»Weil sie den Unschuldigen vor Gericht für Geld verkaufen und den Armen für ein Paar Sandalen, weil sie die Kleinen in den Staub treten und das Recht der Schwachen beugen. Sohn und Vater gehen zum selben Mädchen, um meinen heiligen Namen zu entweihen. Sie strecken sich auf gepfändeten Kleidern aus neben jedem Altar, von Bußgeldern kaufen sie Wein und trinken ihn im Haus ihres Gottes.« (Am 2, 6-8)

Obwohl die Kritik in diesem Fall von außen nach innen verläuft, von fremden Nationen bis in das Herz der israelitischen Gemeinschaft, werden hier bestimmte universale Prinzipien angesprochen: die Heiligkeit des Lebens, die Unantastbarkeit von Grenzen, die Forderung nach Gerechtigkeit als Grundlage für jede Gesellschaft, die Verurteilung der Ausbeutung der Armen und Schwachen – Prinzipien, die allesamt ein Abglanz der Ehre sind, die Gott gebührt, sind doch Gerechtigkeit und Integrität das Bindemittel, das das Leben eines Volkes und der ganzen Völkerfamilie zusammenhält.

Amos' Bezugsrahmen sind die Nationen, die Israels unmittelbare Nachbarn sind, und die Probleme, die sie unmittelbar betreffen. Andere Propheten, allen voran Jesaja und Jeremia, siedeln ihre Betrachtungen auf der größeren Bühne der Weltreiche ihrer Zeit an. Doch ihre Kritik ermangelt deshalb keineswegs der Präzision und der Schärfe. Hinter ihren Worten steht ein Weltbild, in dem letztlich der eine Gott die Führung übernimmt. Wie immer die verschiedenen Völker ihre jeweiligen Götter und deren Macht auch erfahren mögen, das Prinzip einer letzten Einheit gewinnt eine eigene Logik. Wenn die Menschheit von Gott als ein einziges Menschenpaar geschaffen wurde, wenn alle Nationen von einem einzigen Überlebenden der Sintflut herstammen, dann besteht die Möglichkeit einer Rückkehr zu einer Art internationaler Einheit unter Gott – wenn nicht in der aktuellen Gegenwart, dann doch in einer nicht allzu fernen Zukunft.

Diese Hoffnung wird in Jesajas berühmter Vision von den Nationen gefeiert, die zum Zion strömen, um von Gott Unterweisung zu empfangen (Jes 2, 3). Dabei gilt es zu begreifen, daß »die Weisung des Herrn«, die »von Zion kommt«, nicht bloß ein theoretisches Wertesystem ist, im Gegenteil, Gott »spricht Recht im Streit der Völker, er weist viele Nationen zurecht«. Die Schaffung universaler Gerechtigkeit ist die entscheidende Vorbedingung für das Umschmieden von Schwertern zu Pflugscharen, so daß nicht mehr »Volk gegen Volk« das Schwert erhebt und keines »mehr für den Krieg« rüstet. Am Ende steht die Einheit der Menschheit und eine absolute Harmonie. In dieser Zeit wird Israel seinen Platz in einer Welt einnehmen, die sich gar nicht so sehr von der gegenwärtigen unterscheidet, denn die Völker in ihrer Verschiedenheit werden weiter existieren, aber sie werden unter der Herrschaft des einen Gottes geeint sein:

»An jenem Tag wird Israel als drittes dem Bund von Ägypten und Assur beitreten, zum Segen für die ganze Erde. Denn der Ewige, der Herr der Heere, wird sie segnen und sagen: Gesegnet ist Ägypten, mein Volk, und Assur, das Werk meiner Hände, und Israel, mein Erbbesitz.« (Jes 19, 24-25)

Hoffnungen und politische Realitäten

Natürlich wäre es schön, mit einem bequemen und beruhigenden biblischen Szenario harmonisch vereinter Nationen und messianischer Hoffnungen schließen zu können. Doch obschon diese Hoffnungen zu allen Zeiten präsent und spürbar sind, kommt die Hebräische Bibel doch immer wieder auf die politische Realität zurück, eine Realität, die geprägt ist von internationalen Konflikten, Eroberungs- und Verteidigungskriegen, von den Truppenbewegungen der Armeen irgendwelcher Großreiche auf blutgetränktem Boden. Da gibt es Bündnisse und Verträge, Rebellion und Verrat, Kriegsverbrechen und Propagandaparolen, die auf Völkermord abzielen. Die Bibel erfindet keine Vernichtungskriege oder ethnischen Säuberungen, doch sie weiß, daß derartige Maßnahmen zum Verhaltensrepertoire der Völker und Reiche um Israel gehören, ja, daß sie Bestandteil des Handelns oder doch zumindest der Ideologie des biblischen Israel selbst sind.

So spiegeln die Berichte über die Landnahme im Buch Josua und in den Richterbüchern, auch wenn sie sich nicht in allen Punkten decken, zweifellos einen langwierigen und gewaltsamen Eroberungsprozeß. In einem Mann gegen Mann geführten Kampf kam es in erster Linie darauf an, so viele waffenfähige Gegner wie möglich zu töten – wer überlebte, konnte bei einer späteren Gelegenheit wieder zur Gefahr werden. Die anderen Opfer der Kriege, besonders der Grenzstreitigkeiten, waren die Frauen und Kinder. Wurden sie gefangengenommen, so gehörten sie je nachdem zur Beute des Eroberers und gingen in seinen Besitz über, oder aber sie wurden umgebracht, darunter vor allem die schwangeren Frauen, weil sie die nächste Generation gegnerischer Krieger trugen. Die Bibel ist nicht so weltfremd, diese brutalen Realitäten zu leugnen.

Doch zu den als Historie aufbereiteten Berichten über Israels Kämpfe von Josua bis zu den Büchern der Könige gesellt sich ein zweiter »theologischer« Ansatz, der seinen Niederschlag im Deuteronomium findet. Der Text wird eingeführt als letzte Rede Moses, spricht aber eindeutig aus einer sehr viel späteren Zeit, lange nach der Landnahme. In wenige knappe Sätze verpackt finden sich hier die grausamsten Vernichtungsbefehle gegen die Angehörigen der sieben Nationen, die Kanaan bewohnten, dazu die Anweisung, alle Spuren ihres religiösen Lebens radikal zu tilgen (Dtn 7, 1-11; 20, 16-18). Im gleichen Kontext in Deuteronomium werden aber auch Richtlinien für eine humanere Kriegsführung entwickelt. So mußte bei der Belagerung einer Stadt zunächst ein Friedensangebot unterbreitet werden, und erst wenn dieses abgelehnt wurde, sollte bis zur Entscheidung weitergekämpft werden (Dtn 20, 10f). Verboten war eine Politik der verbrannten Erde – alle fruchttragenden Bäume waren zu verschonen (Dtn 20, 19). Offenbar (so zumindest die spätere rabbinische Deutung) wurde auch ein Unterschied zwischen Verteidigungskriegen, bei denen alle Israeliten zu den Waffen gerufen werden durften, und politisch motivierten Auseinandersetzungen oder Eroberungskriegen gemacht (20, 15). In diesem Fall waren all jene, die gerade eine Familie gründeten, ein Haus bauten oder im Landbau gebraucht wurden, vom Kriegsdienst ausgenommen.

An den Einwohnern Kanaans allerdings, die zu den sieben Nationen gehörten, sollte ein Bann vollstreckt werden. Der Begriff für »Bann«, *cherem*, wirft Probleme auf, weil er ein sehr weites Bedeutungsspektrum umfaßt – von der Konfiszierung und Zerstörung der Besitztümer der Besiegten und der Meidung jeglichen Kontaktes zu ihnen bis hin zu ihrer völligen Ausrottung auf göttliches Geheiß hin.

Man muß sich dabei grundsätzlich vor Augen halten, daß die Texte in Deuteronomium wohl aus einer Zeit lange nach dem Abschluß der Eroberung Kanaans stammen. Sie können also, soweit es um die sieben Nationen geht, allenfalls theoretisch gemeint sein und waren möglicherweise Teil einer triumphalistischen Liturgie. Das ändert freilich nichts an der Tatsache, daß sie in der Hebräischen Bibel stehen und damit beliebig von all jenen herangezogen werden können, die ihr eigenes mörderisches Tun rechtfertigen wollen.

Die rabbinischen Entgegnungen auf die einschlägigen Verse sind entsprechend zahlreich. In einer Passage wird es so dargestellt, daß Gott mit Israel zürnte, weil Israel die Hethiter und Amoriter *nicht* vollständig ausrottete. Als Beispiel für dieses Versagen wird die Tatsache angeführt, daß Josua die Hure Rahab, die seinen Spähern das Leben gerettet hatte, und ihre Familie in Jericho verschonte. Doch die »Strafe«, die Israel dafür erhält, läuft eigentlich auf ein indirektes Kompliment von Gott hinaus. Nach der rabbinischen Überlieferung konvertierte Rahab zum Judentum, und einer ihrer Nachfahren war der Prophet Jeremia, einer der unbestechlichsten und strengsten Kritiker Israels:

»Siehe, der Prophet Jeremia wird von den Kindeskindern der Hure Rahab herstammen und wird euch Worte entgegenschleudern, daß sie wie Dornen in euren Augen und Stacheln in eurer Seite sein werden.« (Pesikta des Rab Kahana 13.5)[7]

7. William G. Braude und Israel J. Kapstein, *Pesikta De-Rab Kahana*, The Littman Library of Jewish Civilization, Routledge 1975, s. die Ausführungen zu S. 256.

Der rabbinische Midrasch zu Deuteronomium, Sifre,[8] versucht, den Gewaltaspekt nach Möglichkeit abzumildern. Wenn beispielsweise Kanaaniter aus den sieben Nationen in den Städten leben, die den angebotenen Friedensbedingungen zustimmen, so soll ihnen nichts geschehen (Piska 200). Daneben setzen die Rabbinen sich mit der Begründung auseinander, die in Deuteronomium für die Ausrottung der einheimischen Bevölkerung angegeben wird: »...damit sie euch nicht lehren, alle Greuel nachzuahmen, die sie begingen« (Dtn 20, 18). Das bedeute, so die Rabbinen, daß die Kanaaniter, wenn sie ihrem Götzendienst abschworen und Israels Gott annahmen, Israel also nicht mehr auf Abwege führen konnten, nicht hingeschlachtet werden sollten (Piska 202). Falls die Israeliten eine Stadt, die das Friedensangebot ausgeschlagen hatten, eroberten, so waren sie laut Deuteronomium gehalten, alle männlichen Einwohner umzubringen (Dtn 20, 13). Es gelang den Rabbinen allerdings, mit einer sorgfältig aufgebauten Argumentation nachzuweisen, daß Minderjährige aus dieser Kategorie ausgeschlossen waren, selbst wenn sie gegen Israel gekämpft hatten (Piska 200).

Der Talmud enthält eine rabbinische Anmerkung, die weitere Überlegungen zu diesen und ähnlichen Passagen praktisch überflüssig macht. Laut Deuteronomium 23, 4 ist ein Ammoniter oder Moabiter nicht einmal in der zehnten Generation zur Gemeinschaft des Ewigen zugelassen. Dazu führt Rabbi Joschua aus, daß seit den Tagen Sanheribs, der alle Völker vermischte, indem er sie deportierte und in ihrer Heimat andere Völker ansiedelte, die ursprünglichen Einwohner eines Landes überhaupt nicht mehr ausgemacht werden konnten (Berakhot 28a). Galt dies aber für die Ammoniter und Moabiter, so mußte es auch auf alle anderen Einwohner der Region bezogen werden, die schließlich dasselbe Schicksal erlitten.

Eine Nation allerdings erfährt eine Sonderbehandlung. Nachdem Israel das Schilfmeer sicher durchquert hatte, wurden die Israeliten von einem Volk namens Amalek angegriffen (Ex 17, 8-16).

8.   Reuven Hammer, *Sifre: A Tannaitic Commentary on the Book of Deuteronomy*, Yale University Press 1986, S. 217f.

Die Israeliten besiegten sie, und Gott wies Mose an, die Feindschaft mit Amalek eidlich zu bekräftigen: »Denn ich will die Erinnerung an Amalek unter dem Himmel austilgen.« Mose baut daraufhin einen Altar und legt ein Gelübde ab: »Eine Hand am Thron Gottes! Es wird Krieg zwischen Gott und Amalek herrschen von Generation zu Generation!«

Warum gerade Amalek für dieses Exempel ausgewählt wird, geht aus der Exodus-Passage nicht eindeutig hervor. In Deuteronomium wird der Vorfall jedoch detaillierter geschildert. Amalek überfiel die Nachhut des israelitischen Zuges, wo die Schwächsten zu finden waren, die Ermüdeten und Erschöpften, und zwar, wie es im Text heißt, »ohne jede Gottesfurcht«. Wie bereits weiter oben festgestellt, handelt es sich dabei um ein biblisches Idiom, das soviel besagt wie: »Sie hatten kein moralisches Empfinden.«[9] Dieser Lesart zufolge war die Tat der Amalekiter nicht einfach ein kriegerischer Akt, sondern ein feiger Angriff auf besonders schutzlose Gegner. Daher lautet Gottes Gebot: »Lösche die Erinnerung an Amalek unter dem Himmel aus.« (Dtn 25, 17-19) Noch in zwei anderen biblischen Texten taucht Amalek auf. Der Prophet Samuel befiehlt König Saul, die Amalekiter zu vernichten, doch Saul verschont sie und ihr Eigentum, nachdem er sie besiegt hat. Dieser Ungehorsam gegen Gott führt letztlich zu seiner Absetzung (1 Sam 15). Im Buch Ester ist Haman, der Mann, der versucht, die Juden auszurotten, ein Agagiter, ein Nachfahre des Königs von Amalek, der von Saul verschont wurde. Mordechai, der siegreiche Gegenspieler Hamans, ist dagegen ein Mitglied der Familie Sauls. Insofern wiederholt sich im Buch Ester der Konflikt zumindest in übertragener Form noch einmal, und es wird gleich-

---

9. Die rabbinische Vorstellung von den sieben Geboten, die den Söhnen Noachs mit auf den Weg gegeben werden, folgt diesem Gedanken. Es gibt bestimmte grundlegende menschliche Werte, und jeder, der ihnen treu bleibt, einzelner wie Volksgemeinschaft, kann eines Platzes in der künftigen Welt gewiß sein. Dazu gehören mehrere klare Verbote, darunter das Verbot des Götzendienstes, des sexuell abweichenden Verhaltens und des Mordes sowie die positive Weisung, ein System der Gerechtigkeit zu schaffen.

sam der Versuch unternommen, Sauls Fehler wiedergutzumachen und den Namen von Amalek nun tatsächlich auszulöschen.

Wer aber ist Amalek? In außerbiblischen Quellen findet sich nirgends eine Erwähnung der Amalekiter. Nach Aussage der Genesis (36, 11-12) war Amalek ein Nachkomme Esaus. Er scheint der Stammvater eines halbnomadisch lebenden Volkes gewesen zu sein, das sich am Rande des Lebensraumes in festen Siedlungen lebender Völker aufhielt, Siedlungen, denen die Amalekiter häufig räuberische Überfälle abstatteten. In den historischen Büchern der Bibel sind zahlreiche kriegerische Zusammenstöße Israels mit den Amalekitern verzeichnet (Num 14, 43-45; Ri 3, 13; 6, 3-5.33; 7, 12; 10, 12; 1 Sam 27, 6; 30, 1-20), bei denen diese entweder allein oder im Bündnis mit anderen Feinden Israels auftraten. Die Bücher der Chroniken berichten, daß zur Zeit König Hiskias nur noch eine »Restbevölkerung von den Amalekitern« existierte (1 Chr 4, 43).

Für das Deuteronomium jedoch haben sie ganz offensichtlich eine Art mythische Qualität gewonnen. Ihr brutaler Angriff auf die Schutzlosesten brandmarkt sie als Leute, die die schlimmsten Grausamkeiten begehen, die eine Gruppe einer anderen zufügen kann. In gewisser Weise werden sie dadurch zur Verkörperung des Bösen, dessen Menschen fähig sind, eines Bösen, das unbedingt ausgetilgt werden muß. Diese verallgemeinernde Sichtweise wird durch den Kontext der betreffenden Passage in Deuteronomium gestützt. Der Befehl, Amalek auszulöschen, tritt nämlich erst in Kraft, »wenn der Ewige, dein Gott, dir von allen deinen Feinden ringsum Ruhe verschafft hat in dem Land, das der Ewige, dein Gott, dir als Erbbesitz gibt«. Das heißt, es gibt zu dieser Zeit keine realen äußeren Feinde mehr, gegen die man kämpfen muß. Die identische Formel leitet überdies die Anordnung zum Bau eines Tempels ein, in dem die Israeliten Gott Opfer darbringen können (Dtn 12, 10f.). Die Zeit wird kommen, da Israel in Frieden in seinem Land wohnen wird, und zu diesem Zeitpunkt wird das Volk einen Ort schaffen, an dem die Gegenwart Gottes in der Welt Wohnung nimmt, und die Erinnerung an alles Böse auslöschen. Es scheint hier also eher um einen theologischen Zukunftsentwurf zu gehen als um den konkreten Ruf zu den Waffen. Die Erinnerung an Amalek, an das, was Amalek versinnbildlicht, muß getilgt werden, nicht Amalek selbst. Dennoch spielt natürlich schon allein die Tatsache, daß es überhaupt solche Textstellen gibt, all denen in die Hände, die eine bestimmte Gruppe verteufeln wollen und als Feindbilder brauchen. Wir dürfen daher die Problematik des Vorhandenseins solcher Passagen in unseren heiligen Schriften keinesfalls verharmlosen.

Wie wir gesehen haben, setzt sich die Hebräische Bibel mit der Realpolitik ihrer Zeit auseinander – bis hin zur Beurteilung des politischen Verhaltens Israels und der umliegenden Nationen und Großreiche. Damit einher gehen aber immer auch prophetische Hoffnungen und konkrete Anweisungen, wie eine bessere, eine ideale Zukunft heraufgeführt werden kann. Jeder Textbaustein ist dabei innerhalb seines jeweiligen literarischen Kontextes zu untersuchen. Um ein Verständnis für den sozialen und politischen Kontext, in dem Israel agierte, entwickeln zu können, müssen wir aber auch in der Lage sein, uns in unserer Vorstellung in jene biblische Welt, die uns da geschildert wird, hineinzuversetzen und auf sie einzulassen. Allerdings ist es oft nicht einfach, klar zu differenzieren, und in jedem Fall wirken unsere eigenen Erwartungen und Bedürfnisse in unsere Textrezeption hinein.

Ich möchte mit einer Passage schließen, an der sich verdeutlichen läßt, wie schwierig es ist, die verschiedenen Motive und Werte, die in den Texten der Hebräischen Bibel niedergelegt sind, auseinanderzuhalten, selbst da, wo es um den Ausdruck allerhöchster Ideale geht. Es handelt sich bei der fraglichen Stelle um das Gebet König Salomos anläßlich der Tempelweihe. In diesem Gebet spiegelt sich sein Wunsch, daß der Tempel nicht nur zum religiösen Zentrum für Israel werden möge, sondern auch eine Stätte von internationalem Rang, die allgemein Achtung und Ruhm genießt als der Ort, an dem Israels Gott zu finden ist. Dabei ist sich Salomo bewußt:

»Siehe, selbst der Himmel und die Himmel der Himmel fassen dich nicht, wieviel weniger dieses Haus, das ich gebaut habe!« (1 Kön 8, 27)

Dennoch bittet er Gott, sich zu diesem Ort zu kehren und die Gebete des Königs und Israels zu erhören. Und er erweitert seine Bitte noch:

»Auch Fremde, die nicht zu deinem Volk Israel gehören, werden wegen deines Namens aus fernen Ländern kommen; denn sie werden von deinem großen Namen, deiner starken Hand und deinem hocherhobenen Arm hören. Sie werden kommen und in diesem Haus beten. Höre sie dann im Himmel, dem Ort, wo du wohnst, und tu alles, weswegen der Fremde zu dir ruft, so daß alle Völker der Erde deinen Namen erkennen. Sie werden dich fürchten, wie dein Volk Israel dich fürchtet, und erfahren, daß dein Name ausgerufen ist über diesem Haus, das ich gebaut habe.« (1 Kön 8, 41-43)

Welche Intentionen und Motive stehen hinter diesen Worten? Sind sie der Ausdruck eines frommen Visionärs, der eine unter *einem* Gott geeinte Menschheit vor sich sieht? Oder die Worte des Herrschers eines kleinen Reiches, der der Welt stolz sein neuestes monumentales Bauwerk präsentiert? Oder haben wir es hier gar mit einer Art königlichem Unternehmer zu tun, der versucht, den Fremdenverkehr mit der Versprechung anzukurbeln, daß Gebete in Jerusalem garantiert erhört werden? Oder ist er vielleicht ein wenig von allen dreien, einfach weil unsere menschlichen Ambitionen und Handlungen letztlich immer vielschichtig sind? Was auch immer sich sonst noch hinter dieser Stelle verbergen mag, sie erinnert einmal mehr daran, daß das Drama des biblischen Israel auf der Bühne der Welt spielte und daß hinter dem wechselnden Geschick dieses Volkes die tiefe Verpflichtung auf die Einheit Gottes und die letzte Einheit der Menschheit stand. Wie Abraham zu Beginn der biblischen Geschichte gesagt wurde: durch ihn werden alle Geschlechter der Erde gesegnet sein (Gen 12, 3).
Der Prophet Sacharja, der am Ende der biblischen Zeit auftrat, faßte Israels Hoffnung in einem Satz zusammen, der am Schluß jedes jüdischen Gottesdienstes gesprochen wird, weil in ihm jene universale Vision einer wieder unter Gott vereinten Menschheit zum Ausdruck kommt: »Der Ewige wird König sein über die ganze Erde. An jenem Tag wird der Ewige einer sein und bekannt sein als einer.« (Sach 14, 9)

5

Das Buch Jona und das Versöhnungsfest[1]

Irgendwie komme ich immer wieder auf die Gestalt Jona zurück, zum Teil, weil das Buch Jona eines der am leichtesten zugänglichen in der Hebräischen Bibel ist, aber auch, weil es das subversivste ist, wie ich im ersten Kapitel behauptet habe. Nicht umsonst nimmt es in der späteren jüdischen Überlieferung einen ganz besonderen Platz ein. Dieser Text behält seine verstörende Kraft trotz aller rabbinischen Versuche, den widerspenstigen Propheten zu ›zähmen‹.

Daß jeder Jude, auch der weniger fromme, das Buch Jona kennt, liegt nicht zuletzt an der zentralen Rolle des Jona-Textes im Rahmen der Feierlichkeiten zu *Jom Kippur,* dem Tag der Versöhnung und höchsten Festtag im jüdischen Kalender. An diesem Tag, dem zehnten Tag des jüdischen Neujahrs, nachdem wir zehn Tage lang über unsere Sünden nachgedacht und versucht haben, sie, wo es möglich war, wiedergutzumachen, fasten wir und halten den ganzen Tag Gottesdienst in der Hoffnung, daß Gott uns am Ende unsere kollektiven Sünden vergeben und einen frischen Anfang für das neue Jahr schenken wird. Im Nachmittags-(*Min-*

---

1. Dieses Kapitel basiert auf einem Artikel, der in SIDC (Service International de Documentation Judeo-Chretienne), Bd. XVIII, Nr. 3, 1985, S. 4-8 erschien. Er entstand in Rom während der Dreharbeiten zu dem Film *König David,* die ich in *Wie ein Rabbiner seine Bibel liest* (Gütersloh 1994, S. 106-121) geschildert habe. Ich widmete den Text damals, nicht ohne ein gewisses Augenzwinkern, dem Produzenten Marty Elfand, dem Regisseur Bruce Beresford und dem Star und Hauptdarsteller Richard Gere. Auch wenn der Film nur eine Woche in Los Angeles lief und anderswo offenbar kaum erfolgreicher war, stellte er dessen ungeachtet einen kühnen, wenn auch fehlerbehafteten Versuch dar, die Bibel in einem anderen Medium zum Leben zu erwecken.

cha-)Gottesdienst, wenn die Menschen zum Tagesabschluß wieder in die Synagoge strömen, wird dann aus dem Buch Jona gelesen. Das mag unter anderem in den Anweisungen in der *Mischna Taanit* 2,1 über die Fastenvorschriften begründet sein.

»Wie ist die Ordnung der Fastenfeiern? Man bringt den Schrein hinaus auf einen offenen Platz der Stadt und streut Herdasche über den Schrein und über das Haupt des Patriarchen und auf das Haupt des Vorstehers des Gerichtshofes; dann nimmt sich jeder einzelne (Asche) und tut(sie) auf sein Haupt. Der Älteste unter ihnen sagt vor ihnen Worte der Ermahnung: Unsere Brüder, nicht steht geschrieben von den Männern Ninives: ›Und Gott sah an ihr Bußgewand und ihr Fasten‹, sondern: ›Und Gott sah an ihre Taten; denn sie kehrten um von ihren bösen Wegen!‹ [Jona 3,10] Und was sagt man in der Überlieferung (dazu)? ›Aber zerreißt eure Herzen und nicht eure Kleider.‹ [Joel 2,13]«

Hier klingt gleichsam ein Leitmotiv an, das während des ganzen Tages die Auswahl der Haftara-Lesungen, der Lesungen aus den Propheten, bestimmt. Die Morgenlesung aus Jesaja betont, daß das Wesentliche dieses Tages nicht das Fasten ist, sondern daß es vielmehr um den Wandel der Gesinnung und des Verhaltens geht, der vom Fasten begleitet wird.

»Warum fasten wir, und du siehst es nicht?
Warum tun wir Buße, und du merkst es nicht?
Seht, an euren Fasttage macht ihr Geschäfte
und treibt eure Arbeiter zur Arbeit an.
Obwohl ihr fastet, gibt es Streit und Zank,
und ihr schlagt zu mit roher Gewalt.
So wir ihr jetzt fastet,
verschafft ihr eurer Stimme droben kein Gehör.
Ist das ein Fasten, wie ich es liebe,
ein Tag, an dem man sich der Buße unterzieht:
Wenn man den Kopf hängen läßt,
so wie eine Binse sich neigt,
wenn man sich mit Sack undAsche bedeckt?
Nennst du das ein Fasten
und einen Tag, der dem Ewigen gefällt?
Nein, *das* ist ein Fasten, wie ich es liebe:
Die Fesseln des Unrechts zu lösen,

die Stricke des Jochs zu entfernen,
die Versklavten freizulassen,
jedes Joch zu zerbrechen,
an die Hungrigen dein Brot auszuteilen,
die obdachlosen Armen ins Haus aufzunehmen,
wenn du einen Nackten siehst, ihn zu bekleiden
und dich deinen Verwandten nicht zu entziehen.« (Jes 58, 3-7)

Wie gewöhnlich gehen manche der Wortspiele im hebräischen Urtext in der Übersetzung verloren. Das Verb für ›fasten‹ ist *zum.* Auf die Klage des Volkes: »Warum fasten wir, und du siehst es nicht?« läßt der Prophet Gott antworten: *bejom zom' chem timz'u heifez,* wobei das Wort *timz'u,* »ihr findet (euer Geschäft) die Buchstaben des Verbes für ›fasten‹ einfach umkehrt, so wie die Menschen das Fasten verkehren. Im Grunde sagt hier Gott, »am Tag eures *Fastens stopft* ihr euch *voll«.* Und um noch zu unterstreichen, in welch schockierendem Maß ihr Fasten ein pervertiertes Fasten ist, eine im wörtlichen Sinne von hinten nach vorn verkehrte religiöse Übung, steht im nächsten Vers ein weiteres Wort, das die Buchstabenfolge von *zum* umkehrt: *Ieriw umaza tazumu,* »obwohl ihr fastet, gibt es Streit und Zank«.
In die gleiche Richtung wie die Jesajapassage, die die Wirksamkeit eines als Selbstzweck betriebenen Fastens in Frage stellt, weist, wie das Mischnazitat zeigt, auch das Buch Jona. Die Kompilatoren der Mischna haben dabei einen Aspekt aufgegriffen, der bei Jona eine wichtige Rolle spielt. Als die Menschen die Worte des Propheten vernehmen, »Noch vierzig Tage, und Ninive ist zerstört!«, glauben sie an Gott und rufen ein Fasten aus und gehen, vom Vornehmsten bis zum Geringsten, in Sack und Asche (Jona 3, 4.5). Als die Nachricht schließlich auch zum König dringt, erhebt er sich von seinem Thron, legt seinen Königsmantel ab, hüllt sich in ein Bußgewand und setzt sich in die Asche. Und er läßt in ganz Ninive verkünden, daß Mensch und Tier, Rinder, Schafe und Ziegen, nichts essen, nicht weiden und kein Wasser trinken sollen. Sie sollen sich in Bußgewänder hüllen, Menschen und Tiere, und laut zu Gott rufen. Die Gelehrten haben auf den merkwürdigen Umstand hingewiesen, daß die Nini-

viten sich in Bußgewänder hüllen und erst im Anschluß daran ein entsprechender Erlaß des Königs ergeht. Manche sehen in dieser unnötigen Doppelung einen Hinweis darauf, daß hier zwei verschiedene Überlieferungsstränge miteinander verwoben wurden. Man könnte aber auch ins Feld führen, daß ein kluger König auf allgemeine Trends im Volk achtet und sie aufgreift. Und schließlich läßt sich die dreifache Wiederholung des »Anlegens von Bußgewändern« (Volk, König, Erlaß) noch in einem anderen Sinne deuten, spiegelt sie doch die konventionelle Reaktion der Bevölkerung und der Machthaber angesichts einer drohenden Katastrophe. Nachdem der Konvention durch die dreifache Wiederholung Genüge getan wurde, heben die Abschlußworte des Königs das Geschehen auf eine völlig neue Ebene, auf der es um das ethische Tun geht, das das bloß mechanische Wechseln der Kleider und den Verzicht von Nahrung transzendiert: »Und jeder soll umkehren und sich von seinen bösen Taten abwenden und von dem Unrecht, das an seinen Händen klebt.« (Jona3, 8) Laut Taanit ist dies der entscheidende Faktor, der Gott in seinem Entschluß bestimmt, die Niniviten nicht zu vernichten: »Und Gott sah ihr Verhalten; er sah, daß sie umkehrten und sich von ihren bösen Taten abwandten. Da reute Gott das Unheil, das er ihnen angedroht hatte, und er führte die Drohung nicht aus.« (3, 10)

Wie die Jesajapassage, so hat auch das Buch Jona an diesem besonderen Tag eine subversive, unsere Bequemlichkeit aufstörende Funktion. Die theologischen Implikationen von Jom Kippur mögen für diejenigen, die der Synagoge an diesem Tag ihren einzigen Besuch im Jahr abstatten, relativ nebulös sein, aber zumindest an das Fasten, gleichviel, ob es nun eingehalten oder selbstbewußt ignoriert wird, erinnert sich jeder. Jesaja und Jona aber nötigen uns, daran zu denken, daß Fasten allein nicht das Entscheidende an diesem Tag ist.

Das Buch Jona vertritt überhaupt eine sehr kompromißlose Haltung allen möglichen frömmlerischen Bestrebungen gegenüber, die zu Ersatzhandlungen für die eigentlichen Werke werden, die Gott fordert. Als die Seeleute sich gezwungen sehen, Jona über Bord zu werfen, und die See sich beruhigt, bringen sie aus Gottesfurcht ein

Opfer dar und legen Gelübde ab. Der Midrasch (Jalkut Schimoni ad loc) weiß gar zu berichten, daß sie nach Jerusalem gingen und sich zum Judentum bekehrten. Damit wird lediglich eine Schlußfolgerung gezogen, die sich aus der Geschichte aufdrängt. Zugleich wird deutlich, daß der öffentliche Rahmen des Tempels in Jerusalem der rechte Ort für die Erfüllung von Gelübden war, wie die Psalmen bezeugen (s. Ps 116, 14). Für die Seeleute wäre ein solcher Akt durchaus angemessen gewesen, zumal nachdem ihre Gebete dem Ewigen, Jonas Gott, gegolten hatten. Jona selbst spricht am Schluß seines ›Gebetes‹ im Bauch des Fisches dasselbe aus: »Ich aber will dir opfern und laut dein Lob verkünden. Was ich gelobt habe, will ich erfüllen.« (2, 10) Die Gelehrten streiten über die Authentizität des ›Psalms‹, den Jona hier rezitiert – war er wirklich Teil des Urtextes? Doch da er nun einmal dasteht, sollte er in die Auslegung miteinbezogen werden. Daß Gott Jona »zum zweiten Mal« anweisen muß, nach Ninive zu gehen (3, 1), kann nur damit zusammenhängen, daß Jonas mit soviel frommer Salbung vorgetragene Absicht letztlich darauf hinauslief, sich nach Jerusalem davonzumachen und Gott zu huldigen! Worauf Gott entgegnen muß: »Ich will keine frommen Werke. Tu meinen Willen! Vergiß Jerusalem und geh nach Ninive!«

Die Reue der Niniviten ist ein weiteres wichtiges Thema des Versöhnungsfestes. Schließlich verdankt dieser Festtag seine Dynamik der Hoffnung, daß Menschen sich ändern können und daß Gott vergeben kann. Wenn die aus der Angst geborene Reue des heidnischen Ninive (nach rabbinischer Auffassung eine nur halbfertige Reue) von Gott akzeptiert wurde, wieviel mehr wird er dann die wahre Reue Israels annehmen. Doch den Rabbinen entging auch nicht, daß in diesem Gedanken ein möglicher Fallstrick für Israel verborgen liegt. So war es nach Ansicht Raschis, des großen jüdischen Exegeten des Mittelalters, gerade die Angst vor der Reue Ninives, die Jona vor seinem Auftrag fliehen ließ: »Wenn ich zu ihnen spreche und sie tun Buße, mache ich damit Israel schuldig, das nicht auf die Worte der Propheten hört.«

Wenn selbst das heidnische Ninive Buße tun kann – wieviel mehr sollte da Israel Buße tun, und wieviel größer ist die Schande, wenn es unbelehrbar in seiner Sündhaftigkeit verharrt! Dieses Argument wird in der rabbinischen Überlieferung mit einem weiteren hypothetischen Grundmotiv für Jonas Zögern, nach Ninive zu gehen, verknüpft. Der Prophet wußte, daß Gott Ninive als Waffe einsetzen würde, um das Nordreich Israel zu vernichten. Um diese Katastrophe zu verhüten, war er bereit, sein eigenes Leben aufs Spiel zu setzen, indem er Gott offenen Ungehorsam entgegensetzte und es sogar auf sich nahm, im Meer zu ertrinken. Er handelt darin wie Mose und David, die jeweils in einem schicksalsschweren Augenblick bereit waren, ihr eigenes Leben zu opfern, um Israel zu retten. Man kann sich kaum des Gefühls erwehren, daß hinter dieser heroischen Auslegung der Handlungsweise Jonas ein apologetischer Zweck steht. Die Tatsache, daß Jona auch einfach hätte ins Meer springen können, statt die Seeleute in den Konflikt mit hineinzuziehen und damit auch deren Leben zu gefährden, wird gar nicht erst in Betracht gezogen. Abgesehen davon wird mit einer solchen Deutung der ursprüngliche Universalismus des Verfassers unterlaufen, der Ninive gegenüber eine wesentlich offenere Haltung einnimmt. So kann die jeweilige Auslegung des Buches Jona und die Einschätzung des Verhältnisses des Propheten zu Ninive vielleicht geradezu als Gradmesser für das Wohlbefinden oder ›Heimatgefühl‹ des jüdischen Volkes in einer bestimmten historischen Epoche und Region gelten.

Es gibt jedoch noch einen anderen denkbaren Grund dafür, daß Ninive am Versöhnungstag eine so wichtige Rolle spielt, auch wenn dieser Grund allgemein weniger bekannt ist. An Jom Kippur finden fünf Gottesdienste statt. Wollte man ein Muster in ihrer Abfolge ausmachen, so könnte man sagen, daß die beiden ersten, der Abendgottesdienst (Kol Nidre) und der Morgengottesdienst, auf den eigentlichen Höhepunkt des Tages hinführen, dem zusätzlichen Gottesdienst am frühen Nachmittag. Er schließt die ›Avoda‹ ein, die Rezitation und Wiederaufführung des hohenpriesterlichen Rituals im Tempel an diesem Sabbat der Sabbate. Im Schauspiel der drei Sündenbekenntnisse des Hohenpriesters (für sich selbst und seine Familie, für die Priesterschaft und für Israel) und der Wahl der beiden Ziegenböcke (der eine zum

Opfer für Gott bestimmt, ein Sühneopfer, der andere, um in die Wüste geschickt zu werden und dabei symbolisch Israels Sünden fortzutragen) liegt das geheimnisvolle Kernstück des Festes: die reinigende Macht des Bekenntnisses, die Bereitschaft Gottes, die Menschen von der Last ihrer Schuld, die sich im Lauf des Jahres angehäuft hat, zu befreien und sie Jahr für Jahr wieder reinzuwaschen. Auch wenn dies in einer Formen- und Symbolsprache geschieht, die uns nur teilweise zugänglich ist, so wird im Rahmen dieses Gottesdienstes doch eine wesentliche Aussage über den Sinn der Existenz Israels, ja, jedes einzelnen Juden gemacht. Von da an neigt sich der Festtag seinem Ende entgegen, und im Nachmittagsgottesdienst beschwört das Bild Ninives das der äußeren Welt herauf, in die wir aus dem inneren Heiligtum zurückkehren müssen. Jonas schwankende Haltung gegenüber Ninive, seine mangelnde Bereitschaft, dort zu predigen, seine Wut über die Vergebung, die die Niniviten schließlich empfangen, werden neu lesbar. Aus der Botschaft des Verfassers an die Menschen seiner Zeit, ganz gleich, wann das Buch ursprünglich entstanden sein mag, wird eine Herausforderung für ein Israel von heute, das nicht weniger ambivalent in seinem Verhältnis zu den Städten seines Exils ist. Ninive steht für das Rom, das den zweiten Tempel zerstörte, für die europäischen Länder, die die Brutstätten der Massaker der Kreuzfahrer waren, für die spanische Inquisition, die osteuropäischen Pogrome, Berlin im Dritten Reich. In all diese Ninives wird Jona entsandt, um hinter dem »Unrecht, das an ihren Händen klebt«, Menschen zu entdecken, die bereit sind, Buße zu tun, wenn sie nur das rechte Wort hören. Doch Ninive muß nicht unbedingt so dramatisch daherkommen. Es steht für jeden Ort, an den Jona nicht gehen will, weil seine Gotteserfahrung zu beschränkt ist, sein Mitgefühl zu widerstrebend, seine Frömmigkeit zu bequem und angepaßt. Wenn sich der Tag neigt und die ›Tore‹ sich langsam schließen (im Neila-Gottesdienst), zwingt uns Jona, der Welt ins Antlitz zu schauen, in die wir gereinigt zurückkehren müssen, dieser Welt mit all den unzähligen Aufgaben und Verantwortlichkeiten, die dort auf uns warten.

So weist unsere eigene Identität und die des widerspenstigen Propheten auf eine weitere Bedeutungsdimension des Buches Jona für den Versöhnungstag hin.

Die Brüche und Umschwünge des Textes spiegeln sich am eindrücklichsten in der Persönlichkeit des Protagonisten. An keiner Stelle des Buches wird er als Prophet bezeichnet, wenngleich seine Rolle und eine mutmaßliche Identität mit Jona ben Amitai aus 2 Kön 14, 25 nahelegen, daß er einer ist. Als Prophet verkörpert er das logische Extrem einer Reihe zögerlicher Propheten, die wenig Neigung zeigen, ihre Berufung anzunehmen (Mose, Jesaja, Jeremia), und unter denen einige sogar versuchen, Gottes Wort für ihre eigenen Zwecke zu manipulieren, wie im Falle Bileams (Num 22-24).[2] Jona läuft zunächst vor seiner Aufgabe davon, und als er sich ihr schließlich nicht mehr entziehen kann, beschwert er sich zutiefst beleidigt über sie, wobei er Gott bizarrerweise ausgerechnet Attribute vorhält, die ihn als Gott der Liebe und Barmherzigkeit auszeichnen (4, 2-3).

Wollten wir eine biblische Gestalt finden, der Jona am ehesten vergleichbar ist, so drängt sich unwillkürlich das Bild der kollektiven Persönlichkeit der Kinder Israel auf ihrer Wüstenwanderung auf – ein halsstarriges Volk, das in einem Augenblick noch dankbar ist für die Rettung aus Ägypten und aus diesem Grund bereit, an Gott zu glauben, sich im nächsten Moment aber schon wieder wegen irgendwelcher Unbequemlichkeiten oder Ängste bitterlich beklagt und am liebsten in die Sicherheit der Sklaverei zurückkehren möchte. Dieses charakteristische Verhaltensmuster liefert uns den vielleicht unmittelbarsten Hinweis darauf, daß der Verfasser des Buches Jona diesen Vergleich sogar beabsichtigt haben könnte. Als die Israeliten in der Falle sitzen, vor sich das Schilfmeer, hinter sich die Streitwagen Pharaos, wenden sie sich an Mose: »Haben wir dir in Ägypten nicht gleich gesagt: Laß uns in Ruhe! Wir wollen Sklaven der Ägypter bleiben; denn es ist für uns immer noch besser, Sklaven der Ägypter zu sein, als in der Wüste zu

---

2. In meinem Buch *Schöne, Heldinnen, Narren,* S. 99-103, habe ich mich ausführlicher mit der Gestalt Bileams auseinandergesetzt.

sterben.« (Ex 14, 12) Genau dieselbe Haltung klingt fast wörtlich in der langen Klage an, die Jona an Gott richtet:

»Habe ich das nicht schon gesagt, als ich noch daheim war? Eben darum wollte ich ja nach Tarschisch fliehen; denn ich wußte, daß du ein gnädiger und barmherziger Gott bist, langmütig und reich an Huld und daß deine Drohungen dich reuen. Darum nimm mir jetzt lieber das Leben, o Ewiger! Denn es ist für mich besser zu sterben als zu leben.« (Jona 4, 2-3)

Jona, der am liebsten daheim bleiben und sich den Herausforderungen und Risiken Ninives nicht aussetzen möchte, ist ein Pendant der Israeliten, die lieber in Ägypten bleiben und die Herausforderungen und Risiken der Freiheit nicht schmecken wollen.

Ein besonders ironischer Hintersinn liegt natürlich darin, daß Gottes Geduld (Langmut) und Gnade von seinem widerspenstigen Propheten selbst weit mehr strapaziert werden als vom verderbten Ninive. Allerdings muß ich Jona hier im eigenen Interesse wohl auch einiges abbitten. Ich sprach einmal vor einer Gruppe von Psychoanalytikern im Hause Molly Tubys, einer führenden Analytikerin, über Jona, an einer Stelle fiel sie mir ins Wort und sagte, ihr sei Jona sehr sympathisch und ich gehe doch wohl etwas unfair mit ihm um. Sie möge ihn nicht zuletzt deshalb so gern, weil er sie sehr an einige ihrer neurotischen jüdischen Patienten erinnere!

So wie der Blickwinkel des Buches zwischen der Außenwelt (die Seeleute, Kap. 1; Ninive, Kap. 3) und der Person Jonas (Kap. 2 und 4) hin- und herspringt, so wird der problematische Charakter Jonas, des widerwilligen Empfängers von Gottes Ruf, am Versöhnungstag zur Herausforderung für jeden einzelnen Juden in der Synagoge, der gleichermaßen verwirrt ist von den komplexen Forderungen, Erwartungen und Zielen seiner jüdischen Identität. Da wir naturgemäß dazu neigen, uns mit dem Helden einer Geschichte zu identifizieren, muß die beständige Umkehrung unserer Erwartungen durch den Verfasser, der Jona immer wieder ins Unrecht setzt, eine entsprechende Wirkung auf den Leser haben und seine Vorstellungen, Annahmen, Vorurteile und Ausflüchte unablässig auf den Kopf stellen. Es ist daher eine

117

Glanzleistung des Autors, das Buch mit einem Fragezeichen enden zu lassen, als Gott Jona mit der ganzen Tiefe des göttlichen Erbarmens und zugleich mit den Grenzen seines eigenen Begreifens konfrontiert und eine Antwort von ihm erwartet. Die Frage richtet sich damit genausosehr an den Leser wie an Jona, ohne daß bekannt wäre, wie die Antwort ausfällt, denn das ist nach biblischer Auffassung Gottes Risiko in seiner Beziehung zum Menschen. Nachdem wir die Frucht vom Baum der Erkenntnis von Gut und Böse gegessen haben, haben wir die Freiheit, uns für oder gegen Gott zu entscheiden, und Gott muß schmeicheln, drohen, fordern, befehlen, verführen und sogar bitten, in der Hoffnung, daß wir in Liebe zu ihm zurückkehren.

Im Buch bleibt Jona die Antwort schuldig, und das hat seine Richtigkeit innerhalb der Dramaturgie des Buches, doch die religiöse Überlieferung fühlte sich immer wieder genötigt, ein beruhigendes, versöhnliches Ende zu finden.

Bereits im rabbinischen Midrasch wurde eine Antwort für Jona erdacht. Auf Gottes Frage hin wirft sich ein reuiger, schluchzender Jona vor Gott zu Boden und sagt: »Bei dem Ewigen, unserem Gott, sind Erbarmen und Vergebung.« (Dan 9, 9) Entsprechend ließen die Rabbinen Jona auch im Bauch des Fisches ein angemesseneres Gebet sprechen als jenen merkwürdigen ›Psalm‹, in dem nicht das geringste Unrechtsbewußtsein zu spüren ist:

»Gott der Welten: wohin könnte ich fliehen vor deinem Geist, wohin mich vor deinem Angesicht flüchten? Steige ich hinauf in den Himmel ... (Ps 139, 7-8) Du bist Herrscher über alle Königreiche und Herr aller Fürsten der Welt; dein Thron ist der Himmel der Himmel, und die Erde ist ein Schemel für deine Füße; dein Reich ist in der Höhe, und deine Herrschaft in der Tiefe. Die Taten aller Völker, werden vor dir offenbar, und die Geheimnisse jedes Menschen nimmst du wahr. Du erforschst den Wandel aller Menschen und prüfst die Schritte aller Lebewesen; du kennst die Geheimnisse des Innern (wörtlich: Nieren) und verstehst die geheimen Gedanken des Herzens; alle Mysterien werden dir offenbar, nichts ist vor dem Thron deiner Herrlichkeit verborgen, und nichts ist verhüllt vor deinen Augen; jedem Geheimnis befiehlst du, und jedes Wort bedenkst du; an jedem Ort bist du gegenwärtig; deine Augen sondern die Bösen und die Guten aus. Möge es dir gefallen, mich aus dem Bauch der Scheol [der Unterwelt] zu erhören und mich aus der Tiefe zu erretten; laß mein Schreien zu deinen Ohren dringen, und erhöre meine Bitte. Denn du wohnst ferne und hörst doch ganz aus der Nähe. Du wirst der Eine genannt, der erhebt und niederwirft – bitte erhebe mich. Du wirst der Eine genannt, der erschlägt und Leben schenkt – ich stehe im Angesicht des Todes, schenk mir Leben.« (Jalkut Schimoni, Jona)

Es ist die skandalöse Sturheit Jonas, die solche Reaktionen auslöst, diesen Wunsch nach Beruhigung, nach der Gewißheit, daß der Prophet am Ende doch noch gehorcht. Kühner ist hier jener Midrasch, der, wenngleich er Jona durchaus kritisch gegenübersteht, doch auch eine legitime Spannung zwischen der Achtung, die Menschen gebührt, und dem Respekt, der Gott zukommt, konstatiert.

»Daraus ergibt sich, daß es drei Propheten gibt: Der eine forderte die Ehre des Vaters (Gott) und die Ehre des Sohnes (Israel), und der andere forderte die Ehre des Vaters und nicht die Ehre des Sohnes und der dritte forderte die Ehre des Sohnes und nicht die Ehre des Vaters. Jeremia forderte die Ehre des Vaters und die Ehre des Sohnes, wie es heißt: ›Wir waren abtrünnig und widerspenstig, du hast nicht verziehen‹ (Klgl 3, 42 [nach der jüdischen Tradition Jeremia zugeschrieben]) ... Elia forderte die Ehre des Vaters und nicht die Ehre des Sohnes, wie es heißt: ›Geeifert habe ich für den Ewigen, den Gott der Heerscharen, weil die Kinder Israel deinen Bund verlassen, deine Altäre zerstört und deine Propheten mit dem Schwert getötet haben‹ (1 Kön 19, 14) ... Jona forderte die Ehre des Sohnes und nicht die Ehre des Vaters, wie es heißt: ›Und es ward das Wort des Ewigen an Jona zum zweiten Male also‹ (Jona 3, 1).« (Mechilta, Bo).

Im Rahmen von Jom Kippur erfährt das Wesen der abschließenden Frage im Buch Jona und ihrer fehlenden Antwort allerdings zwangsläufig eine zusätzliche Nuancierung. Denn an diesem Tag geht es um die Zukunft ganz Israels. Die gesamte Nation steht an diesem Tag vor Gericht, personifiziert in der Gestalt des Propheten, doch nicht von der Entscheidung eines einzelnen abhängig. Wenn Israel an diesem Tag vor Gott tritt, sind sich die Menschen der Verdienste der Väter Abraham, Isaak und Jakob bewußt, die ihnen zu Hilfe kommen, aber auch der Verheißungen des Bundes an das Volk und der jahrtausendealten Aufgabe, die sie dazu bestimmt hat, als treuer »Knecht des Ewigen« zu handeln, an allen

Orten und zu allen Zeiten, daheim und im Exil, in Leid und Freude. So behält das Buch Jona, bei all seiner Hintersinnigkeit und Herausforderung, nicht das letzte Wort. Denn nicht das Ich eines einzelnen Individuums bestimmt Israels Schicksal an diesem Tag, sondern die Gnade Gottes, eine Lektion, die letztlich auch der widerwillige Prophet lernen muß. Deshalb folgt auf Gottes letzte Frage an Jona in der zweiten Lesung aus den Propheten ein Antwortgebet, das aus dem Buch Micha stammt:

»Wer ist ein Gott wie du, der du Schuld verzeihst
und dem Rest deines Erbvolkes das Unrecht vergibst?
Der du nicht für immer festhältst an deinem Zorn,
sondern es liebst, gnädig zu sein.
Der wieder Erbarmen haben wird mit uns
und unsere Schuld zertreten.
Ja, du wirfst alle unsere Sünden in die Tiefe des Meeres hinab.
Du wirst Jakob deine Treue beweisen
und Abraham deine Huld,
wie du unseren Vätern geschworen hast
in den Tagen der Vorzeit.« (Mi 7, 18-20)

Das Buch Jona endet mit einer Frage, das Versöhnungsfest mit einer großartigen Bestätigung. Und doch sagt mein Lehrer Rav Shmuel Sperber zu Recht:

»Die Religion liefert Antworten, ohne die Fragen auszulöschen ... eine Frage kann eine große religiöse Wahrheit enthalten.«

Der Jona, für dessen Antwort wir nicht garantieren können, wird zum Symbol unserer Freiheit und bringt uns gleichzeitig fast unmerklich dazu, uns unserer eigenen Selbsttäuschungen in höchst unbequemer Weise bewußt zu werden. Gerade deshalb ist er ein so wunderbar subversiver Gefährte am Versöhnungsfest, wenn wir selbst auf stürmischer See zwischen Tarschisch und Ninive segeln und unserer ganz persönlichen Begegnung mit dem Maul des großen Fisches entgegensehen.

6

Die biblischen Wurzeln jüdischer Identität[1]

Das vorliegende Kapitel fungiert als Bindeglied zwischen den beiden Teilen dieses Buches. Zum ersten Mal habe ich mich mit dem Thema im Rahmen eines Vortrags vor jüdischem Publikum über das Wesen jüdischer Identität heute und die Wurzeln dieser Identität in der Hebräischen Bibel auseinandergesetzt. Als ich dann 1992 gebeten wurde, den Gastvortrag zum neunten Jahrestag des JSOT (Journal for the Study of the Old Testament) an der Universität Sheffield zu halten, bot es sich an, das damals Ausgeführte zur Grundlage einer allgemeinen Erörterung über die Subjektivität des Bibelstudiums zu machen. Wir nähern uns der Hebräischen Bibel (oder in diesem Fall dem Alten Testament) ja immer von unserem eigenen Kontext her, mit unseren ganz spezifischen Vorannahmen, die uns dazu meist kaum bewußt sind. Mein ursprüngliches Paper konnte folglich als Beispiel einer subjektiven Auslegung vor einem jüdischen Publikum zu einer jüdischen Thematik gelten. So lud ich meine neuen Hörer ein, sich von diesem Beispiel anregen zu lassen, über die Annahmen nachzudenken, die hinter ihrer jeweils eigenen Auslegung stehen. Der Vortrag wurde später veröffentlicht, und ich nehme ihn hier mit einigen wenigen Abänderungen auf, um anschaulich zu machen, daß die in der Hebräischen Bibel spürbare Haltung der ›Selbstreflexion‹ von all denen, die die Bibel studieren und für ihr Leben oder für die Wissenschaft fruchtbar zu machen suchen, aufgenommen werden sollte, unabhängig davon, ob dies im Rahmen ihrer religiösen Tradition geschieht oder in der angeblich objektiven Welt akademischer Gelehrsamkeit. Wir schaffen uns die Bibel nach unserem Bilde.

---

1. Veröffentlicht unter dem Titel *The Biblical Roots of Jewish Identity: Exploring the Relativity of Exegis*, JSOT 54, Juni 1992, S. 3-24.

Das Lesen der Hebräischen Bibel gerät immer zu einem subjektiven Unterfangen, ganz gleich, welcher Methode wir uns dabei bedienen oder im Dienste welcher wissenschaftlichen Disziplin wir stehen. In der Vergangenheit trugen Menschen, die die Bibel innerhalb ihrer Glaubensgemeinschaft studierten, die Fragen und Anliegen ebendieser Glaubensgemeinschaft an den Text heran, wobei sie sich mehr oder weniger bewußt waren, daß möglicherweise auch andere Adressaten an den Ergebnissen ihres Schriftstudiums interessiert sein könnten – die in der Regel wiederum einer bestimmten Glaubensrichtung zuzurechnen waren. Das Aufkommen der ›modernen Bibelwissenschaft‹ im Zuge der Aufklärung hob dieses alte religiöse Monopol auf bzw. war selbst Teil des Kampfes um Emanzipation von allen religiösen Scheuklappen gegenüber einem ›wahren‹ Textverständnis. Das ›wissenschaftliche‹ Studium der Bibel bewegte sich seinerseits innerhalb bestimmter Schemata und Vorannahmen, in deren Rahmen wichtige neue Erkenntnisse gewonnen wurden, die aber auch Einbußen mit sich brachten. So vergaß man über der Abwehr einer Exegese, die als eng oder einseitig religiös empfunden wurde, zum Beispiel häufig die spirituelle Dimension des Textes. Umgekehrt sahen sich die biblisch begründeten Religionen, die sich von den Kräften, die die Aufklärung entfesselt hatte, massiv bedroht fühlten, genötigt, sich durch einen neuen Fundamentalismus gegen alles, was in ihren Augen einen Angriff auf ihre zentralen religiösen Texte darstellte, zu verteidigen.

Der Streit um die religiöse kontra säkulare Beschäftigung mit der Schrift ist in vielfacher Hinsicht bis heute aktuell, wenn es auch eine ganze Reihe überraschender Lösungen gab. Die Paradoxa der gegenwärtigen Situation wurden für mich bei einer der jährlich stattfindenden Jüdisch-Christlichen Bibelkonferenzen, die ich in Deutschland organisiere, besonders lebendig. Jahrelang hatte sich die weitgehend christliche Teilnehmerschaft damit zufriedengegeben, etwas über die jüdische Exegese bestimmter Texte zu erfahren; in Deutschland gibt es dafür natürlich ebensosehr geschichtliche wie religiöse Gründe. Mit der Zeit begann sich jedoch eine Gegenbewegung zu formieren, und die Forderung nach einer ›authentisch‹ christlichen Exegese der Texte, mit denen wir uns beschäftigten, wurde laut. Was aber verstanden die Teilnehmerinnen und Teilnehmer unter einer authentisch christlichen Exegese in heutiger Zeit? Die jüdischen Theologen konnten sich auf den Midrasch beziehen, die rabbinische Exegese zwischen dem zweiten Jahrhundert vor und dem neunten Jahrhundert nach christlicher Zeitrechnung, dazu auf die große Tradition mittelalterlicher jüdischer Gelehrsamkeit mit Persönlichkeiten wie Raschi, Ibn Esra, Radak, Nachmanides, Sforno und Schadal (Schmuel David Luzzatto), die bis ins späte neunzehnte Jahrhundert fortwirkte.[2] Wir können uns außerdem an Gelehrte wie Martin Buber und Franz

2. Es gibt wenige systematische Einführungen in die mittelalterlichen jüdischen Bibelkommentare, die zudem nicht alle aus dem Hebräischen übersetzt wurden. Gute Einführungen in das Thema sind das Buch von Louis Jacobs, *Jewish Biblical Exegesis*, Behrman House, Inc., New York 1973, und das unschätzbare fünfbändige Werk von Nehama Leibowitz, *Studies in Bereshit (Genesis); Shemot (Exodus); Vayikra (Leviticus); Bamidbar (Numeri); Devarim (Deuteronomium)*, aus dem Hebräischen übersetzt und adaptiert von Aryeh Newman und veröffentlicht von der World Zionist Organization, Department for Torah Education and Culture in the Diaspora, Jerusalem 1980. Im folgenden sind darüber hinaus einige auf englisch und deutsch erhältliche Einzelkommentare aufgeführt: Raschi (Akronym für Rabbi Salomo ben Isaak), 1040-1105, lebte in Frankreich und war der wohl einflußreichste jüdische Exeget des Mittelalters. Sein Kommentar zum Pentateuch ergänzte die erste gedruckte Ausgabe der Hebräischen Bibel, den P*entateuch mit dem Kommentar Raschis*, ins Englische übersetzt und mit Anmerkungen versehen von Revd M. Rosenbaum und Dr. A. M. Silbermann, Shapiro Valentine und Co., London 1946. Abraham Ibn Esra, 1089-1140, in Spanien geborener Rabbi, Philosoph, Grammatiker und Exeget, der weite Reisen in Nordafrika und Europa unternahm: *The Commentary of Ibn Ezra on Isaiah*, übersetzt von M. Friedlander, London 1873, Nachdruck von Philipp Feldheim Inc., New York. Siehe auch Friedlanders *Essays on the Writings of Abraham Ibn Ezra*, Veröffentlichungen der Society of Hebrew Literature, London 1877, sowie *The Commentary of Abraham Ibn Ezra on the Pentateuch, Bd. 3. Leviticus*, übersetzt von Jay F. Shachter, Ktav Publishing House, New Jersey 1986. Radak (Rabbi David Kimhi), ca. 1160-ca. 1235, Grammatiker und Exeget, lebte in der Pro-

Rosenzweig, Abraham Joshua Heschel und André Neher, Umberto Cassuto, Benno Jacob und an die einzigartig dastehende Arbeit einer Nehama Leibowitz[3] halten, die alle zu einem Brückenschlag zwischen der traditionellen jüdischen Exegese und der neueren Textanalyse unserer Zeit beigetragen haben. Für die Christen dagegen war die Zeit des Mittelalters offensichtlich relativ unbe-

vence: *The Commentary of Rabbi David Kimhi on Psalms CXX-CL*, hrsg. und übersetzt von Joshua Baker und Ernest W. Nicholson, Cambridge 1973. Nachmanides (Mose ben Nachman, Ramban), 1194-1270, spanischer Mystiker, Philosoph und Arzt. Sein Kommentar zum Pentateuch wurde übersetzt von Charles B. Chavel, *Ramban (Nachmanides) Commentary on the Torah*, 5 Bde, Shilo Publishing House, Inc., New York 1971. Siehe auch: *Judaism on Trial: Jewish-Christian Disputations in the Middle Ages*, hrsgg. und übersetzt von Hyam Maccoby, The Littman Library of Jewish Civilization, Rutherford, Madison, Teaneck, London and Fairleigh Dickinson University Press, Toronto 1982. Obadja ben Jacob Sforno, ca. 1470-ca. 1550, italienischer Arzt, Philosoph und Exeget, Lehrer von Johannes Reuchlin; siehe *Sforno: Commentary on the Torah*, Übersetzung und Anmerkungen von Rabbi Raphael Pelcovitz, ›The ArtScroll Mesorah Series, Mesorah Publications Ltd., New York 1989. Leider gibt es bis heute keine Übersetzungen von Schadal (Akronym für Samuel David Luzzato), 1800-1865, italienischer Forscher, Philosoph und Exeget, Direktor des Rabbinerseminars in Padua. In seinem hebräischen Kommentar zum Pentateuch und zu Jesaja setzt er sich als erster mit der modernen Bibelforschung auseinander. Deutsche Titel: *Der Babylonische Talmud*. Herausgegeben von Lazarus Goldschmidt. Biblion Verlag. Berlin 1929. *Mechiltha*. Herausgegeben von Jakob Winter und August Wünsche. J. C. Hinrichs'sche Buchhandlung. Leipzig 1909. *Pesikta des Rab Kahana*. Herausgegen von August Wünsche. Otto Schulze. Leipzig 1885. *Mischnajot*. Dritte Auflage. Victor Goldschmidt Verlag. Basel 1968. *Der Midrasch. Bereschit Rabba*. Herausgegeben von August Wünsche. Otto Schulze. Leipzig 1881.

3.   Bibliographische Angaben zu Nehama Leibowitz finden sich in Anm. 2. Sie ist die Schwester von Prof. Yeshayahu Leibowitz, der an anderer Stelle in diesem Kapitel zitiert wird. Eine Würdigung ihres Werkes findet sich in dem Artikel von Yaira Amit, ›Some Thoughts on the Work and Method of Nehama Leibowitz‹, in: *Immanuel: A Journal of Religious Thought and Research in Israel*, Nr. 20, Frühjahr 1986, S. 7-13.

kanntes Terrain, das zudem ohne besondere Relevanz war, da die exegetische Tradition dieser Zeit sich hauptsächlich mit Typologie auseinandergesetzt und nicht unmittelbar mit einer Analyse des Textes in seinem aktuellen Kontext befaßt hat.[4] Hier gab es also anscheinend keine exegetische Kontinuität. Wie sollte dann die moderne christliche Exegese aussehen, die die Teilnehmerinnen und Teilnehmer sich wünschten? Die Antwort kam prompt – es ging ihnen um eine korrekte theologische Auslegung des Jahwisten, Elohisten, Deuteronomisten und der Priesterschrift.

Es steht mir nicht zu, darüber zu befinden, inwiefern ein solches Unterfangen tatsächlich authentisch ›christlich‹ wäre, aber es war immerhin faszinierend zu erleben, in welchem Maße wissenschaftliche Postulate über die möglichen Quellen bestimmter Texte ein Eigenleben, ja geradezu eine spezifisch religiöse Identität gewonnen hatten.

Ich möchte an diesem Beispiel einfach nur klarmachen, wie wichtig es ist, daß wir uns auf einer bestimmten Ebene darum bemühen, uns der spezifischen Schemata, die wir in unsere Beschäftigung mit dem Text mit hineinbringen, oder doch zumindest einiger Vorannahmen bewußt zu werden, die unsere Fragen an den Text und die Antworten, die wir aus ihm herauslesen, prägen. Die Frage ist nur, wie man an dieses vorgeprägte Schema und die Grenzen, die es unserer Exegese steckt, herankommen und es offenlegen kann.

---

4. Zu einer jüdischen Kritik der Auswirkung der christlichen Typologie auf die jüdisch-christlichen Beziehungen siehe Geoffrey Wigoder, ›A Jewish Reaction to the »Notes«‹, in: *Immanuel: A Journal of Religious Thought and Research in Israel*, Nr. 20, Frühjahr 1986, S. 67-83.77. Neuere Untersuchungen über das unterschiedliche zeitgenössische Verständnis von Typologie siehe in SIDIC, Bd. XXI, Nr. 3, 1988. Die englische Ausgabe trägt den Titel *Problems of Typology: Reading the Jewish and the Christian Scriptures* und enthält Artikel von Francesco Rossi de Gasperis, ›Christian Typology: Is it still valid? If so, which typology?‹, S. 4-8; Francesca Cocchini, ›The Fathers of the Church: Some Aspects of the Typological Method which are valid today‹, S. 9-11; Carmine Di Sante, ›The »Old« and the »New« Covenant: How to Relate the Two Testaments‹, S. 12-17.

Eine mögliche Lösung besteht darin, in eine Art Dialogprozeß einzutreten, indem wir gemeinsam mit anderen die Vorannahmen überprüfen, die jeder von uns an den Text heranträgt. Das vorliegende Kapitel ist daher ein Versuch, einige der Fragen zu umschreiben, die ich aus der jüdischen Welt, in der ich als Wissenschaftler und Rabbiner wirke, in die Auseinandersetzung mit der Hebräischen Bibel mitbringe. Ich hoffe und wünsche mir, daß dieser Versuch Reaktionen auslöst, die uns allen helfen, die hinter unseren jeweiligen Fragen stehenden Annahmen klarer zu sehen. Ursprünglich war das Kapitel als Vortrag vor einem jüdischen Publikum konzipiert. Es ging darum, die Komplexität zeitgenössischer jüdischer Identität auszuloten, und zwar im Hinblick auf die Hebräische Bibel und ihre Funktion als zentraler Bezugspunkt der jüdischen Überlieferung. Angesichts der Zersplitterung der jüdischen Welt von heute scheint die Frage nach ›Identität‹ besonders an Dringlichkeit zu gewinnen. Abrahams Nachkommen waren ein Volk und eine Religionsgemeinschaft, beides war untrennbar miteinander verbunden. Seit der Aufklärung und der Emanzipation jedoch haben sich größere Risse sowohl zwischen diesen beiden Komponenten jüdischer Identität als auch innerhalb von ihnen herausgebildet. Da nun die Hebräische Bibel immer und zu allen Zeiten die Quelle war, zu der die Juden zurückkehrten, wenn sie nach Lösungen für ihre jeweiligen zeitbedingten Probleme suchten, schien es vernünftig, sie auch in dieser Frage als entscheidende Instanz zu benützen. In gewisser Weise ist das Problem der Identität, ob man es nun religiös, national oder sonstwie faßt, allen westlichen Völkern gemein, so daß ich hoffe, dieses zunächst vielleicht partikularistisch anmutende Experiment könnte auch auf breiterer Ebene Widerhall finden.

Die Hebräische Bibel und das Judentum

Auf den ersten Blick mag dem Titel dieses Kapitels – *Die biblischen Wurzeln jüdischer Identität* – etwas Anachronistisches anhaften. Wir Juden neigen dazu, es als selbstverständlich anzusehen, daß die Hebräische Bibel das Buch über die Anfänge unseres Volkes ist, und eine direkte Kontinuität zu postulieren zwischen den Bildern der biblischen Personen und des jüdischen Volkes, wie sie uns aus den Seiten der Bibel anblicken, und unserer modernen Existenz. Natürlich wissen wir, daß seit dem Abschluß des biblischen Kanons gut zweitausend Jahre jüdischer Diasporageschichte verstrichen sind, in denen das jüdische Volk mit nahezu allen Nationen und Rassen der Welt in Berührung kam, so daß es schwerfallen dürfte, noch einen einzigen Tropfen echt abrahamitischen Blutes in uns nachzuweisen. Trotzdem führen wir unsere Herkunft physisch, kulturell und geistig in einer fast automatischen, unhinterfragten Weise auf die Bibel zurück. Dabei sind in diesem Zusammenhang eine ganze Reihe von Fragen offen. Zunächst einmal ist die Hebräische Bibel nur deshalb unsere Heilige Schrift, weil die Rabbinen, die Schöpfer des rabbinischen Judentums, das unsere Identität maßgeblich geprägt hat, es irgendwann einmal so festlegten. Sie bestimmten, was die Bibel enthalten sollte und, noch entscheidender, wie sie zu benutzen, zu beurteilen und auszulegen war. Und sie erkannten neben der geschriebenen Tora, die Mose am Sinai empfing, eine Auslegungstradition an, die mündliche Tora, die sie als unabdingbar für das Verständnis der schriftlichen Tora erklärten. In diesem Sinn hat also letztlich das Judentum die Bibel definiert und nicht etwa umgekehrt die Bibel, was Judentum und damit jüdische Identität ist.

Ein Verfechter dieser Auffassung war der verstorbene Professor Yeshayahu Leibowitz, einer der herausragendsten, ja radikalsten orthodoxen jüdischen Denker der Moderne. Er starb mit über neunzig, eine Koryphäe der Geschichte der Medizin und des Judentums, ein einzigartiger Kenner von Maimonides und, als eingeschworener Zionist, strenger Kritiker bestimmter Tendenzen in Israel, gerade auch im Hinblick auf den Umgang mit der arabischen Bevölkerung des Landes. Sein ganzes Werk basiert auf der Grundannahme, daß die Halacha, das jüdische Gesetz, das höchste Gut des Judentums darstellt und seinen höchsten Wert verkörpert. Er schreibt:

»Das Judentum ist nicht auf die Bibel gegründet; die Bibel ist auf das Judentum gegründet! Die vierundzwanzig Bücher erhalten ihren Stellenwert von dem Wert und der Stellung, die das Judentum ihnen zuwies. Warum sollten wir diese vierundzwanzig Bücher als höchsten Wert anerkennen und sie nicht einfach als alte Literatur betrachten, wenn nicht aufgrund der Entscheidung der Halacha, daß sie heilige Bücher sind? Die Halacha, in der jüdischen Überlieferung das Mündliche Gesetz, legte fest, welches die heiligen Schriften des Judentums sind. Das Geschriebene Gesetz erhält seine Würde und seinen Wert von den Entscheidungen des Mündlichen Gesetzes her.«[5]

Leibowitz' Argumentation läuft darauf hinaus, daß einzig und allein die Halacha im engsten Sinn das Judentum definiert. Das ermöglicht es ihm, dem Reformjudentum und dem konservativen Judentum sowie allen säkularen Juden ihr Jüdischsein abzusprechen. Die Pointe seiner Aussage, daß nämlich eine bestimmte Gruppe einer bestimmten Gemeinschaft zu einem bestimmten Zeitpunkt festlegte, was die Hebräische Bibel für uns ist, hat jedoch auch Konsequenzen für seine eigene orthodoxe Position, denn damit geht es zum Beispiel im Streit zwischen Orthodoxen und Reformjuden nicht mehr um die Wahrheit göttlicher Offenbarung, sondern um zeitgebundene menschliche Auslegungen und die Autorität derer, die zu diesen Auslegungen kommen.

In ihrem Buch *Und wieder stehen wir am Sinai: eine jüdisch-feministische Theologie* zieht Judith Plaskow genau dieselbe Schlußfolgerung, wenn sie darauf hinweist, daß es eine männliche Gemeinschaft innerhalb einer patriarchalen Gesellschaft war, die das Judentum schuf und die Identität und die Stellung der Frau darin festlegte. Plaskow schreibt:

»Genauso wie Juden der Vergangenheit in Gemeinschaften Gott erfuhren und ihre Erfahrungen in Gemeinschaften interpretierten, die das formten, was sie sahen und hörten, genauso lesen auch wir ihre Worte und erfahren Gott in Gemeinschaften – Gemeinschaften, die in Kontinuität mit jenen Gemeinschaften stehen, aber anders sind als jene. Es ist die heutige feministische Gemeinschaft, die mich gelehrt hat, die Erfahrung der Frauen zu

---

5. Yeshayahu Leibowitz, ›An Intepretation of the Jewish Religion‹. In: *Judaism Crisis Surival: An Anthology of Lectures*, hrsg. von Ann Rose, World Union of Jewish Students, Paris 1966, S. 33-34.

schätzen und ihr Bedeutung zu schenken. Es ist diese Gemeinschaft, die mich gelehrt hat, daß jüdische Quellen einseitig und unterdrückerisch, gelegentlich häßlich und schlicht falsch waren ...
Autorität einer bestimmten Gemeinschaft von InterpretInnen zuzuschreiben, heißt zugebenermaßen, sich im Kreis zu drehen. Aber es gilt auch anzuerkennen, was schon immer der Fall war: In der Entscheidung, was an heiligen Texten autoritativ ist, beanspruchen die entscheidenden Gemeinschaften selbst Autorität. Wenn die Rabbinen sagten, daß die rabbinischen Interpretationsweisen am Sinai gegeben worden seien, beanspruchen sie Autorität für ihre eigene Gemeinschaft – genauso wie andere Gruppen vor ihnen, genauso wie Feministinnen heute.«[6]

Wir könnten die hier genannten Kategorien durch weitere Gruppierungen innerhalb der jüdischen Welt von heute ergänzen, die die Schrift auslegen und Autorität für ihre Auslegung beanspruchen: die Liberalen, die Reformjuden, die Konservativen, die Rekonstruktionisten, die modernen Orthodoxen und die Chassidischen Juden sowie die Zionisten und die Humanistischen und Säkularistischen Juden. Kurz, es gibt heute so viele Ausprägungen des Judentums, wie es jüdische Gruppen gibt, die Autorität für ihre Schriftrezeption beanspruchen und Anhänger finden. Dabei wird jede dieser Gruppen ihr ganz eigenes Verständnis von der Autorität, Authentizität und Bedeutung der Hebräischen Bibel im Hinblick auf die Festlegung zumindest einiger Aspekte ihrer jüdischen Identität haben. Für manche Zionisten gewinnt die Bibel insofern vordringliche Bedeutung, als sie ihren Anspruch auf das Land Israel untermauert, und in der Tat ist dieser Aspekt in der gegenwärtigen Debatte in Israel über die Ausdehnung des biblischen Territoriums und die Behandlung arabischer Einwohner ganz neu lebendig geworden. Für Reformjuden, zumindest für ihre amerikanischen Vertreter in der Vergangenheit, bot die Hebräische Bibel in Gestalt der Schriften der Propheten eine Rechtfertigung für ihr starkes soziales Bewußtsein, ihren Aktivismus und Universalismus. Für wieder andere hat die rabbinische Auslegungstradition nicht nur festgelegt, welche Teile

6. Judith Plaskow, *Und wieder stehen wir am Sinai: eine jüdisch-feministische Theologie*, Luzern 1992, S. 46-47.

der Bibel noch heute zu uns sprechen, sondern auch, wie sie dies tun und wie sie für bestimmte Fragestellungen ergänzt oder modifiziert werden müssen. Für die Feministinnen sind in erster Linie die Lücken wichtig, die gefüllt werden müssen, die fehlenden weiblichen Stimmen, die es zu entdecken gilt, damit ein gerechteres und abgerundeteres Bild jüdischer Identität und Existenz freigelegt werden kann.

Nahezu alle Aspekte der jüdischen Tradition sind also in unserer Zeit relativ geworden, und man könnte fast sagen, je lauter eine Gruppierung ihre eigene Authentizität betont, desto stärker leugnet sie die Komplexität der modernen jüdischen Welt und desto einseitiger ist ihre Position. Es gibt keine einheitliche jüdische Identität, sondern eine beträchtliche Vielfalt unterschiedlichster jüdischer Identitäten. Unsere Suche nach den biblischen Wurzeln dieser Identitäten kann daher immer nur Teilaspekte erfassen und eventuell Ansätze aufzeigen, die einer weiteren Untersuchung wert sind.

Hebräer, Juden oder einfach nur Menschen?

Noch ein zweites Problem steht unserer unmittelbaren Identifikation mit dem biblischen Material im Wege. Es mag wie eine Äußerlichkeit erscheinen, und doch bringt die aufgeschnappte Bemerkung eines Schauspielers bei den Dreharbeiten zu dem Bibelfilm *König David*, an dem ich selbst als technischer Berater mitwirkte, die Sache auf den Punkt.[7] Er diskutierte mit anderen Schauspielern darüber, wie sie ihre Rollen zu spielen hatten. Sollten sie sich einen jüdischen Akzent zulegen? Der Schauspieler meinte, nein, ihr könnt sie spielen wie ganz normale Menschen, weil sie damals noch gar keine Juden waren!

Was er damit sagen wollte, war, daß das biblische Israel ein Volk mit einer nationalen Identität war, das die meiste Zeit über einen

---

7. Mehr über die Fährnisse, die ein technischer Berater bei einem Bibelfilm zu bestehen hat, findet sich in Kap. 6 meines Buches *Wie ein Rabbiner seine Bibel liest*.

eigenen, souveränen Staat bildete, auch wenn es eine Periode der Spaltung in zwei Reiche gab, die nebeneinander existierten. Das Südreich Juda gab uns den Namen Judäer, aus dem schließlich ›Jude‹ wurde. Rein formal gesehen waren die Juden, bevor es das Königreich Juda gab, immer noch die ›Kinder Israel‹, die Nachfahren des Patriarchen Jakob, der den Beinamen ›Israel‹ trug. Sie waren also offiziell keine Judäer und ganz sicher keine Juden. Auf einer anderen Ebene jedoch – wie der Schauspieler deutlich spürte – hatte die Erfahrung von Verbannung, Gefangenschaft und zweitausend Jahren rastlosen Wanderns das populäre Stereotyp jenes ›Juden‹ mit dem jüdischen Akzent geschaffen. Zweitausend Jahre als Minderheit innerhalb der Machtstrukturen anderer Gesellschaften und Religionen führten zur Ausprägung einer ganzen Reihe von Merkmalen, die heute als ›jüdisch‹ gelten.

Auch aus diesem Grund war die Bibel für die Begründer des Staates Israel, besonders für David Ben Gurion, ein so wichtiger Bezugspunkt. Sie verhieß einen Ausweg aus der Geschichte der jüdischen Diaspora mit ihrer Tragik und ihren Abhängigkeiten, ihrer Ghetto-Mentalität und Paranoia, ihrem Bedürfnis zu gefallen und nachzugeben, eine Möglichkeit, im Denken und Handeln zurückzufinden zu den Tagen der Unabhängigkeit, zu einem freien Volk, das mit dem Boden seines eigenen Landes verwachsen ist. Sie bedeutete zugleich einen radikalen Bruch mit der restriktiven traditionellen Religion des Ghettos, die das Denken und Handeln einzufrieren schien im Warten auf Gottes tatkräftiges Handeln für uns.

Nach diesem negativen Verständnis besteht keinerlei Verbindung zwischen der zeitgenössischen jüdischen Identität, zumindest in der Diaspora, und den heroischen Gestalten und Bildern unserer biblischen Vergangenheit. Natürlich verhält es sich nicht ganz so einfach. Schließlich hat doch das Diasporajudentum seinen ganz eigenen Heroismus entwickelt, während umgekehrt die Helden der Bibel zahlreiche Schwächen zeigen. Außerdem wird der biblische Bericht grundsätzlich in selektiver Weise rezipiert, um die begrenzten Ziele irgendeiner bestimmten Gruppe zu rechtfertigen, wie auch immer diese aussehen mögen. Selbst die Bemühungen derjenigen Juden, die versuchen, zu einer ›ursprünglichen Bedeutung‹ des biblischen Berichtes zurückzukehren, sind zwangsläufig vorbelastet, schon allein durch den bewußten Versuch, die Texte neu zu lesen und die Schichten rabbinischen Gedankenguts, die sie überlagert haben, zu unterdrücken. Der starke Wunsch, zu den Anfängen zurückzukehren, mag auch das große Interesse der Israelis an Archäologie erklären. Es geht dabei nicht nur darum, daß es natürlich zur Stärkung des jüdischen Zugehörigkeitsgefühls zu ebendiesem Stückchen Erde beiträgt, wenn Dinge aus jener glorreichen Vergangenheit ausgegraben werden. Zugleich wird damit auch der Anspruch auf ein authentisches, vorrabbinisches Verständnis des Geschehens erhoben, als die Juden noch Hebräer im Lande Kanaan waren. Ein orthodoxer Rabbinerfreund von mir in Jerusalem erzählte einmal, mit welcher Ehrfurcht die Israelis die Jesajarolle vom Toten Meer behandelten. Schließlich haben sie ja genau denselben Text in den gedruckten Bibeln vorliegen, die sie in der Schule und bei der Armee bekommen. Trotzdem gehen sie mit einer Scheu mit diesem Fund um, die für angeblich säkulare Menschen erstaunlich ist. Nach Ansicht meines Freundes kann es kein Zufall sein, daß die Stelle, an der die Jesajarolle im Israel-Museum aufbewahrt wird, »Schrein des Buches« heißt. »Wenn ein Archäologe jemals Gott ausgraben sollte«, meinte er, »würde das ganze Land auf der Stelle gläubig werden!«

Dennoch haben wir Juden diese Geschichten zweitausend Jahre lang gelesen, sie interpretiert, die Interpretationen wiederum interpretiert und versucht, sie bis in die Tiefe auszuloten und als Geschichten über unsere Volksfamilie und über uns zu verstehen. Doch ob wir nun in den biblischen Erzählungen Gestalten aus der jüdischen Historie zu erkennen glauben oder die Rollenvorstellungen der rabbinischen Zeit – in welchem Sinn sind diese Schriften jüdisch?

Die Patriarchen zeigen typisch menschliche Charakteristika und Verhaltensmuster. Zugleich sprechen die Geschichten über sie und ihre Abenteuer aber auch das spezifisch Jüdische in uns an. Vielleicht ist diese Wirkung eigentlich nur das Resultat eines Zirkelschlusses auf unserer Seite – die biblischen Erzählungen prägten die jüdische Auslegung, die wiederum das jüdische Bewußtsein formte, das nun unser Verständnis der verschiedenen Charaktere bestimmt. Oder wir könnten, auf die Archetypen von C. G. Jung zurückgreifend, die These aufstellen, daß unserer Existenz als Volk tatsächlich bestimmte Charakteristika im Denken und Verhalten aufgeprägt sind, die sich in den biblischen Gestalten widerspiegeln und noch heute in uns fortwirken, und sei es nur in unseren Träumen oder in dem, was wir auf der Couch des Psychoanalytikers von uns geben. Wahrscheinlich werden wir uns in dieser Frage für die Theorie entscheiden, die uns am kongenialsten erscheint. Die Patriarchen mögen in der Tat bestimmte charakteristische jüdische Wesenszüge verkörpern, die in unterschiedlichen Varianten in jeder Generation wieder auftauchen. Sie können aber auch gleichermaßen als eine Art Projektionsfläche fungieren, auf die wir unsere gegenwärtige *menschliche* Erfahrung projizieren, gefärbt durch die jeweiligen Umstände unseres persönlichen jüdischen Lebens. Im letzteren Fall wären die biblischen Gestalten freilich nicht mehr und nicht weniger jüdisch, als sie christlich wären oder in den Glauben oder Unglauben jedes beliebigen ernsthaft interessierten Lesers hineinpassen würden. Das Jüdischsein der Patriarchen ist also letztlich genauso schwer zu definieren wie unser Jüdischsein heute! Wir wollen im folgenden einige biblische Gestalten im Hinblick auf diese Problematik genauer betrachten.

Der Patriarch Abraham, der im Alter von siebzig Jahren auszog, eine neue Religion zu gründen, paßt gut in das traditionelle jüdische Wertesystem, das die Weisheit und Erfahrung der Alten hochhält – auch wenn solche Werte in der Jugendkultur, in der wir heute leben, längst ausgehöhlt wurden. Abrahams häusliche Schwierigkeiten wirken – wie auch die der anderen Patriarchen – vertraut, allerdings eher als allgemein menschliche Realitäten denn als spezifisch jüdische Gegebenheiten. Was aber sollen wir zur *Akeda* sagen, der Bindung Isaaks, jenem Vorfall, bei dem Abraham seinen Sohn beinahe seinem Gott opfert? Man kann sich so etwas allenfalls von einem viktorianischen Abraham vorstellen, im zeitgenössischen gesellschaftlichen Kontext dagegen wirkt ein derartiger

Gedanke nur schockierend. Auch auf jüdischer Seite wird das Verhalten des Erzvaters keinesfalls gutgeheißen, geschweige denn nachgeahmt! Wie wir sehen werden, taten sich selbst die Rabbinen schwer damit, irgendwelche Erklärungsansätze für sein, gelinde gesagt, ungewöhnliches Betragen zu unterbreiten.

Im Rahmen der biblischen Vätererzählungen erscheint Isaak in der Reihe der Patriarchen als der farbloseste. Er wirkt wie der introvertierte oder unterdrückte Sohn eines berühmten Vaters, in den Schatten gestellt von dessen machtvoller Persönlichkeit, überfordert von den an ihn gerichteten väterlichen Erwartungen, möglicherweise ein Leben lang unter dem Trauma der *Akeda* leidend. Trotzdem bleibt er auf dem vorgezeichneten Weg und setzt das Werk Abrahams auf die ihm eigene hartnäckige, ein wenig schwerfällige Weise fort, indem er in einem ganz wörtlichen Sinne die Brunnen, die sein Vater einst im Land der Verheißung ausgehoben hat, wieder ausgräbt und verteidigt und auf diese Weise die Kontinuität der Verheißung bewahrt.

In Jakob begegnet uns dann ein weit gängigeres jüdisches Stereotyp, in positiver wie in negativer Hinsicht – die vielschichtige Persönlichkeit, die Ereignisse und Menschen manipuliert und dennoch irgendwann an den Punkt gelangt, an dem es gilt, sich selbst zu überwinden und die gestellte religiöse Aufgabe anzunehmen. Darin entspricht Jakob zugleich ganz dem Bild des cleveren ›Schlitzohrs‹, das sich auch in vielen anderen Kulturen findet.

Auch Josef paßt in ein im Judentum immer wiederkehrendes Klischee: das verwöhnte, begabte Kind, das Opfer der Eifersucht seiner Brüder wird. Und doch ist auch dieses Motiv im Grunde universaler Natur. In seinem Aufstieg zur Macht in der Fremde allerdings, wo er es bis zum Wesir des Pharao bringt, erscheint er als der Prototyp aller jüdischen Ratgeber und Berater von Monarchen und Potentaten, die in der jüdischen Geschichte so zahlreich zu finden sind, insbesondere all jener, die sich zugleich für das Wohl der jüdischen Gemeinschaft verantwortlich fühlten. Doch wieder bleibt die Frage, inwiefern dies tatsächlich ein spezifisch jüdischer Typus ist bzw. es sich um charakteristisch jüdische Verhaltensweisen handelt.

Und auf diese Weise kann man alle biblischen Helden durchdeklinieren, nur um festzustellen, daß ihre Menschlichkeit vielleicht zugleich eine jüdische Menschlichkeit sein mag, sie es jedoch niemals ausschließlich ist. Warum sollte es den Juden also gestattet sein, diese Personen stärker zu vereinnahmen als andere Menschen, die in der Bibel ebenfalls Inspiration und Antworten auf ihre religiösen Fragen suchen?

Wie steht es dagegen mit den biblischen Ereignissen? Hier scheinen wir uns auf etwas sichererem Boden zu bewegen, denn die wichtigsten Aspekte des jüdischen Mythos, unseres jüdischen Selbstverständnisses, sind mit bestimmten Schlüsselereignissen der biblischen Geschichte verknüpft. Beim Passamahl jedes Jahr, vielleicht dem einzigen Fest im jüdischen Kalender, das auch heute noch von der Mehrheit der jüdischen Gesellschaft begangen wird, ist jeder von uns aufgefordert, sich vorzustellen, er selbst sei aus Ägypten entronnen und habe den Weg aus der Sklaverei in die Freiheit persönlich miterlebt. In ähnlicher Weise versetzt die rabbinische Exegese uns alle unter die Menge, die da am Sinai steht und Zeuge der göttlichen Offenbarung wird. Wir alle sind durch die Wüste einem verheißenen Land entgegengezogen, das sich uns immer wieder zu entziehen schien, und haben auf dem Weg in zerbrechlichen Behausungen Schutz gesucht. Und wie Tischa be-Aw, das Fasten am neunten Tag des Monats Aw zum Gedenken an die Zerstörung der beiden Tempel, uns in Erinnerung ruft, haben auch wir in jenem Lande gewohnt, mußten miterleben, wie es uns entrissen wurde, und haben den herben Schmerz der Verbannung gekostet.

All diese archetypischen Ereignisse jüdischen Selbstverständnisses, die unser liturgisches Jahr und unsere Kindheitserinnerungen prägen, formen auch unsere Identität und unseren Charakter mit. Wenngleich jedes einzelne dieser Elemente für sich genommen keine einzigartig jüdische Erfahrung darstellt, so spiegeln sie zusammengenommen doch etwas, das uns allein gehört, und schaffen damit etwas uns Spezifisches. Allerdings nur unter der Voraussetzung, daß Juden immer noch irgendwie innerhalb dieser Parameter traditioneller jüdischer Erfahrung leben und handeln.

Das Bedürfnis nach Geschichten

Nachdem wir die These aufgestellt haben, daß die Juden die Bibel durch den Filter einer zweitausendjährigen Geschichte rabbinischer Tradition und Interpretation wahrnehmen, sollten wir nun vielleicht genauer untersuchen, wie sich dieser Filter auf das jüdische Selbstverständnis und die jüdische Identität ausgewirkt hat. Anhand der zahlreichen rabbinischen Midraschim um die Gestalten der Patriarchen und anderer biblischer Helden läßt sich der Prozeß besonders gut veranschaulichen. So haben die Rabbinen die betreffenden Personen oft nach ihrem eigenen Bild neu geschaffen – nicht selten, um ihre eigene Autorität und Glaubwürdigkeit durch die Berufung auf eine ehrwürdige Ahnenreihe zu festigen. Krieger mit dem Schwert in der Faust wie König David und sein General Joab avancierten auf diese Weise zu wahren Glaubenshelden und Weisen!

David wird bei seinem ersten Auftreten als *admoni im j'fej ejnaim*, »rötlich mit schönen Augen« beschrieben (1 Sam 16, 12). Nach der Darstellung des Midrasch war der Prophet Samuel besorgt, daß David ausgerechnet ›rotblond‹ war. Er dachte: »Sicher wird dieser Blut vergießen wie Esau, der auch ›rotblond‹ genannt wurde« (Gen 25, 25). Doch Gott beschwichtigte ihn: »Aber ›er hat schöne Augen‹. Esau tötete aus reiner Willkür, während dieser gerecht wandeln wird und nur mit Zustimmung des Sanhedrin, des rabbinischen Gerichtshofes, der das Auge Israels ist, töten wird« (Midrasch Schmuel 19,6; Genesis Rabba 66, 8).

Laut Midrasch Pesikta Rabbati 11, 3 war General Joab ein wahrhaft Weiser, das Oberhaupt des Sanhedrin, des Obersten Gerichtshofes, ein Kenner der Tora und nur zufällig auch ein Kriegsheld. Ja, der Talmud geht im Traktat Sanhedrin 49a wahrhaftig so weit zu behaupten, Joab sei von so verfeinerter gelehrter Geistesart gewesen, daß »ohne (das Verdienst) Davids Joab keinen Krieg (mit Erfolg) geführt haben würde, und daß ohne Joab David sich nicht mit der Gesetzeslehre befaßt haben würde«.

Für die Rabbinen wurde David nicht nur zum Toragelehrten, er wurde auch zum Spiritus rector für andere, sich dem Torastudium zu widmen. In Pesikta Rabbati (17, 3) lesen wir zu Ps 119, 62:

»Um Mitternacht stehe ich auf, um dich zu preisen wegen deiner gerechten Entscheide, deiner Barmherzigkeit.« – »Was tat David? Er nahm einen Psalter und eine Harfe, legte sie zu Häupten seines Lagers und erhob sich um Mitternacht, um darauf zu spielen. Darauf pflegten die Lerneifrigen, wenn sie hörten, wie David spielte, zu sagen: ›Wenn David, der König von Israel, um Mitternacht die Tora studieren kann, dann sollten wir umso mehr dazu imstande sein!‹ Und so las ganz Israel die Tora.«

Die Rabbinen waren Lehrer und Prediger, die sich zu den jeweiligen Bedürfnissen und Nöten ihrer Zeitgenossen äußerten und die biblischen Geschichten als Richtschnur für die Deutung von Ereignissen und zur Ableitung von Verhaltensmaßregeln heranzogen. In schweren Zeiten, unter der römischen Verfolgung, benutzten sie sogar eine Art biblischen Code, um gefahrlos über die Römer sprechen zu können, ohne sich dadurch in Schwierigkeiten zu bringen. So wurde Esau, in der Bibel auch unter dem Namen Edom bekannt, zum Symbol für Rom. Auf diese Weise konnten alle Geschichten über die Auseinandersetzung zwischen Jakob und Esau auf gegenwärtige Ereignisse bezogen werden – was erklären würde, warum die Rabbinen sich so viel Mühe machten, Esau zu diffamieren und Jakob zu rechtfertigen. Sie bedienten sich dabei eines Prinzips, das sowohl als exegetisches Werkzeug für die Bewertung mancher Geschichten in Genesis und Exodus als auch als homiletische Regel taugt: »*Ma'asej awot siman l'wanim*, die Taten der Väter (der Patriarchen) sind Zeichen für die Kinder« (Sota 34a).[8] Das heißt, die Abenteuer und Wanderungen der Patriarchen werden von ihren Nachfahren noch einmal durchlebt. Das ist in der Tat eine interessante Beobachtung, wenn wir uns mit den Erzählungen über die Erzväter beschäftigen, besonders mit den Passagen, die von der Verbannung aus der Heimat und ihren Aufenthalten in Ägypten handeln, und diese Passagen dann mit den Exodus-

---

8.   Dieses exegetische Prinzip wurde insbesondere von Nachmanides in seinem Kommentar zum Pentateuch entwickelt. So wendet er es zum Beispiel auf Genesis 12, 6 an und erklärt es zum grundlegenden Verständnisprinzip für die Geschichten der Erzväter.

Erzählungen vergleichen. Doch die Rabbinen können dasselbe Prinzip auch dazu benutzen, dem jüdischen Volk in seiner jeweiligen Situation konkrete Verhaltensmuster auf den Weg zu geben. Als Jakob zum Beispiel nach seinem langen Exil vor der ersten Begegnung mit Esau stand und noch unruhig war, wie sein Bruder reagieren würde, schickte er ihm zunächst eine Reihe von Geschenken als eine Art Bestechung. Die Rabbinen, die sich mit Jakobs Verhalten auseinandersetzten, kristallisierten aus dieser Passage drei Strategien heraus, die ihrer Ansicht nach anzuwenden waren, wenn das jüdische Volk mit einer ähnlichen Bedrohung durch einen möglichen Aggressor konfrontiert war: Versuche zunächst, das Gegenüber mit einem Geschenk zu besänftigen; dann bete zu Gott um sein rettendes Eingreifen; doch falls alles andere nichts helfen sollte, rüste dich zum Kampf.

Abraham wiederum wurde in rabbinischen Augen zum Ideal der Gastlichkeit und freundlichen Gesinnung: Sein Zelt war in alle vier Himmelsrichtungen offen, und er pflegte hinauszugehen und Reisende zu sich einzuladen. Nachdem er ihnen zu essen gegeben hatte, wies er sie, wenn sie ihm danken wollten, darauf hin, daß sie nicht ihm, sondern dem Gott danken sollten, der für die Speisen gesorgt hatte. Auf diese Weise brachte er sie dazu, Israels Gott anzunehmen. Während Abraham so die Männer bekehrte, bekehrte Sara die Frauen. Hier zeigt sich offensichtlich eine missionarische Tendenz im rabbinischen Judentum, die später unterdrückt wurde.

Ich habe zuvor auf die Probleme hingewiesen, die die Rabbinen mit der *Akeda* hatten, der Geschichte von der Bindung Isaaks. Es gibt zahlreiche Midraschim, die sich mit der Frage auseinandersetzen, wie Abraham auf Gottes Forderung eingehen konnte, und den inneren Kampf nachzuvollziehen versuchen, den er während der dreitägigen Reise zur Stätte der Opferung durchmachte. Dabei springt ins Auge, daß die Rabbinen in diesem speziellen Fall die obige Formel *nicht* geltend machten. An keiner Stelle wird dieses Ereignis in Abrahams Leben zum Modell für späteres Verhalten. Es heißt vielmehr, daß das jüdische Volk auf Grund des Verdienstes, den Abraham durch seinen Glaubensakt erworben hat, weiterexistiert, so daß für uns nicht mehr die Notwendigkeit besteht, etwas Vergleichbares zu wiederholen. In gewisser Weise domestizierten die Rabbinen Abraham, indem sie ihn nach ihren eigenen Vorstellungen und ihrem eigenen Wertesystem umgestalteten.

Doch gerade hier gäbe es an sich Berührungspunkte mit uns Menschen von heute, denn die Geschichten der Erzväter in ihrer biblischen wie in ihrer rabbinischen Form können durchaus immer noch als Verhaltensmodelle oder als sinnträchtige Bezugspunkte für das Nachdenken über unsere eigene Situation – auf der persönlichen und der nationalen Ebene – dienen. Die Art, wie die Geschichte erzählt wird, reflektiert wie ein Spiegel unsere eigene Realität und bietet Möglichkeiten ihrer Bewältigung. Leider krankt unsere Gesellschaft insgesamt heute daran, daß wir das Erzählen solcher Geschichten gern ins Kinderzimmer verbannen, und wir Juden haben viel von der Unmittelbarkeit eingebüßt, mit der wir früher mit dem Reichtum rabbinischer Lehren und Legenden umgingen.

Dabei ist das Bedürfnis nach einer solchen Bereicherung unserer Vorstellungswelt nach wie vor vorhanden, nur stillen wir es heute auf säkulare Weise. Anstelle von Abraham und Sara, Isaak und Rebekka wandeln die wahren Helden und Heldinnen unserer Zeit, unsere Rollenvorbilder, nicht mehr durch die Straßen von Jerusalem oder Beersheba, sondern wohnen auf Ranches in Dallas oder in australischen Vorstädten. Die Seifenopern, die mit einer Aufmerksamkeit, Hingabe und Anteilnahme verfolgt werden, wie sie keine religiöse Geschichte zu erregen vermag, liefern die Bilder und Werte, die im Grunde unser Realitätsbewußtsein formen. Die wie auch immer geartete Bedürfnisbefriedigung, die diese Machwerke leisten, fanden die Menschen früher zum Teil in den Legenden der großen religiösen Traditionen. Damals machten die Vertrautheit dieser Geschichten, ihre Vorhersagbarkeit und Folgerichtigkeit und die sicheren Werte, die sie versinnbildlichten, sie zu einem integrierenden Bestandteil unseres religiösen, kulturellen und sozialen Lebens in einem ganz umfassenden Sinn. In einer traditionellen Gesellschaft hatten die biblischen Helden und ihre Geschichten ihren festen Platz im Familienkreis und waren zugleich Gegenstand gelehrter Interpretation und Re-Interpretation, weil sie die Bedürfnisse und Forderungen der äußeren Welt zur Sprache brachten.

In unserer heutigen, sehr viel komplexeren Gesellschaft dürfte zwar wohl noch dasselbe Bedürfnis nach Bestätigung und Orientierung vorhanden sein, nur ziehen wir die Illusion der Veränderung und des Überraschenden in unserer wöchentliche Serienfolge vor, auch wenn die zugrundeliegenden Handlungen und die Charaktere letztlich immer dieselben sind. Dabei spielt es kaum eine Rolle, ob die eine Form des Geschichtenerzählens und Sich-Selbst-Spiegelns tiefgründiger ist als die andere. Wir erleben heute einen neuen Universalismus, in dessen Folge ein und dieselbe Fernsehserie auf lange Sicht denselben Einfluß auf einstmals unterschiedliche Kulturen und Zivilisationen hat. Unbewußt eifern die Menschen auf der ganzen Welt denselben Werten nach und passen sich ihnen an. Neben einer solchen geballten Ladung an Überzeugungsarbeit verlieren die alten Erzählungen ihren Glanz und ihre Bedeutsamkeit. Und wenn sie dann einmal auf den Bildschirm zugeschnitten werden, verwandeln die Anforderungen des Mediums sie in die gleichen banalen Gemeinplätze, wie man sie sonst zu sehen bekommt, denn die Wirkung der traditionellen Geschichten hängt genauso stark mit unserer Bereitschaft zusammen, uns auf sie und auf das, was sie in uns auslösen, einzulassen, wie mit ihrer Handlung. Einst half das Hören dieser Geschichten den Menschen, ein Gefühl dafür zu entwickeln, was es heißt, in der Welt zu sein, und konfrontierte sie mit der Forderung, an dieser Erfahrung teilzuhaben. Diese Geschichten waren für Erwachsene gedacht, die durch sie noch erwachsener werden sollten, und nicht nur für Kinder. Die Seifenopern dagegen machen passiv. Sie versetzen den Zuschauer in die Position eines Kindes, indem sie für ihn das Agieren übernehmen und alles in denselben Einheitsbrei verwandeln. Weil wir unsere traditionellen Geschichten heute nur noch als Kinder erzählt bekommen, bleiben wir auch in religiöser Hinsicht Kinder und setzen uns nie mit unserem erwachsenen Intellekt mit ihnen auseinander. So gesehen waren wir bei unserer Suche nach einer Gestalt für unsere jüdische oder auch jede andere Identität vielleicht noch nie weiter von der Bibel entfernt.

Bis hierher bin ich im Rahmen der jüdisch-exegetischen Tradition geblieben. Im Hinblick auf unser weiter gestecktes Ziel, die Grenzen zeitgenössischer jüdischer Exegese auszuloten, mag es jedoch sinnvoll sein, noch ein beträchtliches Stück darüber hinauszugehen. Gerade weil die Grenzen jüdischer Identität und das Wesen jüdischer Erfahrung heutzutage so verwischt sind, ist es wichtig, auch in die Randbereiche vorzudringen und festzustellen, wie weit man die ›Exegese‹ treiben darf, daß sie trotzdem noch erkennbar jüdisch und irgendwie wahr in bezug auf die Hebräische Bibel bleibt. Im folgenden sollen daher einige eher zufällig ausgewählte Beispiele solcher Grenzgänge vorgestellt werden.

Die Bibel scheint die Juden noch immer auf unerwartete Weise zu berühren, selbst da, wo ihr Judentum allenfalls marginal ist und sie sich säkularen humanistischen Werten verpflichtet fühlen. So kam Sigmund Freud in seinem letzten Buch, *Der Mann Moses und die monotheistische Religion*, das er verfaßte, als er über achtzig war, auf das Thema Religion zurück.[9] Er kehrte darin die biblische Geschichte um und stellte Mose als einen Ägypter dar, der die Hebräer den Monotheismus lehrte. Diese lehnten sich gegen ihn auf und brachten ihn schließlich um. Der Vorgang wurde im biblischen Bericht vertuscht, wurde aber nichtsdestoweniger zum Auslöser eines unauslöschlichen Schuldgefühls beim jüdischen Volk. Einer der Freud-Biographen[10] vertrat die Auffassung, daß Freud hier seine eigene Ambiguität im Hinblick auf sein Verhältnis zum Judentum thematisierte – daß auch er sich eigentlich als ägyptischer Prinz fühlte, der irrtümlich in ei-

9. Sigmund Freud, *Der Mann Moses und die monotheistische Religion. Schriften über die Religion*. Fischer Taschenbuch Verlag, Frankfurt am Main 1975.
10. Marthe Robert, *From Oedipus to Moses*, Anchor Books, Doubleday, Garden City, New York 1976. [dt.: Marthe Robert, *Sigmund Freud – zwischen Moses und Ödipus: Die jüdischen Wurzeln der Psychoanalyse*. List, München 1975.]

ner jüdischen Familie aufgewachsen war. Doch wie immer man zu Freuds eigenwilliger Auslegung stehen mag, eines ist klar: Die Gestalt Moses machte offensichtlich großen Eindruck auf ihn, und im Grunde versuchte er auf seine Weise nichts anderes, als einen zeitgenössischen Midrasch zur biblischen Erzählung zu entwerfen. (Wir sollten außerdem nicht vergessen, daß im Gefolge Freuds immer wieder psychoanalytische und psychotherapeutische Erkenntnisse für die Exegese fruchtbar gemacht wurden.)[11]

In den letzten Jahren hat die Zahl der Romane und Schauspiele über die Gestalt König Davids frappant zugenommen. Der südafrikanische Schriftsteller Dan Jacobson verfaßte eine Kurzgeschichte mit dem Titel *The Rape of Tamar*,[12] die eine zynische Abrechnung mit Davids katastrophalen Familienverhältnissen darstellt. In dieselbe Kerbe hieb der deutsch-jüdische Schriftsteller Stefan Heym, der mit seinem Roman Der König-David-Bericht[13] einen vernichtenden Angriff auf die Art und Weise startete, wie die Geschichte unter den kommunistischen Regimes in Osteuropa ständig umgeschrieben wurde: Um sein Königreich zu konsolidieren, befiehlt Salomo einem Schreiber, einen offiziellen Bericht über den Aufstieg König Davids und die Einset-

11. Angesichts der großen Zahl von Juden, die sich mit den verschiedenen Formen der Psychoanalyse und Psychotherapie befaßt haben, haben sich überraschend wenige mit biblischen Themen auseinandergesetzt. Eine der engagiertesten und konsequentesten Studien dieser Art ist Erich Fromms Werk *Ihr werdet sein wie Gott: Eine radikale Interpretation des Alten Testaments und seiner Tradition*. Rowohlt, Reinbek bei Hamburg 1983. Aus der jungianischen Tradition kommend, aber am hebräischen Text orientiert, sind zwei Studien von Rivkah Schärf Kluger: *Satan in the Old Testament*, Northwestern University Press, Evanston 1967 und *Psyche and Bible*, Spring Publications, Zürich 1974. Neuere Ansätze, in denen psychotherapeutische Erkenntnisse auf biblisches Material angewandt werden, sind in der Ausgabe der Zeitschrift *European Judaism* (Bd. 22, Nr. 2, Winter 89/Frühjahr 90, Ausgabe 43), die dem Thema *The Therapist and the Bible* gewidmet ist, zu finden.
12. Dan Jacobson, *The Rape of Tamar*, Penguin Books 1970.
13. Stefan Heym, *Der König-David-Bericht*. Kindler, München 1972.

zung Salomos zu seinem Nachfolger abzufassen. Unglücklicherweise weiß der Schreiber zuviel von dem, was wirklich vorfiel, außerdem verfügte er über gute Kontakte zu Davids Exfrauen. So schmuggelt er in die dick aufgetragene Lobeshymne auf den großen König eine Reihe von Zwischenfällen und Informationen, die deutlich darauf hinweisen, auf welch tönernen Füßen dieses Idol letztlich steht. Obwohl die wissenschaftlichen Erkenntnisse, auf denen Heyms Buch basiert, mittlerweile etwas überholt sind, ist es doch insofern brillant, als der Autor den biblischen Text wirklich zu lesen versteht und die verschiedenen Bilder des Königs, die sich darin spiegeln, hervorragend herausgearbeitet hat. Außerdem ist er ein zu guter Schriftsteller, um die Polemik über die Kunst triumphieren zu lassen. Hier haben wir es zugleich mit dem klassischen Beispiel eines biblischen Textes zu tun, der noch in einer späteren Generation einen subversiven Zweck erfüllt.[14]

Eine Bearbeitung ganz anderer Art erfuhr in diesem Jahrhundert das Buch Jeremia. Der Prophet betrachtete den Aufstieg des babylonischen Reiches als einen Gottesakt und prophezeite den Einwohnern Judas und Jerusalems die Vernichtung, falls sie sich nicht von ihrer Gewalttätigkeit und Sünde abkehrten. Er wurde für diese Anschauung verfolgt, eingekerkert und mit dem Tode bedroht. Nach der tatsächlich erfolgten Zerstörung Jerusalems avancierte er dann zum großen Tröster seines Volkes. Der Dichter Stefan Zweig machte ihn zur Hauptfigur seines Versdramas *Jeremias*.[15] Während des Ersten Weltkrieges entstanden, wurde das Drama noch vor Kriegsende in Zürich aufgeführt und steht als beispielhaftes pazifistisches Bekenntnis da. In seiner Autobiographie schreibt Zweig über das Stück:

»Es ging mir keineswegs darum, ein ›pazifistisches‹ Stück zu schreiben, die Binsenweisheit in Wort und Verse zu setzen, daß Frieden besser sei als Krieg,

14. All denen, die einen altmodischeren Roman über David vorziehen, empfehle ich wärmstens Charles E. Israels *Rizpah*, Macmillan 1961.
15. Stefan Zweig, *Tersites. Jeremias. Zwei Dramen*. Fischer, Frankfurt am Main 1982.

sondern darzustellen, daß derjenige, der als der Schwache, der Ängstliche in der Zeit der Begeisterung verachtet wird, in der Stunde der Niederlage sich meist als der einzige erweist, der sie nicht nur erträgt, sondern sie bemeistert.«[16]

Auf ganz andere Weise schrieb der Dichter Franz Werfel über den Propheten. Er sah in ihm den ekstatischen Visionär, der sich der Menge entgegenstellte. Sein Jeremia-Roman *Höret die Stimme*[17] beginnt und endet mit den Erlebnissen eines Juden aus der Diaspora während eines Palästinabesuchs und läßt das Thema einer künftigen Wiederherstellung anklingen.

Die vielleicht eindrucksvollsten Bearbeitungen biblischer Materialien finden sich bei Franz Kafka. In knappen Parabeln lotete er Themen wie den Turmbau zu Babel, die Persönlichkeit Abrahams und – wohl am bedeutendsten – die Tora, die bei ihm unter der Bezeichnung »das Gesetz« firmiert, aus.

In seinem Roman *Der Prozeß*[18] erzählt er ein Gleichnis von einem Mann vom Lande, der dem Gesetz einen Besuch abstatten möchte und vom Torhüter nicht eingelassen wird. Der Wächter warnt den Mann davor, daß, selbst wenn es dem anderen gelingen sollte, an ihm vorbeizukommen, hinter ihm ein zweiter Türhüter stehe, der stärker und grimmiger sei als er, und dahinter wiederum eine Reihe weiterer Türhüter. Der Mann vom Land ist verwirrt; er hatte gedacht, daß das Gesetz jedermann zugänglich sei. Also wartet er jahrelang bei dem Türhüter in der Hoffnung, daß ihm endlich der Zutritt gestattet werden möge. Am Ende, als er alt ist und im Sterben liegt, fragt er den Hüter, warum in all diesen Jahren niemand sonst Einlaß begehrt habe. Der Türhüter beugt sich zu ihm hinunter und erklärt ihm, daß dieses Tor speziell für ihn, den Mann vom Lande, bestimmt gewesen sei und er jetzt im Begriff sei, es endgültig zu schließen.

Man könnte meinen, daß Kafka an einen rabbinischen Midrasch dachte, als er dieses Gleichnis schuf. So erzählt der Midrasch

16. Stefan Zweig, *Die Welt von gestern*. Fischer, Frankfurt am Main 1980, S. 185.
17. Franz Werfel, *Höret die Stimme*, Fischer, Frankfurt am Main 1994.
18. Franz Kafka, *Der Prozeß*, Fischer, Frankfurt am Main 1990.

HaGaddol zu Ex 24, 18, daß Mose, als er auf den Gipfel des Berges Sinai stieg, um die Tora zu empfangen, auf eine Wolke trat und auf ihr wandelte wie auf festem Boden. Da stellte sich ihm ein Engel entgegen und fragte, wo er hingehe. »Die Tora holen«, entgegnete Mose. »Das geht nicht«, sagte der Engel, »denn ich bin hier und ich werde dich nicht vorbeilassen, und wenn du an mir vorbeikommst, steht da ein anderer Engel, der größer und stärker ist als ich, und hinter ihm steht einer, der so stark ist, daß sogar ich Angst vor ihm habe.« Doch statt an diesem Punkt aufzugeben, stößt Mose den Engel einfach beiseite und marschiert weiter. Als er auf den zweiten Engel trifft, der tatsächlich furchterregender ist als der erste, bekommt es Mose doch noch mit der Angst zu tun, aber Gott schreitet ein und befiehlt diesem zweiten Engel, Mose an den anderen vorbeizuführen, damit er die Tora holen kann.

Beide Passagen sind rätselhaft. Mir erschien es allerdings immer so, als ob Kafka zum Teil auch seine eigene Entfremdung von der Tora thematisiert. Die Tradition ist uns so fremd geworden, daß wir nie über die erste Hürde hinauskommen und nur noch hoffnungsvoll beim Türhüter warten, ja ihn sogar, wenn nötig, bestechen, statt einfach weiterzugehen und unseren berechtigten Anspruch auf unser Erbe geltend zu machen. Es mag noch viele andere Arten der Interpretation geben, doch hier bei Kafka haben wir es genau mit jenem Neuerzählen und Neuinterpretieren der Bibel zu tun – in diesem Fall im Gewand rabbinischer Tradition –, das uns herausfordert und uns zwingt, aufs neue und mit den Augen des Erwachsenen die Aussagen zu betrachten, die hinter dem Text stehen.

Diese Aufzählung von nur wenigen Autoren und Werken kommt allenfalls einem Kratzen an der Oberfläche gleich. Freilich wird bei den angeführten Beispielen der biblische Bezug stets eindeutig herausgearbeitet. Daneben existiert eine Fülle biblischer Themen und Motive, wie der Streit zwischen Kain und Abel, der Auszug aus Ägypten, die Leiden Hiobs und zahllose andere, die literarischen Texten als Grundlage dienten und dienen, wenngleich sich die Autoren in unserer vielfach von ihren Wurzeln losgelösten Kultur nur noch teilweise dieses ursprünglichen Einflusses bewußt sein mögen.[19]

Inwiefern aber sind die Interpretationen moderner jüdischer Schriftsteller wie die oben vorgestellten, wenn überhaupt, spezifisch ›jüdisch‹, insbesondere, wenn die Autoren selbst sich keinem erkennbaren ›jüdischen‹ Stil verpflichtet fühlen und sich auch nicht unbedingt als Juden verstehen? Von einer bestimmten Warte aus können diese Texte sicherlich einfach als universalistische Werke gelten, die sich mit entsprechenden Themen auseinandersetzen, zum Beispiel mit dem Pazifismus, mit der Falsifizierung der Geschichte, der Entfremdung des modernen Menschen. In diesem Fall dienen die biblischen Charaktere und Geschichten wie überhaupt der ganze biblische Hintergrund dem Verfasser nur als passender Aufhänger oder literarisches Vehikel. Man könnte aber auch die These aufstellen, daß die klassischen jüdischen Ausdrucksformen sich im zwanzigsten Jahrhundert aufgelöst haben und zerfallen sind, abgesehen von denen, die in formalen religiösen Strukturen verankert sind. Vielleicht ist in dem momentan herrschenden Chaos alles, was Juden sagen, schreiben oder tun, wie sehr sie auch am Rande des Judentums stehen mögen, hilfreich für die Definition eines neuen jüdischen Selbstverständnisses, das sich am Ende herausbilden wird.

Jedesmal, wenn Juden von einer Kultur in eine andere wechselten, vollzog sich über Generationen hinweg ein Prozeß des Wandels, der Assimilation und der Neudefinition. Vielleicht werden diese Schriftsteller, von denen einige sich als jüdisch bezeichnen, Teil einer neuen Synthese zwischen der jüdischen Tradition und der Welt der Gegenwart sein, und ihre Werke werden sich als tastende Erkundungsversuche einer möglichen neuen jüdischen Identität und einer neuen jüdischen Exegese erweisen. Wie immer, wenn wir uns mitten in einem solchen Umbruch befinden, sind wir uns des Verlorenen stärker bewußt als dessen, das

---

19. Einen Überblick über die biblischen Themen, die in der Literatur aufgegriffen wurden, liefert Sol Liptzins Werk *Biblical Themes in World Literature*, Ktav Publishing House, New Jersey 1985.

eventuell auch gewonnen wurde. Doch wir sollten uns daran erinnern, daß es sehr schwierig, wenn nicht unmöglich gewesen
wäre, allein anhand der Hebräischen Bibel vorherzusagen, daß
sich zwei so unterschiedliche Religionen wie das rabbinische
Judentum und das Christentum aus ihr entwickeln könnten, die
sich beide als ihre authentischen Erben betrachten. Es dauerte
Jahrhunderte, bis der Talmud gleichsam zu einer neuen ›Heiligen Schrift‹ wurde, die neben die alte gestellt werden konnte,
und schließlich wurde der Sohar in ähnlicher Weise zur dritten
Heiligen Schrift für die jüdische Mystik. Ein künftiges Judentum wird vielleicht eine weitere Schrift neben den anderen hüten, eine Schrift, in der zumindest Kafka durchaus einen Platz
finden könnte. Vielleicht beugt sich in ein paar tausend Jahren
auf irgendeinem fernen Planeten eine jüdische Gemeinde, die
nur schwerlich als der menschlichen Spezies zugehörig zu identifizieren ist, mit derselben Liebe und Hingabe, wie sie heute
dem Talmud entgegengebracht wird, über Ausgaben von *Der
Prozeß*. Der Science-fiction-Autor Harlan Ellison[20] hat jedenfalls
bereits eine Geschichte über eine Zukunft geschrieben, in der
ein blauhäutiger, vieläugiger, elfarmiger, jiddisch sprechender
Jude auf dem Planeten Theta 996-VI in einer Jeschiwa die Geschichten von Abraham studiert – und die Science-fiction-Schrift-
steller könnten die Propheten von morgen sein!

Neue Bilder des Juden

Mag das oben Gesagte auch etwas spekulativ erscheinen, so
möchte ich doch sogar noch weiter gehen, vielleicht bis an die
Schwelle des Absurden, einfach, um deutlich zu machen, wie
breitgefächert das Problem tatsächlich ist. Wie weit lassen sich
Spuren in der zeitgenössischen westlichen Kultur auf ursprüng-

---

20. Harlan Ellison, ›I'm looking for Kadak‹. In: *Approaching Oblivion*
(New American Library), Nachdruck in: *The Illustrated Harlan Ellison*, Byron Preiss Visual Publications, New York, undatiert.

lich biblische oder jüdische Wurzeln zurückführen? Lassen Sie mich dazu ein kleines, aber faszinierendes Beispiel in Gestalt einer Comicfigur anführen, die die Schöpfung zweier junger amerikanischer Juden war, Joe Shuster und Jerry Siegel.

Wenn der sanftmütige Clark Kent, Reporter beim Daily Planet, seinen Anzug ablegt, wird er zu Superman, dem ersten und vielleicht größten der Superhelden. Was ist nun das biblische oder jüdische Element dieser Person? Es wäre sicherlich keine völlige Fehlinterpretation zu sagen, daß sich in ihr die Phantasien des machtlosen Ghettojuden spiegeln, des Produktes von zweitausend Jahren Exil. Hinter dem scheinbar feigen und defensiven Äußeren verbirgt sich seine wahre Stärke, die jahrhundertelang unterdrückt werden mußte. Man bedenke, daß der erste Superman-Cartoon 1938 erschien, und was die jüdische Welt in dieser Zeit durchlebte! Eine solche herkulesähnliche Gestalt entspricht wohl auch den Projektionen, mit denen die Elterngeneration der ersten Immigranten in Israel die erste Generation von Sabren betrachtete. Doch die duale Identität dieser Figur wurzelt in Motiven, die noch älter sind. Mit einem Clark Kent, der eigentlich Superman ist, wird zugleich das Motiv der beiden Namen Jakob/Israel variiert, die in den biblischen Geschichten wechseln, je nachdem, was ihrem Träger widerfährt. Der Name, den Jakob erhielt, nachdem er im Dunkel der Nacht mit dem geheimnisvollen Wesen rang, bedeutet soviel wie »der mit Gott kämpft«, *jisra-el*. Interessanterweise hieß Supermans ursprünglicher Vater »Jor-el« und das Kind »Kal-el«.

Natürlich haftet dem Bild Superman etwas sehr Mächtiges an, was es in eine gewisse Nähe zu religiösen Metaphern rückt. Superman wird vor der Zerstörung seines Heimatplaneten gerettet, indem er mit einem Raumschiff in den Weltraum geschossen wird – ein Äquivalent zu Moses Schilfkörbchen. Er wächst als adoptiertes Kind auf und verbirgt seine wahre Identität vor der Außenwelt. Erst als die Realität menschlicher Ungerechtigkeit ihn dazu herausfordert, tritt er auf den Plan. Von da an nimmt die Legende ihren eigenen Lauf, bei dem dieser neuzeitliche Mose sich mit seiner ganz persönlichen Version ägyptischer Aufseher herumschlägt.

Um das Bild noch weiter abzurunden: Es wurde bereits von anderer Seite angemerkt, daß zumindest ein Teil des Kostüms von Superman ebenfalls eine übertragene Bedeutung hat. Sein Mantel bläht sich über den Schultern, bevor er nach unten fällt, wie die Flügel eines Schutzengels, der er ja in gewisser Weise auch ist.

Ich will mich hier keineswegs in Spekulationen und irrationale Phantastereien verlieren. Es geht mir lediglich darum, deutlich zu machen, daß unsere jüdische Kultur im Westen so allgegenwärtig geworden ist, daß es heute nahezu unmöglich ist, mit Sicherheit zu sagen, worin sie überhaupt besteht und was am Jüdischsein tatsächlich in der Hebräischen Bibel wurzelt. Wieviel von der heute noch spürbaren Verbindung zur Bibel ist außerdem unmittelbar durch die jüdische Tradition auf uns überkommen, und was empfingen wir aus zweiter Hand zurück, gebrochen durch das Prisma der postchristlichen westlichen Kultur? Wir haben unsere Gedanken so erfolgreich verkauft, daß man kaum noch erkennen kann, was einmal das Unsere war und was noch heute in einzigartiger Weise das Unsere ist – falls überhaupt etwas Derartiges existiert.

Die Juden waren Teil der westlichen Kultur und haben diese Kultur unendlich bereichert, insbesondere in den Jahrhunderten nach der Emanzipation. Ja, sie taten dies in so hohem Maße, daß der jüdische Beitrag schließlich zum Synonym wurde für die bedeutenderen Einflüsse und Bewegungen innerhalb der westlichen Welt. Ein Moslem erzählte mir einmal einen jüdischen Witz, der das Problem auf den Punkt zu bringen scheint. Er handelt von den fünf weisen Juden, die die Welt veränderten. Der erste sagte: »Es ist alles hier oben« (und zeigte dabei auf den Kopf) – das war Mose. Der zweite weise Jude sagte: »Nein, es ist nicht hier oben« (wobei er auf den Kopf zeigte), »es ist hier!« und er zeigte auf das Herz – das war Jesus. Da kam der dritte weise Jude und sagte: »Es ist nicht hier (im Kopf) und es ist auch nicht hier (im Herzen), es ist hier!« (und er zeigte auf den Bauch) – das war Marx. Dann kam der vierte weise Jude und sagte: »Es ist nicht hier (im Kopf) und es ist nicht hier (im Herzen) und es ist auch nicht hier (im Bauch), es ist hier!« (und er zeigte auf den

Genitalbereich) – das war Freud. Schließlich kam der fünfte weise Jude und sagte. »Es ist nicht hier (im Kopf) und es ist nicht hier (im Herzen) und es ist nicht hier (im Bauch) und ganz bestimmt ist es nicht hier (in den Genitalien), es ist alles relativ!« (Einstein). In dem relativen Universum, das wir bewohnen, trifft unser Jüdischsein auf ein breites Kontinuum von Ausdrucksformen und Erscheinungen, von denen nur einige wenige zu einem kleinen Teil von der Bibel inspiriert sind.

Wurzeln für die Zukunft

Wir scheinen mit unserer Frage nach der jüdischen Identität an einem Punkt angelangt zu sein, an dem sich diese Identität allenfalls vage und verschwommen abzeichnet und kaum Verbindungen zur Hebräischen Bibel aufzuweisen scheint. Im ursprünglichen Kontext dieser Erörterungen sah ich mich daher gezwungen, die Ausgangsfrage umzudrehen und zu folgern, daß der einzig legitime Weg, heute über die biblischen Wurzeln jüdischer Identität zu reden, darin bestehen kann, unsere Verantwortung zu erkennen und anzunehmen und diese Wurzeln neu zu schaffen. Ich schloß damals:

»Die Bibel bezeugt, daß unsere ganze Geschichte durchzogen ist von einem starken Gefühl religiöser Berufung. Unser Zusammenleben überdauerte ganz verschiedene Gesellschaftsformen und politischen Gebilde – wir existierten als Stammesverband, als Volk, als Nation, Reich, Staat, als Gemeinschaft von Flüchtlingen. Der konstante Faktor der tausend Jahre dokumentierter biblischer Geschichte bestand darin, daß wir unsere Identität letztlich einzig und allein unserem Glauben an Gott verdankten. Dieser Glaube fand seinen ganz konkreten Ausdruck in dem Bund, der uns gestattete, dem Willen Gottes gehorsam zu sein, ohne uns damit in irgendeiner Weise unseres eigenen, menschlichen Wertes, unserer Autorität und Verantwortlichkeit zu berauben. Insofern die Bibel den Kampf einzelner und des ganzen Volkes schildert, die Implikationen dieser Aussage zu begreifen und für sich lebendig werden zu lassen, bietet sie uns die Möglichkeit, unser eigenes Erleben differenzierter zu betrachten und uns in ihr Ermutigung für unsere persönlichen Bemühungen und Anstrengungen zu holen.

In der Bibel ist Israels Erfahrung von Kampf, Niederlage, Zerstörung, Exil, Rückkehr und Erneuerung eingefangen. Wir finden in ihr Orientierung in Gestalt von Geboten und Lehraussagen. Aber wir stoßen in ihr auch auf die große Debatte, die unsere Propheten und Denker über das Wirken Gottes in der Welt und unser menschliches Verstehen und Mißverstehen dieses Wirkens geführt haben. Auf dem Grund der Schrift begegnen wir einer erstaunlichen Ehrlichkeit und Demut, die unser individuelles und kollektives Ich immer wieder einem Etwas unterordnet, das größer ist als wir und jenseits von uns. Die Bibel beruht auf der Erkenntnis, daß das Eingeständnis der Wahrheit im Hinblick auf eigenes Versagen und die Bereitschaft zur Selbstkritik wesentliche Einstellungen und Verhaltensweisen für den Fortschritt und die Entwicklung unseres Volkes und der Menschheit insgesamt sind. In der Welt von heute, in der so viele der alten religiösen Gewißheiten gefallen sind, stellt die Bibel die Chronik des Versuchs eines Volkes dar, seine Erfahrungen mit Gott in ihrer ganzen Vielfalt und Vielgestaltigkeit zu begreifen. Darüber hinaus fordert uns schon allein ihre Form dazu heraus, in einen Dialog mit ihr einzutreten und durch diesen Dialog an ebendieser Erfahrung teilzuhaben, aus der heraus ihre Texte entstanden.

So verstanden ist die Hebräische Bibel nicht bloß ein Geschichtsbuch, das uns etwas über unsere Ursprünge und Wurzeln als Volk und als Religionsgemeinschaft verrät. Heute wie einst schafft und prägt sie jüdische Existenz, wo immer wir uns ihr öffnen und uns ihrer Herausforderung stellen. Vielleicht können wir in unserer Zeit allein in diesem Sinn mit einiger Gewißheit von den biblischen Wurzeln jüdischer Identität sprechen – es sind unsere Wurzeln, wenn wir darangehen, sie zu einem fundamentalen Bestandteil unserer jüdischen Zukunft zu machen.«

Über die Relativität der Exegese

Ich bin mir wohl bewußt, daß das vorliegende Kapitel dem Leser einiges abverlangt. Wir haben uns vor dem Hintergrund der Hebräischen Bibel mit einem sehr speziellen jüdischen Anliegen auseinandergesetzt. Dabei wechselten wir immer wieder die Perspektive und traten aus der Erörterung heraus, um den Prozeß von einer Metaebene aus zu betrachten. Außerdem haben wir einigen weniger vertrauten Teilnehmern den Zutritt zur Arena biblischer Exegese gestattet, vor allem Schriftstellern und Psychoanalytikern, deren Einsichten oft mehr Aufmerksamkeit verdienten. Jetzt, am

Ende möchte ich zu bedenken geben, daß das, was Yeshayahu Leibowitz und Judith Plaskow für die jüdische Welt konstatierten, für alle religiösen Richtungen gilt, die sich mit der Hebräischen Bibel befassen, und natürlich auch für all jene, die diese Schrift im Dienst eines ganzen Heeres verschiedener akademischer Disziplinen untersuchen. Wir sprechen unsere jeweilige Gemeinschaft bzw. unsere Gemeinschaften mit einem Vorrat gemeinsamer Vorannahmen an und übertragen letztlich die Symbolsprache der Hebräischen Bibel in unsere eigene Symbolsprache.

Mir ging es darum, deutlich zu machen, daß es möglich sein müßte, auf dem Wege eines dialogischen Prozesses bewußter mit dieser Relativität umzugehen, denn eine weitere meiner eigenen Vorannahmen läuft darauf hinaus, daß die Hebräische Bibel von Grund auf darauf angelegt ist, uns zum Dialog mit ihr einzuladen, und wie ließe sich dieser Prozeß besser fördern, als durch ein gemeinsames Arbeiten im gleichen Geist?

Vielleicht übersetze ich damit letztlich nur einige der Grundannahmen über das Studium der Tora, wie sie die Schöpfer des Midrasch formulierten, in einen modernen Kontext. Nicht umsonst behaupteten sie, daß die Tora »siebzig Gesichter« hat (Alphabet des Rabbi Akiba). Und sie erkannten auch, daß ein Text niemals seine schlichte Allgemeinbedeutung verlor, auch wenn man ihn für einen bestimmten Zusammenhang, zum Beispiel in rechtlichen Fragen, heranziehen konnte (Schabbat 63a).[21] Für meinen Lehrer Rav Shmuel Sperber hieß das: »Die Exegese liefert eine Antwort, doch ohne die Frage aufzuheben.« Oder, um mit einer klassischeren rabbinischen Quelle zu schließen: Als die Schulen von Hillel und Schammai über einen bestimmten Punkt uneins waren, verkündete eine Stimme vom Himmel: »*Ejlu w'ejlu diwrei elohim hajjim*«, »(die Worte) der einen als auch die der andern sind Worte des lebendigen Gottes« (Erubin 13b, Gittin 6b).

---

21. Eine neuere Untersuchung zum ›schlichten‹ (peschat) und ›angewandten‹ (derasch) Textsinn findet sich bei David Weiss Halivni, *Peshat and Derash: Plain and Applied Meaning in Rabbinic Exegesis*, Oxford University Press 1991.

Die Bendorf-Predigten

Im folgenden soll der subversive Charakter der Bibel in einem öffentlicheren Kontext unter die Lupe genommen werden. Bei all denen unter Ihnen, die Predigten hassen, möchte ich mich entschuldigen – vielleicht tröstet es Sie etwas, wenn ich Ihnen sage, daß auch ich nicht besonders viel dafür übrig habe, gleichgültig, ob ich selbst sie halte oder den Ansprachen anderer lausche. Es ist äußerst schwierig, eine wirklich gute Predigt zustande zu bringen, wie Ihnen jeder Praktiker versichern wird. Der Rahmen eines Gottesdienstes ruft bei den einen unerfüllbare Erwartungen hervor, bei den anderen düstere Resignation. Ein Kollege von mir erzählt gern selbstironisch, daß der Vorsteher seiner Synagoge während seiner Predigten regelmäßig zu schlafen pflegte. Als der Rabbiner sich einmal ein Herz faßte und nachfragte, erhielt er die Antwort: »Das ist schon in Ordnung, Rabbi, ich vertraue Ihnen.« Die Geschichte hat mittlerweile so oft die Runde gemacht, daß ich kaum noch glauben kann, daß sie wirklich dem passierte, der sie zuerst erzählte. Nicht anders geht es mir mit der folgenden Episode, die mir ein anderer Kollege berichtete und die sich angeblich in seiner Gemeinde zutrug. Vor dem Ende seiner Predigt ging einer aus der Gemeinde hinaus, traf aber in der Tür einen Zuspätkommenden, der noch herein wollte. »Ist Rabbi X schon mit seiner Predigt zu Ende?« fragte der Neuankömmling. »Ja«, kam die Antwort, »aber er spricht noch.«
Unter solchen Vorzeichen bedarf es schon einer gehörigen Portion Mutes, sich überhaupt an eine Predigt zu wagen, geschweige denn, einmal gehaltene Predigten gedruckt herauszugeben. Doch die folgenden Beispiele scheinen mir alle auf die eine oder andere Weise die Themen dieses Buches zu illustrieren. Sie entstanden sämtlich in einem ganz besonderen Kontext und wurden bei Anlässen gehalten, die sehr wichtig in meinem Leben waren. Fast dreißig Jahre lang habe ich nun die jährlich stattfindende Jü-

disch-Christliche Bibelwoche und die Jüdisch-Christlich-Muslimische Studentenkonferenz (JCM) im Hedwig Dransfeld-Haus in Bendorf bei Koblenz geleitet. Mir fiel dabei das Privileg zu, die Predigt am Sabbatmorgen im jüdischen Gottesdienst zu halten. Bei der JCM-Konferenz, die immer im Frühjahr stattfindet, hielt ich mich in der Regel an die Toralesung (die Parascha) der betreffenden Woche und versuchte, sie mit dem Thema der Tagung zu verknüpfen. Die Lesungen in dieser Zeit sind allerdings, wie sich zeigen wird, zum Teil eher spröde. Glücklicherweise bietet die Bibelwoche im Sommer zahlreiche weitere Bibeltexte in Zusammenhang mit dem Thema, das wir in diesem Jahr diskutiert haben, wobei wir uns mittlerweile schon von der Genesis bis zu Ezechiel vorgearbeitet haben.

Für mich war diese Predigt immer eine Gelegenheit zu testen, wie eng ich mit dem, was während der Tagung unter der Oberfläche ablief, in Kontakt gekommen war und wieweit es mir gelang, den Bedürfnissen der Teilnehmer – einschließlich meiner eigenen – etwas Relevantes entgegenzusetzen.

Ich fing zwar meist schon nach den ersten Tagen an, über meine Predigt nachzudenken, ihre endgültige Gestalt nahm sie jedoch gewöhnlich in einem Zeitraum von achtundvierzig Stunden an, damit sie noch rechtzeitig ins Deutsche übersetzt werden konnte. Ich pflegte in dieser Zeit – und das geht mir heute noch so – in einen ›Predigtmodus‹ zu verfallen, in dem mir das Geschehen der Tagung relativ fern rückte. Ohne Zugang zu anderen jüdischen Quellen als Inspiration war ich jedesmal wieder gezwungen, tiefer in den biblischen Text einzudringen und etwas, was zu unserem Kontext paßte, aus ihm heraus- oder in ihn hineinzulesen. Manche Gedankengänge gerieten dabei vielleicht etwas spitzfindiger, ich versuchte jedoch stets, deutlich zu machen, an welchen Stellen ich mir besondere Freiheiten mit dem Text erlaubte. Diese Phantasieübung verhalf mir mehr als einmal zu Eingebungen, die ich später auf wissenschaftlicherem Wege weiterverfolgen konnte.

Zur subversiven Rolle der Hebräischen Bibel gehört es, konventionelle Vorstellungen und Positionen auf den Kopf zu stellen, und unsere Zusammenkünfte im Hedwig-Dransfeld-Haus sind angetreten, dies auf ihre ganz eigene Weise ebenfalls zu tun, nämlich die Dimensionen des jüdisch-christlichen Dialogs durch das gemeinsame Studium der Hebräischen Bibel zu vertiefen bzw. die Mauern aus Furcht, Mißtrauen und Vorurteil abzutragen, die zwischen den drei großen monotheistischen Glaubensrichtungen aufragen.

Predigten sind eine merkwürdige literarische Form. Die klassische rabbinische Predigt beginnt mit einem ins Auge springenden Vers, häufig der Lesung aus den Propheten für den betreffenden Sabbat entnommen, einem Vers, der scheinbar keinerlei Bezug zur Toralesung hat. Daraufhin führt der Prediger die Gemeinde durch eine Reihe von Gedanken und Assoziationen, um schließlich – gewissermaßen triumphierend – mit einem Vers aus der Torapassage für diesen Tag zu enden. Ich habe mich solchen geistigen Fingerübungen nur selten unterzogen, zumal sie eines Publikums bedürfen, das mit der Partitur vertraut ist. In Bendorf kommt noch erschwerend hinzu, daß ich vor allem bei der jüdisch-christlich-muslimischen Tagung keinerlei biblische Vorkenntnisse in meiner Predigt voraussetzen kann. Ich muß deshalb genügend Hintergrund liefern, daß die sich anschließenden Bemerkungen einen Sinn ergeben.

Eine andere wichtige Frage ist für mich beim Predigen, wie es gelingen kann, eine Pointe zu setzen, eine Botschaft mitzuteilen, ohne dabei in einen moralisierenden Ton zu verfallen und die Hörer zu verprellen, wie es also möglich ist, die Gemeinde zu ermahnen, ohne sie zu ermüden. (Ich habe mich mehr oder weniger erfolgreich bemüht, im folgenden die Exemplare auszusondern, bei denen mir genau das passiert ist!) Daß Predigten natürlich auch die Aufmerksamkeit fesseln sollen, braucht nicht eigens erwähnt zu werden. Wie es in einem englischen Predigthandbuch so schön heißt: »If you haven't struck oil in ten minutes, stop boring!«

Ich habe die Predigten chronologisch angeordnet (zunächst die anläßlich von JCM-Konferenzen gehaltenen, dann die Beispiele von den Bendorfer Bibelwochen), statt mich an die Reihenfolge der Textstellen in der Bibel zu halten. Außerdem habe ich der Versuchung widerstanden, über minimale Korrekturen hinaus etwas am Text zu verändern.

7

Reinheit und Unreinheit –
Die biblische Sprache lernen

JCM 4.4.81 Paraschat Tasria-Meżora (Lev 12)

Einer der manchmal irritierenden Aspekte des interreligiösen ›Trialogs‹ zwischen Juden, Christen und Muslimen ist die ständig wechselnde Konstellation von Berührungspunkten und Übereinstimmungen. Als »Erstgeborener« hat das Judentum natürlich Gemeinsamkeiten mit beiden anderen Religionen, obwohl sie sich auseinanderentwickelt haben. Ein gutes Beispiel dafür ist die vorliegende Predigt. Das Judentum hat einen langen Weg zurückgelegt, seit die Vorstellungen von ritueller Reinheit, wie sie sich in der Hebräischen Bibel finden, im jüdischen Denken verankert wurden, doch viele der ursprünglichen Elemente haben sich im rabbinischen Denken und der rabbinischen Praxis gehalten. Für Christen des westlichen Kulturkreises, die gewöhnlich die größte Teilnehmergruppe bei den Bendorf-Tagungen stellen, sind derlei Überlegungen kaum von Bedeutung, für Muslime dagegen spielen sie nach wie vor eine wichtige Rolle. Aus diesem Grund war auch die letztere Gruppe besonders an der folgenden Analyse interessiert.

Die Toralesung für diese Woche gehört zu den am schwersten verständlichen im ganzen Pentateuch und zu den schwierigsten Predigttexten überhaupt. Man ist daher leicht versucht, sich an die Einleitungsworte von Levitikus 12 zu halten, »und der Ewige sprach zu Mose ...«, und flugs eine Predigt über den Begriff der Offenbarung zu halten, statt beim eigentlichen Inhalt des Textes zu bleiben. Wie soll man heutzutage im Rahmen eines Gottesdienstes über ein Thema wie die Reinheit bzw. Unreinheit der Frau nach einer Geburt sprechen, oder über irgendwelche Vorschriften im Zusammenhang mit Krankheit, bei der es sich vielleicht um Lepra handelt, vielleicht aber auch nicht? Wer versucht, sich mit dem Text auseinanderzusetzen und diese eher spröden Aspekte nicht einfach auszuklammern, wird in der Regel beim historischen Kontext ansetzen, vielleicht etwas zur Priesterschrift sagen, um die Sache dann stillschweigend zugunsten eines relevanteren Themas fallenzulassen. Und doch glaube ich, daß wir die Pflicht haben, ein wenig genauer hinzuschauen und die Details im Text, ungeachtet der Probleme, vor die sie uns vielleicht stellen, ernst zu nehmen, und daß wir uns bemühen sollten zu verstehen, was sich unter der Oberfläche verbirgt. Ich leite diese meine Ansicht schlicht und einfach aus der Tatsache ab, daß die Kompilatoren der Tora dem Material so große Bedeutung beimaßen. Ihre akribisch genaue Darstellung, die wiederholte Warnung, daß ein Durchbrechen der hier zusammengetragenen Vorschriften sich als katastrophal für die ganze Gemeinschaft erweisen könnte, ja daß daraus eine Frage auf Leben und Tod werden kann, sollten in uns den Wunsch wecken zu begreifen, worum es eigentlich geht. Wir haben es hier eindeutig mit einer Symbolsprache zu tun, und wenn diese Sprache uns auch heute nicht mehr vollständig zugänglich ist, so können wir doch ein Stück in sie eindringen und vielleicht etwas für uns selbst daraus lernen.

Lassen Sie uns die Einleitungspassage von Levitikus 12 betrachten. Wenn eine Frau gebiert, ist sie für sieben Tage *tame*, »unrein«. Hat sie einem Sohn das Leben geschenkt, so muß sie dem Heiligtum dreiunddreißig Tage fernbleiben und darf nichts berühren, das kultischen Zwecken dient. Bringt sie eine Tochter zur Welt, so verdoppelt sich der Zeitraum von dreiunddreißig Tagen auf sechsundsechzig Tage. Am Ende dieser Zeit bringt sie ein Tier als ›Brandopfer‹ und ein weiteres als ›Sühnopfer‹ zum Priester, der sie Gott darbringt und die Frau dabei für wieder *tahor*, »rein«, erklärt. Damit ist sie entsühnt. Was ist hier gemeint?

Es empfiehlt sich, zunächst gewisse Vorurteile über Bord zu werfen, die der Text und seine Terminologie in uns auslösen mögen. Das Wort *tame*, »unrein«, ist nicht etwa ein pejorativer

Begriff. Mit diesem Wort wird kein moralisches Urteil über die Person gefällt, die *tame* ist. *Tame* heißt nicht »schmutzig«, »schlecht« oder etwas in dieser Richtung, es bedeutet nicht »unrein« in dem Sinn, wie wir den Begriff heute üblicherweise verwenden. Vielmehr dreht es sich hier um einen rein rituellen Terminus, der besagt, daß die betreffende Person nicht in dem Zustand ist, das Heiligtum zu betreten, und zwar auf Grund einer vorübergehenden physischen Unzulänglichkeit oder Abnormität. Dahinter steht ein System, das in einer ganz konkreten Weise in Begriffen der ›Ganzheitlichkeit‹ denkt – Gott hat Männer und Frauen in einem Zustand der Vollkommenheit erschaffen, und in diesem Zustand sollen sie vor Gott treten. Erfolgt ein Ausfluß aus dem Körper, und sei er noch so vorübergehend und normal, so sollte man während dieser Zeit den innersten Teil des Heiligtums nicht betreten.

Dem liegt ein tiefeingewurzeltes Bewußtsein für die Heiligkeit, Andersheit und Macht Gottes zugrunde, die Überzeugung, daß man sich Gott nicht auf zwanglose Weise zu nähern hat. Die Reinheitsvorschriften gelten im übrigen natürlich nicht nur für Frauen. Ein Mann, der einen Samenerguß hat, ist bis zum Ende des Tages ebenfalls *tame*. Der Ausfluß verunreinigt dabei alles, womit er in Kontakt kommt. Wenn zum Beispiel der Same eines Mannes mit Kleidung in Kontakt kommt, kann er andere, die damit in Berührung kommen, für den Rest des Tages *tame* machen, und wenn der Mann Verkehr mit einer Frau hatte, ist sie genausolange *tame* (Lev 15, 16-18). Umgekehrt überträgt eine menstruierende Frau sieben Tage lang, entsprechend der Dauer ihrer Periode, *tum'a* auf alles, was sie berührt, und wenn sie durch ein Versehen in jener Zeit Verkehr mit einem Mann hat, ist auch er für sieben Tage *tame* (Lev 15, 25).

Interessanterweise wird in den Vorschriften zwischen normalen, physiologischen Ausflüssen wie den besprochenen und pathologischen Formen unterschieden, die Männer wie Frauen solange *tame* machen, bis sich ihr Befinden bessert. Für diese krankhaften Ausflüsse gibt es noch strengere Vorschriften, um die Betroffenen daran zu hindern, jemand anderen durch den Kontakt mit

Dingen, die sie berührt haben, zu ›kontaminieren‹. Normale Körperexkremente wie Urin und Kot dagegen verunreinigen die Menschen nicht auf diese Weise. Das legt den Schluß nahe, daß Körperausscheidungen, die mit der Fortpflanzung in Zusammenhang stehen, eine besondere Bedeutung beigemessen wurde.

An dieser Stelle ist noch ein anderes Mißverständnis auszuräumen. Die Frau bringt nach der Geburt ein ›Sühnopfer‹, *chatat*, dar. Das bedeutet jedoch nicht, daß sie gesündigt hat oder daß irgendeine Sünde mit dem Ganzen zu tun hat. Die Frau war vielmehr für einen bestimmten Zeitraum vom Zugang zum Heiligtum ausgeschlossen; nun, da sie es wieder betreten darf, wird ein angemessenes Opfer von ihr verlangt, das ihre Rückkehr und Wiederaufnahme in die normale Gemeinschaft markiert – und genau dies ist die Funktion des *chatat*. Ein solches Opfer ist in all jenen Situationen am Platz, die eine formelle Wiederaufnahme der rituellen Beziehung zu Gott fordern.

Ein Punkt in unserem Text bleibt allerdings rätselhaft und ist nicht leicht zu erklären: die Diskrepanz zwischen dem Zeitraum von dreiunddreißig Tagen nach der Geburt eines Knaben und sechsundsechzig Tagen nach einem Mädchen. Ich glaube nicht, daß sich dahinter eine sexistische Einstellung im Hinblick auf den relativen Wert männlicher oder weiblicher Neugeborener verbirgt – werden doch bei der anschließenden Dankzeremonie genau dieselben Opfer dargebracht. Einen Anhaltspunkt liefern hier vielleicht die Vorschriften über eine menstruierende Frau, die mit einem Mann schläft. Er wird *tame* für sieben Tage, als ob er selbst menstruieren würde. Gelegentlich haben neugeborene Mädchen vaginalen Ausfluß oder Blutungen auf Grund des Entzugs mütterlicher Hormone, so daß dann im Grunde zwei ›Frauen‹ Ausfluß haben. In diesem Fall hat die Mutter die Verunreinigung, *tum'a*, des Kleinkindes, das noch nicht für sich selbst einstehen kann, auf sich zu nehmen, und der Zeitraum ihres Ausschlusses vom Heiligtum verdoppelt sich.

Es ist durchaus legitim, angesichts des eben Erörterten zu fragen, welche Bedeutung es für uns heute hat. Warum soll man sich die Mühe machen und so viel Zeit auf ein System verwenden, das uns dermaßen fern ist? Die unmittelbare Relevanz all dieser Vorschriften erlosch im Judentum mit der Zerstörung des Tempels, was zu der faszinierenden Überlegung führte, daß wir, seit wir nicht mehr die Möglichkeit haben, *tum'a* abzustreifen, in gewissem Sinne alle rituell unrein sind, das Problem der Reinheit bzw. Unreinheit im Grunde also gar nicht mehr existiert.

Lassen Sie mich auf zwei Aspekte hinweisen, an denen dieses Problem, wie ich meine, dennoch für uns bedeutsam wird. Zunächst einmal trifft der Text auf ein interessantes Phänomen, das in Zusammenhang mit der wachsenden Frauenbewegung überall in der Welt steht. Ich habe von jüdischen Frauen verfaßte Liturgien kennengelernt, in denen diese Frauen versuchen, einen religiösen Ausdruck für die wichtigsten Ereignisse in ihrem Lebenszyklus zu finden. Dazu gehört auch der Versuch, Gebete und Rituale im Zusammenhang mit dem Einsetzen der Menstruation zu entwickeln. Häufig wird so getan, als wären solche Gebete eine neue Erfindung. Aus dem oben Gesagten wird jedoch klar, daß das Bewußtsein für die religiöse Bedeutung solcher Ereignisse tief in die frühesten Schichten unserer biblischen Tradition zurückreicht und es vielleicht hilfreich sein könnte, sich intensiver mit diesem Material auseinanderzusetzen. Darüber hinaus aber erinnern uns diese Texte daran, wie wichtig es ist, *alle* Aspekte unseres Lebens, die ganz körperlichen genauso wie die ganz geistigen, mit Gott und mit dem Leben der ganzen Gemeinschaft in Beziehung zu setzen. Wenn wir hier über Menstruation und Samenergüsse sprechen, müßte es auch möglich sein, derartige Überlegungen auf den gesamten Bereich unserer Sexualität auszudehnen, und zwar in einer Begrifflichkeit, die genauso objektiv und nicht-moralisierend ist wie die hier verwendete Sprache. Im Grunde erinnern uns gerade solche befremdlichen Passagen daran, daß wir verpflichtet sind, unserer Tradition unsere volle Aufmerksamkeit und die ganze Kraft und Schärfe unseres Intellekts und unserer Intuition zu widmen und diese Tradition, soweit wir können, in ihrem eigenen Sinne ernst zu nehmen, statt sie einfach abzutun, weil sie uns auf den ersten Blick abwegig und obskur erscheint. Vielleicht lernen wir dann, wie wir die

Beobachtungen und Erkenntnisse dieser Tradition für unser eigenes Leben fruchtbar machen können. Schon allein die präzise Sachlichkeit, mit der das Material aufbereitet ist, sollte uns ein Vorbild sein. Einer meiner Lehrer, Leslie Shepard, hat einmal deutlich gemacht, wie in diesen Gesetzen alles bis in kleinste Detail bedacht ist. Heute hat die Religion diese Präzision verloren. Die Qualität der Exaktheit ist abgewandert in Bereiche wie die Naturwissenschaften. Wenn wir eine religiöse Wahrheit mit derselben Genauigkeit messen könnten, mit der Ingenieure Mikrodimensionen von Zeit und Raum messen! Der Vergleich mutet zunächst fremd an, doch die Herausforderung, die darin mitschwingt, ist es wert, bedacht zu werden.

Worin liegt nun also die Bedeutung dieser Passage für uns heute, hier, bei dieser Tagung? Fragen der Reinheit und Unreinheit, *tum'a* oder *tahara*, waren nicht auf den rein persönlichen Bereich beschränkt, sondern diese Dinge betrafen die Gemeinschaft als Ganze, denn wenn jemand das Heiligtum in unangemessenem Zustand betrat, konnte das schreckliche Folgen für die ganze Gemeinschaft haben. Wie die Schlußverse des Abschnitts erläutern, war das Heiligtum der Ort in der Mitte des Lagers und in der Mitte der Gemeinschaft, dort, wo Gottes Gegenwart wohnte. Wenn wir dieses Heiligtum betreten möchten und unsere religiöse Verpflichtung ernst nehmen wollen, hat das, was wir tun, Folgen, und zwar für alle religiösen Gemeinschaften.

Als Juden wissen wir, daß wir eine gegenseitige Verantwortung füreinander haben. Wenn ein Jude etwas richtig oder gut macht, mögen es nicht viele Leute merken. Doch wenn ein Jude etwas Falsches tut, betreffen die Folgen uns alle und können uns allen Schaden zufügen. Ich bin sicher, daß es unter Christen und Muslimen ein ganz ähnliches Bewußtsein gibt. Was die vorliegende Passage uns aber auch lehrt, ist, daß wir über unsere Treue zu unserer eigenen Gemeinschaft hinaus eine wechselseitige Verantwortung mit anderen Gruppen teilen. Es ist nicht damit getan, daß wir zu unserer eigenen Gruppe gehören, wir gehören zur großen Gemeinschaft Gottes, und was wir tun, hat Einfluß auf das Zeugnis von Gottes Willen, das alle Gläubigen in der Welt verkörpern. Dieses Zeugnis gewinnt bereits Gestalt in der Rücksicht, mit der wir einander behandeln, in der Korrektheit oder Unkorrektheit unseres Umgangs miteinander, in der Reinheit oder Unreinheit unserer Beziehung zueinander. Das aber ist sicherlich kein peripherer, vernachlässigbarer Aspekt unseres religiösen Auftrags. In einer pluralistischen Gesellschaft ist dies ganz im Gegenteil ein zentraler Wert, an dem wir gemessen werden, denn wenn diejenigen, die behaupten, dem einen Gott zu folgen, nicht miteinander in Beziehung treten können, wird damit Gottes Name in der Öffentlichkeit entweiht. Wir, die wir Zugang zum Tabernakel Gottes suchen, müssen uns bemühen, uns von unseren Vorurteilen und unserer Selbstbezogenheit zu reinigen, wenn wir unserer gemarterten Welt Heilung bringen und uns nicht mit den Kräften, die zu ihrer Zerstörung führen, verbünden wollen. Ob unsere Sprache die Sprache der Reinheit oder Unreinheit ist, ob wir an physische oder geistige Wachheit denken, die Herausforderung unserer *Parascha* liegt darin, uns beharrlich ins Gedächtnis zu rufen, daß wir in der Lage sein sollten, in der Gegenwart Gottes zu stehen, neben all den anderen aus allen Glaubensgemeinschaften, die Zutritt zu dieser Gegenwart suchen. Die Verantwortlichkeit zu erkennen, die wir füreinander haben, ist dabei der erste, der schwerste, aber auch der größte Schritt.

Einige Gedanken dieser Predigt stammen aus der Zusammenarbeit mit Rabbinerin Julia Neuberger im Rahmen ihrer rabbinischen Dissertation.

8

Der einzelne und die Gemeinschaft

JCM 29.2.92 Schabbat Schekalim (Ex 30, 11-16)

Dieser Sabbat ist ein besonderer Sabbat, der sogenannte Schabbat Schekalim, der Sabbat der Schekel. An diesem Tag gedenken wir der Tradition, daß alle Israeliten jedes Jahr für den Unterhalt des Tempels einen Halbschekel nach Jerusalem brachten. Die Bibellese Ex 30, 11-16 verbindet die Gabe des Halbschekels mit einem Zensus, einer Art Volkszählung. Dabei wurden anstelle der Menschen die Münzen gezählt, denn die Menschen als bloße Nummern zu behandeln, hätte bedeutet, sie in große Gefahr zu bringen. Wie der Text darlegt, drohte Gott mit einer Plage, falls die Menschen sich diesem Abgabesystem verweigerten. Im Grunde sollten sie den Halbschekel also zu ihrem eigenen Schutz entrichten, als »Lösegeld für ihre Seele«.

In gewisser Hinsicht stellt der Halbschekel eine Art Kopfsteuer dar, durch die die notwendigen Geldmittel aufgebracht wurden, um den Betrieb am Heiligtum aufrechtzuerhalten. Da wir es mit einer patriarchalischen Gesellschaft zu tun haben, sind alle männlichen Erwachsenen zur Teilnahme aufgerufen. Die Tatsache, daß jeder dieselbe Summe zu bezahlen hatte, betonte andererseits ihre Gleichheit. Wie es im Text heißt, der Reiche braucht nicht mehr und der Arme darf nicht weniger bezahlen. Alle entrichten den gleichen Beitrag für den Tempel und sind so alle gleich vor Gott. Doch, wie die Politiker von Zeit zu Zeit feststellen, haben nicht alle dasselbe Einkommen, und was für den einen wenig scheint, ist für andere ein ungerechtfertigt hoher Betrag. So kann schon allein der Versuch, Gleichheit herzustellen, Ungleichheit erzeugen.

Die biblischen Erzählungen berichten bei einer anderen Gelegenheit von einem ganz ähnlichen Paradoxon: Als der Taberna-

163

kel in der Wüste errichtet und von Mose geweiht wurde, brachten die Oberhäupter aller Stämme zur Feier des Anlasses Opfer (Num 7). Die Bibel schildert in präzisen Einzelheiten, wie die Stämme an aufeinanderfolgenden Tagen mit ihrem Gold und Silber und den Opfertieren aufmarschierten. Zwölfmal wird genau die gleiche Liste wiederholt, da jeder Stamm die gleichen Gaben brachte. Hier herrschte wirkliche Gleichheit zwischen ihnen. Doch da die Stämme zahlenmäßig unterschiedlich stark waren, stellte das Aufbringen der gleichen Gaben für sie jeweils ein unterschiedliches Problem dar. Je größer der Stamm, desto einfacher mußte es sein, Opfer und Gaben zusammenzubringen; je kleiner der Stamm, desto größer war das Opfer, das von allen gefordert wurde. Anders als im Fall der Halbschekel-Abgabe, bei der jeder den gleichen Beitrag entrichtete, variierte die Beitragshöhe in diesem Fall mit der Größe des Stammes. Nicht der einzelne, sondern das Kollektiv bestimmte, wieviel jeder abzugeben hatte.

Diese zweifache Vorgehensweise veranschaulicht sehr schön das duale Wesen israelitischer Identität. Auf der einen Seite waren da gleichgestellte Individuen, von denen angenommen wurde, daß jeder imstande war, den Halbschekel eigenverantwortlich aufzubringen. Gleichzeitig jedoch war jeder einzelne Teil eines Kollektivs, in dem sichergestellt wurde, daß die Gruppe als Ganzes ihren gemeinsamen Verpflichtungen nachkam. Dem einzelnen wie der Gruppe wurde dabei mit angemessenem Respekt begegnet.

Die duale Beschaffenheit unserer Identität als einzelne und als Teile eines größeren Ganzen setzt sich im jüdischen Denken und Fühlen bis heute fort. Eines der augenfälligsten Beispiele dafür findet sich in einem unserer wichtigsten Gebete, das wir auch heute in diesem Gottesdienst sprechen. Die Amida, das Stehgebet, ist ein grundlegendes Zeugnis jüdischen Selbstverständnisses und jüdischer Hoffnungen und Ziele. Sie beginnt damit, daß sie uns mit unseren Vorvätern Abraham, Isaak und Jakob verbindet, als eine Möglichkeit, unsere Kontinuität mit unserer Vergangenheit und unsere ungebrochene Beziehung zu Gott auszudrükken und zu bekräftigen. Sämtliche Verse sind in der ersten Person Plural gehalten: »*Wir*« gemeinsam sprechen dieses Gebet. Als Gemeinschaft stehen wir vor Gott, unseren persönlichen Willen den kollektiven Hoffnungen des ganzen jüdischen Volkes unterordnend. In den dreißig Segenssprüchen, die sich im Werktagsgottesdienst daran anschließen, sprechen wir von unseren Bedürfnissen, unserem Wunsch, Gottes Willen zu begreifen, uns immer zu Gott zu wenden und Vergebung für all das zu erlangen, das uns aus Gottes Gegenwart vertreibt. Wir beten um Gesundheit für unser Volk und für die Menschen, die wir kennen, und um den Segen der Fruchtbarkeit für die ganze Erde.

Auch unsere nationalen Hoffnungen bringen wir zum Ausdruck: die Bitte um ein Ende des Exils, um die Wiederherstellung Jerusalems und um die Errichtung des Gottesreiches auf Erden. Wo unsere individuellen Bitten selbstsüchtig oder destruktiv werden, können wir sie reinigen, indem wir unseren persönlichen Willen den kollektiven Bedürfnissen unseres ganzen Volkes unterordnen. So werden unsere Wünsche gleichsam durch den Filter der Tradition geläutert.

Doch bei aller Betonung des Gemeinschaftsaspektes wird der einzelne nicht vergessen. Vor der Amida sprechen wir still für uns einen Vers aus den Psalmen. »Herr, öffne mir die Lippen, und mein Mund wird deinen Ruhm verkünden« (Ps 51, 17). Die anschließende Rezitation der Segensformeln ist keine mechanische Angelegenheit, auch keine kollektive Aufgabe, die ohne eigenes Urteil und inneres Engagement erfüllt werden kann. Ich, der ich hier vor Ihnen stehe, muß imstande sein, diese Bitten in voller Überzeugung ihrer Wahrheit zu sprechen und in dem festen Vertrauen darauf, daß sie tatsächlich den Willen Gottes repräsentieren. Ich bin aufs äußerste herausgefordert, meine ganz persönliche Verantwortung für das, was ich sage, zu erkennen und anzunehmen.

Am Ende des Gebetes besiegelt ein weiterer Psalmvers gleichsam das Gesagte. »Die Worte meines Mundes mögen dir gefallen; was ich im Herzen erwäge, stehe dir vor Augen, Herr, mein Fels und mein Erlöser« (Ps 19, 15) – möge das, was ich denke und innerlich empfinde, mit dem, was ich laut sage, in Einklang stehen. Am Anfang bitten wir Gott darum, unseren Mund aufzutun, so daß wir zum wahren Sprachrohr seines Wortes werden. Am Ende kehren wir die Beziehung um. Wir prüfen unsere eigene innere Wahrheit und bitten darum, daß das, was von uns kommt, Gott angenehm sein möge.

In diesem Sinn ist die Amida gleichzeitig das kollektive Gebet des ganzen jüdischen Volkes und unsere eigene, höchst persönliche Bekräftigung der Werte und Überzeugungen, die darin zum Ausdruck kommen. Wir sind Teil des Kollektivs und zugleich unser persönliches Selbst. Beiden Polen schulden wir in gleichem Maße Treue. Die Spannung, die aus dieser unserer dualen Beschaffenheit resultiert, müssen wir in unser Leben integrieren und akzeptieren. Wir müssen deshalb in demselben Augenblick, in dem wir uns entschieden loyal gegenüber unserem Volk verhalten, genauso entschieden individualistisch sein. Unsere Loyalität unserem Volk gegenüber wird daran meßbar, wieweit wir in der Lage sind, uns unsere Unabhängigkeit vom Kollektiv zu bewahren, der Gemeinschaft auch mit Kritik zu begegnen und unseren eigenen Weg zu gehen. Loyalität kann nicht einfach Stillhalten heißen; das würde unsere Integrität als Volk zerstören.

Zugleich ist unsere Unabhängigkeit als jüdisches Volk vielleicht das Geschenk, das wir unserem weiteren Umfeld anzubieten haben. Unsere Integrität als Volk wird im größeren Kollektiv der Nationen und Glaubensrichtungen der Welt auf die Probe gestellt. Auch als Volk müssen wir wieder höchst individualistisch sein, zu gleicher Zeit aber auch mit Entschiedenheit dem Kollektiv der Völker der Erde die Treue halten. Auch diese Spannung ist ein Bestandteil unserer Existenz als jüdisches Volk.

Doch lassen Sie uns zum Problem des Halbschekels zurückkehren, mit dem wir begonnen haben. Warum ausgerechnet ein Halbschekel und kein ganzer Schekel? Wir brauchen einen zweiten, um gemeinsam eine komplette Gabe daraus zu machen. Niemand von uns kann allein einen Tempel für Gott bauen und unterhalten. Wir können mit dem, was wir haben und was wir sind, allenfalls die Hälfte der Aufgabe erfüllen. Diese Grenze ist unserer

Einzelpersönlichkeit gesetzt. Schließen wir uns aber zusammen, so schlagen wir damit zugleich die Brücke zu unserer kollektiven Identität. Wir teilen entweder miteinander, oder wir sind nicht ganz. Wir ergänzen einander, Gabe um Gabe, Bedürfnis um Bedürfnis, oder unser Tun bleibt unvollkommen. Wir müssen unsere Partner bei der Aufgabe, einen Ort für Gott in der Welt zu schaffen und zu erhalten, kennen.

Dies ist mit ein Grund, warum wir hier als Juden sind – um die zu uns gehörenden Halbschekel im eigenen Volk suchen. Doch heute reicht es nicht mehr aus, innerhalb der Grenzen unseres Volkes zu bleiben. Bei einer Tagung wie dieser wird uns ständig neu bewußt, daß die Menschen aus allen Völkern und Glaubensrichtungen, die hier sind, jeweils ihren Halbschekel mitgebracht haben. Allein kann keiner von uns das Werk vollbringen und ein Heiligtum errichten. Wir müssen alle unsere jeweilige Gemeinschaft achten, ohne dabei zu vergessen, daß wir auch noch zu einer größeren Gemeinschaft gehören. Wie problematisch und schmerzlich es auch sein mag, Verantwortung für das größere Ganze zu übernehmen – das ist die Aufgabe, vor der wir stehen. Der Text von Schabbat Schekalim mahnt uns: Wenn wir vor Gott mitgerechnet werden wollen, dann müssen wir unseren Halbschekel abliefern. Das ist die einzige Möglichkeit, uns vor der Katastrophe, die uns alle zu vernichten droht, zu retten. Das Problem ist heute nicht anders als damals, als der Tempel noch stand. Das Opfer, das wir alle bringen, der Halbschekel, den wir mit dem eines anderen zusammenlegen wollen, stellt das Lösegeld dar, das wir für unsere Seelen zahlen müssen.

9

Religion und Krieg

JCM 16.3.96 Wajakhel-Pekude (Ex 35,1-40,38)

*Das Thema der damaligen Jüdisch-Christlich-Muslimischen Ta-
gung lautete* Der Einfluß des Krieges auf unsere religiösen Traditionen – *eine Themenwahl, die stark durch die Ereignisse in
Bosnien und eine ganze Reihe noch gar nicht lange zurücklie-
gender Kriege und kriegerischer Handlungen bestimmt wurde,
bei denen religiöse und ethnische Fragen eine Rolle gespielt hatten. Die Hebräische Bibel leugnet die Realität von Kriegen nicht,
sondern bietet statt dessen eine Reihe von Verhaltensregeln für
den Kriegsfall an, die als Vorläufer der Genfer Konvention gelten können (Dtn 20, 1-20; 21, 10-14). Die* Parascha *des betreffenden Sabbat verlangte mir einige geistige Klimmzüge ab, bis
es mir gelang, sie mit unserem Thema in Beziehung zu setzen.
Doch eine solche Herausforderung kann auch überraschende
Einsichten zeitigen. Ich hatte schließlich sehr deutlich die Art
von religiösem Fanatismus vor Augen, der die muslimischen
Selbstmord-Kommandos und den frommen Juden, der Premier-
minister Rabin ermordete, zu ihren Taten trieb.*

Am heutigen Sabbat werden zwei Abschnitte der Tora miteinander verbunden, die den Abschluß des Buches Exodus bilden,
wajakhel-pekude. Die Kapitel muten zunächst etwas befremd-
lich an, weil sie wortwörtlich einen großen Teil dessen wiederholen, was bereits zuvor im Text ausgeführt wurde: die Anweisungen zum Bau des Tabernakels in der Wüste, einschließlich
seiner Ausstattung, und die Kleidervorschriften für die Priester
(vgl. Ex 25, 3-7 mit 35, 5-9). Das ist auf jeden Fall eine merkwürdige Art, ein Buch enden zu lassen, das so spannend und

triumphal begonnen hat – angefangen von der Versklavung der Israeliten, der Geburt und Berufung Moses, den Plagen, über den Exodus aus Ägypten, bis zur Begegnung mit Gott am Sinai, dem Abschluß des Bundes, der ersten großen Sünde in Gestalt des Goldenen Kalbs und der Botschaft von Gottes Vergebung.

Vielleicht hatten die Verfasser das Gefühl, daß die Leser nach so viel Aufregungen eine Pause brauchten, um sich zu sammeln. Vielleicht merkte Mose, daß es wichtig war, zu diesem Zeitpunkt eine gemeinsame Aufgabe zu haben, ein Ziel, zu dessen Erreichen das ganze Volk etwas beitragen konnte. Nach den destruktiven inneren Auseinandersetzungen, zu denen es wegen der Episode um das Goldene Kalb gekommen war, war es Zeit, wieder zusammenzufinden und heil zu werden. Ein gemeinschaftlich von allen getragenes Projekt konnte helfen, den Schaden wiedergutzumachen. Noch einmal sollten die Israeliten Kostbarkeiten für einen gemeinsamen religiösen Zweck stiften, wie sie es zuvor für das Goldene Kalb getan hatten, diesmal aber für eine Sache, die Gottes Billigung hatte.

Die Menschen brauchten eindeutig ein konkretes Symbol für die Gegenwart ihres Gottes. Sie waren noch nicht lange genug aus Ägypten fort, wo es solche Monumente und Symbole im Überfluß gab. Doch wenn etwas Derartiges entstehen sollte, dann unter kontrollierten Bedingungen. Das religiöse Bedürfnis, der Wunsch, Gott zu dienen, Opfer darzubringen, konnte allzu leicht pervertiert werden und zur Schaffung eines Götzenbildes führen, von etwas, das dem Göttlichen ähnelte, in Wirklichkeit aber eine Verzerrung des religiösen Ideals darstellte.

Also gibt Mose die Parole aus, daß alle, deren Herz sie dazu drängt, Gott ein Opfer zu bringen, aufgefordert sind, dies nun auch zu tun. Zum zweiten Mal zählt uns die Bibel die Liste der Materialien auf, die die Menschen herbeischaffen sollen:

»Gold, Silber, Kupfer, violetten und roten Purpur, Karmesin, Byssus, Ziegenhaare, rötliche Widderfelle, Tahaschhäute und Akazienholz, Öl für den Leuchter, Balsam für das Salböl und für das duftende Räucherwerk, Karneolsteine und Ziersteine für Efod und Lostasche.« (Ex 35, 5b-9)

Ich möchte an dieser Stelle in eine gewisse Distanz zum biblischen Text gehen und eine Frage an ihn richten. In der jüdischen Überlieferung heißt es, daß in der wöchentlichen Toralesung immer etwas steht, das einen Bezug zu den Problemen hat, mit denen wir uns gerade herumschlagen, ganz gleich, welcher Art sie sind. Ich fragte mich bei der Predigtvorbereitung also, was in dieser Wochenlesung hilfreich für das Nachdenken über das Thema sein konnte, über das wir in diesen Tagen diskutiert haben, »Der Einfluß des Krieges auf unsere religösen Traditionen«.

Meine erste Antwort war nicht gerade besonders seriös. Unabhängig davon, welche Ansicht wir über die Wirkung unserer heiligen Schriften auf unser Verhalten haben, glaube ich doch mit Sicherheit sagen zu können, daß nichts in diesem speziellen Text jemals jemand dazu ermutigt hat, Krieg zu führen, einen Gewaltakt zu begehen oder sich anders als beispielhaft zu benehmen. Ja, da in dem ganzen Abschnitt außerdem nicht einmal genug Information enthalten ist, um jemanden tatsächlich in den Stand zu versetzen, den Tabernakel zu errichten, kann man im wahrsten Sinn des Wortes überhaupt nichts mit dem Text anfangen, außer ihn zu lesen, an ihm herumzurätseln und sich zu fragen, warum ihm in der Bibel so viel Raum gegeben wird, und das nicht nur einmal, sondern zweimal.

Auf diese letzte Frage fand ich keine Antwort. So konzentrierte ich mich statt dessen auf die Materialien, die für den Bau verwendet werden sollten, und merkte, daß es da tatsächlich etwas gab, das zu unserem Thema passen könnte. Gold und Silber sind Symbole der Habgier und des Reichtums, Triebkräfte, die Menschen zum Kriegführen veranlassen können. Die Bibel selbst greift diesen Gedanken auf und verfolgt ihn weiter. Als König Salomo auf der Höhe seiner Macht war, baute er eine Festung, das sogenannte Waldhaus. Dahin ließ er zweihundert Schilde aus gehämmertem Gold bringen (1 Kön 10, 16). Als sein Sohn Rehabeam in der Schlacht vom König von Ägypten geschlagen wurde, wurden die Schilde als Tribut fortgeschleppt und von Rehabeam durch Kupferschilde ersetzt – das dritte Metall auf unserer Liste (1 Kön 14, 26-27). Die prächtigen Farben, das Violett, Purpur und Karmesin, könnten in den Bannern wiederkehren, die wir aufziehen, um unsere nationale Identität deutlich zu machen und unsere Unterschiedenheit von anderen zu betonen. Ziegenhäute und Widderfelle sind die übliche Bespannung für Schilde; das Akazienholz wäre möglicherweise zu Speeren verarbeitet worden. Das Salböl ist das Symbol der Führerschaft und Macht und spielt in den biblischen Bürgerkriegen um die Einsetzung des wahren Königs eine wichtige Rolle. Die Steine für den Efod wurden benutzt, um festzustellen, ob der Zeitpunkt für einen Krieg günstig war. Die Steine für die Lostasche, die der Hohepriester trug, erinnern uns daran, daß der Priester im Krieg eine ganz bestimmte Funktion hatte, wurden doch Kleriker zu allen Zeiten aufgefordert, Heere und Waffen zu segnen.

Wenn wir diesen Gedankengang weiterverfolgen, stellen wir fest, daß alle Elemente des Krieges – sei es jene, die Kriege verursachen, oder jene, die für den Kampf verwendet werden – im gottgeweihten Tabernakel ihren Platz haben: an dem Ort, an dem Gottes Gegenwart zu finden sein soll! Vielleicht stehen wir hier vor dem eigentlichen Kern des religiösen Dilemmas. Wenn Religion sich wirklich mit allen Aspekten menschlichen Tuns, mit allen menschlichen Empfindungen, befassen soll, dann kann sie die Leidenschaften und Handlungen nicht außer acht lassen, die zu Kriegen führen und in Kriegen stattfinden. Die Religion an dieser Stelle auszuschließen, hieße, ihr zu unterstellen, daß sie nichts zu diesem zentralen menschlichen Konflikt zu sagen hat. Schlimmer noch, es hieße, den Kampf um die Weiterentwicklung der Menschen aufzugeben, bevor er überhaupt begonnen hat. All diese Symbole in den Tabernakel zu integrieren, ist dagegen gleichbedeutend mit dem Versuch, sie zu verwandeln, sie zu domestizieren, zu zähmen, sie unter unsere Kontrolle zu bringen, so daß sie hinfort aufhören, destruktive Kräfte zu sein. Gerade darin liegt aber auch die Gefahr, daß die Macht und Anziehungskraft dieser Symbole umgekehrt unsere religiösen Formen und Handlungsweisen pervertieren und der Tabernakel wieder zum Goldenen Kalb wird. Wir haben den Kampf in den religiösen Bereich integriert, doch der Kampf ändert sich nicht einfach dadurch, daß wir ihn in die religiöse Auseinandersetzung mit hineingenommen haben. Er kann im Gegenteil noch mächtiger werden, wenn wir nicht die volle Verantwortung für das übernehmen, was wir mit ihm anfangen.

Und wir sollten uns keinerlei Illusionen über die Verführungskraft des Krieges und seiner paradoxen Errungenschaften machen. Der Krieg ist die destruktivste und zugleich kreativste menschliche Aktivität. Man betrachte nur die menschliche Ingeniosität, die in die Verbesserung von Waffensystemen fließt. Der Radar, der den Flug eines Flugzeuges sicher macht, ist ein Produkt des Krieges. Die Miniaturisierungstechnologie, der wir unsere Walkmans und CD-Player und unsere Computer verdanken, wäre nie so weit fortgeschritten ohne die Bedrohung oder die Erfahrung des Krieges. Ohne die beiden Weltkriege hätten sich die Möglichkeiten für Frauen auf dem Arbeitsmarkt möglicherweise niemals so entwickelt. Wir erleben in hohem Maße Positives durch den Krieg, bis wir irgendwann einmal die Kosten überblicken. Da ist der Zusammenhalt, den er der Gesellschaft und dem Leben gibt; das Gefühl der Solidarität untereinander; jeder gemeinsame Augenblick wird kostbarer, jede Trennung bittersüßer und trauriger, wenn wir nicht wissen, ob wir uns noch einmal wiedersehen; manche betrachten den Krieg gar als eine Zeit, in der wir Menschen uns wirklich lebendig fühlen, in der das Leben einen Sinn hat, in der die Komplexität unseres Daseins und alle moralischen Unsicherheiten außer Kraft gesetzt sind, denn wir wissen mit absoluter Klarheit, wer unser Freund und wer unser Feind ist, wer gut ist und wer böse. Unter den entsprechenden Bedingungen ist keiner von uns immun gegen die Anziehungskraft oder Verführung von Gewalt und Krieg. Auch das ist ein Teil des inneren Kampfes mit unserem bösen Trieb, der ein zentrales Element des religiösen Lebensentwurfs ist.

Die Religion wagt sich an die Zähmung dieser Leidenschaften, an ihre Umwandlung in bereitwilliges Dienen und Werke der Liebe. Genau deshalb kann sie aber auch auf schreckliche Weise in die Irre gehen. Die Religion reitet auf dem Tiger menschlicher Emotionen, Leidenschaften, Begierden, Wünsche, Phantasien und menschlicher Habgier. Sie kann diese Kräfte bezwingen oder von ihnen bezwungen werden. Der Krieg, der sich draußen in der Welt abspielt, fängt in unseren Seelen an.

Die Kapitel unserer heutigen Lesung schließen das Buch Exodus ab. Es begann mit Sklaverei und endet mit der Gefahr einer anderen Art von Sklaverei. Es weiß um die Risiken der Schaffung eines anderen, zweiten Goldenen Kalbes, und doch bittet es uns, aus freien Stücken etwas für ein religiöses Unternehmen zu opfern. Das Gold und Silber und Kupfer, das Violett, Purpur und Karmesin, die Häute, das Holz, das Salböl und die Steine sind die Materialien, die jeder von uns in Händen hat. Und jeder von uns kann entscheiden, wie er sie einsetzen will – für Gewalt oder für Frieden, um Emotionen zu schüren und Waffen zu schmieden oder um einen Tabernakel zu errichten, in dem die Gegenwart Gottes Wohnung nehmen kann.

10

Unterwegs mit Mose

Bibelwoche 27.7.73 (Exodus)

*Die folgende Predigt muß eine der ersten gewesen sein, die ich
in Bendorf gehalten habe, etwa zwei Jahre nach meiner Ordina-
tion zum Rabbiner. Ich versuchte mich damals noch in einem
recht dramatischen Stil. Manchmal legte ich es darauf an, ganz
in den Charakter einer biblischen Gestalt hineinzuschlüpfen.
Nicht zu verkennen ist außerdem eine Vorliebe für psychologische Phantasiereisen und rhetorische Fragen. Zu meiner Verteidigung kann ich – außer meiner Jugend – nur anführen, daß wir
damals alle noch ganz am Anfang des Projekts Jüdisch-Christli-
che Bibelwoche in Deutschland standen, eines Projekts, in dem
Juden und Deutsche trotz der Schrecken der Vergangenheit zu
einer Begegnung zu finden suchten. Und ich selbst kämpfte noch
um meinen ganz persönlichen Zugang zur Hebräischen Bibel.
Bis dahin war ich erst zu der Erkenntnis vorgestoßen, daß die
Ansätze der zeitgenössischen Forschung mir nicht weiterhelfen
konnten.*

Ich möchte heute eine Frage stellen, die in der vergangenen Bibelwoche für uns alle sehr wichtig geworden ist. Warum lesen
wir die Bibel überhaupt?
Vielleicht aus einer Art antiquierten Interesses an alten Legenden? Aus Interesse an Philologie? Weil wir als Lehrer eine bessere Textkenntnis erwerben müssen? Oder weil wir die Wahrheit
suchen, eine Offenbarung, einen Fingerzeig Gottes? Vielleicht
lesen wir die Bibel, weil wir in unserer heutigen Zeit, in der es so
schwer ist, Gott zu finden, Geschichten über Menschen brauchen, für die Gott eine reale Erfahrung war.

Durch ihre Geschichten lernen wir auch etwas über unsere eigene Geschichte – als Menschen, als Angehörige der Gruppe, in die wir hineingeboren sind, als Mitglieder der Gesellschaft, in der wir aufwachsen, und als solche der Welt um uns herum.

Wir haben uns in dieser Woche mit dem Buch Exodus befaßt und in diesem Zusammenhang, gleichsam im Vorübergehen, auch mit der Geschichte von Mose. Vielleicht können wir jetzt noch einmal zu diesem Mose zurückkehren und versuchen, unsere eigene Geschichte von ihm zu erzählen, um zu einem eigenen Verstehen des Geschehenen zu gelangen.

Es war ein einsamer Weg durch die Wüste, und er hatte viel Zeit, über die Ereignisse nachzudenken, die ihn hierher geführt hatten. Er erinnerte sich an seine Mutter – eine schattenhafte Gestalt, ein Gesicht aus seiner Kindheit, das er vergaß, als man ihn in den Palast brachte, in dem er aufwachsen sollte. Und mit dieser Gestalt kehrte die Erinnerung an geheimnisvolle Geschichten, an eine andere Familie zurück. Die ganze Zeit, während er zum Mann heranwuchs, während er im Palast zu Ruhm und Ansehen gelangte, war ihm bewußt, daß ihn ein Geheimnis umgab. Daß er anders war. Daß er ein Fremder war in dem Haus, in dem er aufwuchs.

Er erinnerte sich an den Aufseher, mit der Peitsche in der Hand. Zu seinen Füßen zusammengekrümmt der Körper des hebräischen Sklaven. Der Hieb, den er im Zorn geführt hatte. Der Augenblick, in dem ihm klar wurde, daß er mit diesem Hieb für immer die Heimat verwirkt hatte, die ihm geboten worden war. Er hatte einen Teil von sich selbst getötet, und es gab kein Zurück, auch wenn er versuchte, das Geheimnis im Sand Ägyptens zu verscharren.

Er erinnerte sich an die fremdartigen hebräischen Sklaven, die dabeigestanden hatten. Diese häßlichen, zornigen, verbitterten Menschen, die sein Volk waren. Er bot ihnen seine Liebe an – und sie wiesen ihn zurück. Er bot ihnen sein Leben an – und sie verrieten ihn.

Und nun wanderte ein Mann ohne Heimat, der seine Kindheit verloren und sich die Rückkehr an den Ort, an dem er aufgewachsen war, verbaut hatte, einsam durch die Wüste.

Aber das Leben ist nicht immer nur tragisch – er fand eine neue Heimat. Es wird immer jemanden geben, der ihn liebt und braucht und will, irgendwo in einem fernen Land. Wieder ein Fremder. Dennoch geliebt und in Sicherheit. Ein Vater, ein Hirte.

Wie viele Male war er zum Berg Gottes gegangen, bevor er den Busch erblickte? Wie viele Male hatte er ihn brennen sehen, bevor er verstand? Wie viele Male war er hinzugetreten und wieder fortgegangen, weil er die Bedeutung dieses Lichtes kannte und fürchtete?

Vierzig Jahre hatte er gewartet. Bis ein neuer Anfang für ihn nicht mehr in Frage kam. Bis er sicher vor neuen Abenteuern war. Bis er ohne Furcht zu dem Berg gehen konnte – um nach seinem Tod zu fragen, um Frieden mit seinem Leben zu schließen.

Es war das Gebot, das er fürchtete – geh zurück zu der Familie, die du verlassen hast. Sie brauchen dich.

»Aber wer bin ich? Wer bin ich, daß ich gehen soll?«

»Ich werde mit dir sein.«

»Wer, soll ich sagen, hat mich geschickt?«

»Ich kann nicht mit dem Namen genannt werden, den du mir geben würdest.«

»Aber sie werden mir nicht glauben.«

»Warum machst du sie schlecht, du kennst sie doch gar nicht? Im übrigen hast du eine Aufgabe zu erfüllen.«

Also kehrte Mose zurück, um seine Aufgabe zu erfüllen. Wie wird sein Ende aussehen? Er wird an einem namenlosen Ort bestattet werden. Was wird seine Lohn sein? Er wird »der getreue Knecht« heißen.

Warum lesen wir die Bibel?

11

David tanzt

Bibelwoche 1.8.81

Die vorliegende Predigt ist nach Bendorf-Maßstäben eher lang. Um etwas mit ihr anfangen zu können, ist es ratsam, zunächst noch einmal die entsprechenden Passagen über König David nachzulesen. Das Geheimnis von Davids Macht jedoch, die Spannung zwischen Sexualität und Spiritualität, das sind Themen, die uns auch heute noch beschäftigen. Und nicht zuletzt zeigt die Bibel sich hier in der Darstellung ihrer Helden von ihrer allersubversivsten Seite.

Ich möchte heute nicht mit der Parascha beginnen, sondern mit den Texten, mit denen wir uns in der vergangenen Woche beschäftigt haben. In 2 Sam 3 haben wir Rizpa, eine Nebenfrau Sauls, kennengelernt, die Abner, der Oberfehlshaber des verstorbenen Königs, angeblich zu seiner Konkubine gemacht hatte. Ob dieses Gerücht stimmt, erfahren wir nicht, und wir erfahren auch nichts darüber, ob es sich dabei um eine Herzensangelegenheit handelte oder ob Abner lediglich beweisen wollte, daß im Grunde er die Macht im Staat hatte. Ganz sicher aber demonstrierte der Feldherr damit seine Überlegenheit über den schwachen Ischboschet (Sauls Sohn und Nachfolger). So sinkt Rizpa zu einer bloßen Schachfigur im Spiel um die Macht herab.

Im gleichen Kapitel begegnen wir auch Michal, der ersten Frau Davids, wieder, die zum Preis wird, den David von Abner als Zeichen seines guten Willens fordert. Da sie Sauls Tochter ist, verkörpert sie für David einen weiteren Schritt auf dem Weg zum Thron – doch der Text liefert uns keinen Hinweis darauf, ob David wirklich etwas an ihr gelegen war. Immerhin war sie seine erste Frau, und bei einer Gelegenheit stellte sie sich sogar ihrem Vater in den

Weg, um David zu retten. Ihr Schicksal war überhaupt eng mit dem Kampf zwischen David und Saul verwoben. Durch die erzwungene Eheschließung mit Paltiel schließlich war ihr Leben so aus dem Geleise gebracht, daß auch sie letztlich wie ein Opfer erscheint, das von den streitenden Fraktionen herumgestoßen wird. Michals Wert als eigenständige Persönlichkeit, ihr Recht auf Glück gehen in den Transaktionen, zu deren Gegenstand sie gemacht wird, unter. Es ist vielleicht wichtig festzuhalten, daß nicht nur Frauen in den Geschichten, die wir hier vor uns haben, auf diese Weise zu Opfern gemacht werden. Eine der vielsagendsten Stellungnahmen des Erzählers zu den Ereignissen findet sich in der ausdrucksvollen Beschreibung des unglückseligen Paltiel, der seine Frau schluchzend auf dem Weg nach Hebron, zurück zu König David, begleitet, um dann von Abner fortgeschickt zu werden – ein weiteres Spielzeug in den Händen von Königen, die hier ihre öffentliche Sendung kultivieren und dabei ihre privaten Rachefeldzüge austragen.

Doch die Nebeneinanderstellung der Geschichten von Rizpa und Michal im selben Kapitel weist noch auf einen anderen Punkt hin. Beide gehören zum persönlichen Haushalt des jeweiligen Königs, und die äußerste Machtprobe für einen Mann gilt seiner Fähigkeit, diesen seinen Haushalt zu verteidigen. Ischboschet ist zu schwach, um Rizpa zu beschützen und Michal zu behalten, und muß sie David ausliefern. David dagegen hat die Macht, Michal zur Frau zu nehmen, ob er nun persönlich an ihr interessiert ist oder nicht.

Die Geschichten um Michal erreichen ihren Höhepunkt bei einer anderen Begebenheit, die ich an dieser Stelle ein wenig genauer beleuchten möchte. Ich beziehe mich hier natürlich auf Kapitel sechs des 2. Samuelbuches, in dem es um den Versuch Davids geht, die Bundeslade nach Jerusalem zu holen. Dieser Vorfall und ganz besonders Michals haßerfüllte Spott-Tirade gegen David scheint in den Arbeitsgruppen einigen Diskussionsstoff geliefert zu haben. Das ist mehr als verständlich, handelt es sich doch zweifellos um einen der menschlichsten und persönlichsten Texte in der Bibel, ein Text, mit dem wir uns besonders leicht identifizieren können und in dem sowohl etwas vom tiefen Geheimnis der

Macht und des Willens Gottes als auch von der Antwort des menschlichen Herzens auf diesen Gott spürbar wird.

Wir können Michals Verhalten ganz unterschiedlich deuten. Sie und David haben sich in den Jahren ihrer erzwungenen Trennung auseinandergelebt. Zwischen ihnen steht noch immer der Geist Sauls, und Michals Insistieren auf der Würde des Königs ist vielleicht eine Mahnung, daß auch der Tochter eines Königs Würde zukommt und sie mit entsprechender Ehrerbietung behandelt werden möchte. Wenn wir die Geschichte als Eheberater lesen würden, dann wären wir wohl schnell dabei, die sexuelle Beziehung zwischen den beiden zu hinterfragen, die Michal immerhin dazu veranlaßt, Davids Tanz vor der Lade als bloßes sexuelles Imponiergehabe vor der Jerusalemer Weiblichkeit aufzufassen. Die abschließende Feststellung, daß Michal keine Kinder hatte, kommt danach kaum noch überraschend für uns.

Ich möchte jedoch den Anblick Davids, wie er sich Michal bot, als sie aus ihrem Fenster schaute, einen Moment hinter mir lassen, um mir den Mann selbst an diesem Tag seines vielleicht größten Triumphs einmal genauer anzusehen. Unzweifelhaft hatte David an diesem Tag einen großen religiösen Durchbruch zu verzeichnen, nicht, weil er die Lade nach Jerusalem brachte, sondern auf Grund seiner Reaktion auf den rätselhaften Vorfall, der sich auf dem Weg ereignete. Usa berührte die Lade und starb auf der Stelle. David ist zunächst zornig auf Gott, daß er ihm die prachtvolle Prozession so verdirbt, und dann, in einem Augenblick übernatürlicher Klarheit, begreift er auf einmal das Geheimnis der Lade, das den Söhnen Elis (1 Sam 4) verschlossen blieb: daß die Lade nicht ein Privateigentum und auch kein magisches Symbol ist, sondern daß sie Gott allein gehört. Daß das rechte Verhältnis zur Bundeslade nicht das Verhältnis eines Besitzers ist, sondern eine Haltung der Ehrfurcht und Anbetung. Und mit dieser Erkenntnis kommt die jähe Einsicht, wie unwert er selbst ist, überhaupt von der Lade Gebrauch zu machen. In diesem einen Augenblick wird Davids ganzes Weltbild auf den Kopf gestellt. Im Mittelpunkt steht nicht länger der Held so vieler Schlachten, der gesalbte König der beiden Teile Israels, sondern Gott. Und gerade wegen dieses ersten Zeichens von *teschuwa*, Umkehr, Reue, bei David wird ihm gestattet, die Lade vollends zu überführen. Sie ist nicht länger ein Baustein seines Ehrgeizes, vielmehr geht dieser Ehrgeiz, zumindest für einen Augenblick, auf im Willen Gottes.

Da tritt Michal auf den Plan, und der Erfolg auf der religiösen Ebene bekommt einen bitteren Beigeschmack durch das Versagen auf der menschlichen. Michals Kritik an dem tanzenden David entspringt dabei, ebenso wie die Gottes, einer intimeren Kenntnis der Motive und der Macht dieses Königs. Schließlich verweist Michal zu Recht auf die geballte Sexualität, die einen Teil des Charismas dieses komplexen Charakters ausmacht.

Paradoxerweise mündete dieser sexuelle Impuls allerdings in die Ekstase des Augenblicks beim Einzug in Jerusalem, in ein tiefes religiöses Erlebnis und reine, überschäumende Freude. Michal irrt, sie hat ihr Urteil allein nach dem äußeren Eindruck gefällt. Dennoch bestätigen die Parallelen zu beiden Episoden das potentiell tragische Element, das trotz allem auch hier schon mitschwingt: Das böse Omen im Zusammenhang mit der Lade wird sich in Gottes Weigerung erfüllen, David den Tempelbau zu gestatten. Und Michals Anschuldigung bewahrheitet sich in der Liaison des Königs mit Batseba. Michal, die aus ihrem Fenster herabschaut, ist gleichsam wie in einen Rahmen gebannt. Sie steht außerhalb des Lebens, schaut zu, schaut herab auf David da unten. Weil sie die Chance nicht ergreift, über ihre begrenzte Sicht hinauszugelangen, kommt sie nie wirklich in Berührung mit seinem Leben, ja nicht einmal mit ihrem eigenen, und stirbt schließlich unerfüllt, kinderlos. Auch David schaut hinunter auf Batseba, doch er nimmt das Risiko auf sich, zu ihr hinabzusteigen.

In dem Augenblick, in dem er entscheiden muß, was er mit der Energie anfangen soll, die diese Frau in ihm wachgerufen hat, wählt er das Falsche. Er ist nicht imstande, die Selbstbeherrschung zu üben, die auch diesmal jenen Trieb in andere Kanäle leiten könnte. Er mißbraucht die Verantwortung, die mit einer so ungeheuren persönlichen Kraft einhergehen muß, jener Kraft, die ihn von den Schafherden auf den Königsthron führte, die in Dichtung und Musik ihren Ausdruck fand und die ihn vor der Lade zum Tanzen brachte. Mit diesem Versagen aber wird eine schicksalhafte Kette von Ereignissen in Gang gesetzt, die in Mord und Totschlag und im tragischen Geschick seiner Söhne endet. Doch zugleich beginnt damit auch die nie endende Anstrengung, das verzweifelte Bemühen um Umkehr, um Erlösung, um ein Ungeschehenmachen, soweit das möglich ist, um ein Leben mit den Konsequenzen. Eine königliche Sünde fordert eine königliche Buße. Je größer der Mensch, so lehren die Rabbinen, desto stärker der *jezer* in ihm, der Trieb, der sich als krankhafter Ehrgeiz oder im sexuellen Bereich oder im Bösen äußern kann, der Trieb, den zu beherrschen uns auferlegt ist.

Manchmal ist die Entscheidung ganz klar. Wir können dieses Potential für uns, für unser Ego nutzen, oder es Gott zur Verfügung stellen. Zuweilen tanzen wir für die Dienstmädchen, zuweilen für Gott. Es geht hier nicht darum, eine moralistische Position einzunehmen, sondern einfach um eine Entscheidung, die in jedem Fall Konsequenzen haben wird. Am wichtigsten daran ist vielleicht noch nicht einmal die Entscheidung selbst, sondern das Bewußtsein für das Ausmaß des Dramas, das die Wahl auslösen kann, das Bewußtsein für das, was auf dem Spiel steht. Und noch einmal dahinter das Geheimnis der *teschuwa*, der Umkehr. Wir sind nicht David, wir sind wir. Doch lernen wir nicht auch nur durch die Bitterkeit tragischer Fehler, so wie David?

Der David, dem wir in den vergangenen Tagen begegnet sind, ist immer noch der David der Legende. Es ist richtig, daß sein Bild von Gewalt verdüstert wird, es ist richtig, daß er kaum noch zu erahnen ist hinter dem klugen politischen Rechner, dem cleveren Manipulator. Doch er hat eine große Kehrtwendung in der Angelegenheit mit der Bundeslade vollzogen, und seine größte Herausforderung liegt noch vor ihm. Es mutet merkwürdig an, daß die Überlieferung neben seine Triumphe als König, seinen Erfolg als Begründer eines Reiches, die schlichte Erzählung von seiner Versuchung und seinem Fall stellt. Und die Geschichte des schmerzlichen Weges zurück. Doch andererseits ist es gerade dieser Weg, den Davids Seele zurücklegt, der diesem Mann einen Platz in unserem Leben sichert.

12

Jüngerschaft

Bibelwoche 27.7.85 (Elija und Elischa)

Wenn wir die Geschichten von Elija und Elischa nacheinander lesen, so fallen uns zuerst die zahlreichen Parallelen auf. Beide Propheten kündigen eine Dürre an (1 Kön 17, 1; 2 Kön 8, 1); beide versorgen eine Witwe durch ein Wunder mit Nahrung (1 Kön 17, 8-16; 2 Kön 4, 1-7); beide erwecken einen Knaben von den Toten auf (1 Kön 17, 17-24; 2 Kön 4, 8-37); beide teilen die Wasser des Jordan (2 Kön 2, 8-14).
Ja, die Übereinstimmungen gehen so weit, daß sogar bestimmte Formulierungen bei beiden auftauchen. Über beide Propheten »kommt die Hand des Herrn« (1 Kön 18, 46; 2 Kön 3, 15). Beide werden mit Pferden und Feuerwagen in Verbindung gebracht (2 Kön 2, 11; 2 Kön 6, 17). In beiden Fällen ruft im Augenblick des Sterbens bzw. der Himmelfahrt des Propheten jemand aus: »Mein Vater, mein Vater! Wagen Israels und seine Lenker!« – Elischa sagt es von Elija (2 Kön 2, 12), und Joasch, der König von Israel, ruft es aus, als Elischa stirbt (2 Kön 13, 14). Beide nehmen eine ganz besondere Kauerstellung ein (im Hebräischen steht beide Male das ungewöhnliche Verb *gahar*), als sie versuchen, ein Wunder zu vollbringen – Elija, als er um Regen betet (1 Kön 18, 42), und Elischa, als er den Knaben von den Toten auferweckt (2 Kön 4, 34). Beide gebrauchen in Bezug auf ihr Verhältnis zu Gott dieselbe Schwurformel: »So wahr der ewige Gott der Heerscharen lebt, in dessen Dienst ich stehe« (1 Kön 18, 15; 2 Kön 3, 14; 5, 16).
Kurz gesagt, die Ähnlichkeit zwischen den beiden Propheten wird auf jede nur erdenkliche Weise überzeugend vorgeführt. Elischa wird unzweifelhaft als autorisierter Nachfolger Elijas

präsentiert. Aber natürlich gibt es auch Unterschiede zwischen ihnen. Beide Männer sind Eiferer für Gott, doch Elija handelt spontaner, er ist drängender und fordernder – und zwingt selbst Gott seinen extremen Kurs auf. Der Kampf zwischen Elija und Gott ist denn auch ein nicht wegzudenkender Teil der Dramatik der Elija-Geschichten, weit mehr als in den Geschichten über Elischa. Elija bleibt ein Einzelgänger vor der grandiosen, aber unerbittlichen Kulisse einer Wüstenlandschaft; nur selten kommt es bei ihm zu einer echten Begegnung mit einem anderen Menschen. Elischa dagegen treffen wir häufiger im Kreise seiner Jünger, in einer weit weniger menschenfeindlichen Landschaft. Auch er ist zornig, auch er verachtet die weltlichen Autoritäten, gegen die er antreten muß. Auch er kann zerstörende oder heilende Kräfte beschwören. Trotzdem bleibt er irgendwie zugänglicher, menschlicher.

Die Erzählungen über die beiden Propheten, ja, allein schon die Sprache, in der sie geschildert werden, zeichnen zwei Charaktere, die ähnliche Begabungen mitbringen und eine gemeinsame Aufgabe haben und doch völlig eigenständige Persönlichkeiten bleiben. Wie war ihr Verhältnis zueinander?

Elija begegnet Elischa auf dem absoluten Tiefpunkt seiner prophetischen Karriere. Sein großer Erfolg auf dem Berg Karmel (als er die Baalspriester besiegte) liegt lange zurück; jetzt ist er auf der Flucht vor der rachsüchtigen Königin Isebel. Zutiefst verzweifelt klagt er, daß alle Menschen Gott untreu geworden sind und er als letzter und einziger der Propheten übrigblieb (1 Kön 19, 10). In seiner Antwort scheint Gott die zu schwer gewordene Bürde von ihm nehmen zu wollen, indem er ihn auffordert, Elischa an seiner Statt zum Propheten zu salben. Als Elischa ihn bittet, noch einmal nach Hause gehen und sich von den Seinen verabschieden zu dürfen, fordert Elija ihn auf: »Kehre um.« Denselben hebräischen Ausdruck gebrauchte Gott, als er Elija aus seinem Amt als Prophet entließ. Vielleicht schwingt ja in Elijas Reaktion noch etwas anderes mit als nur die Sorge um seinen jungen Nachfolger. Denn immerhin soll Elija ersetzt werden. Sein Gefühl der Niederlage wurde widerspruchslos akzeptiert, sein Rücktrittsgesuch angenommen, was ihn möglicherweise ärgerte und gewisse Ressentiments gegen den, der nun seine Stelle einnehmen soll, in ihm weckte.

Doch wie steht es mit Elischa? Vermutlich ist er noch ein junger Mann. Elija wirft ihm seinen Mantel über, und sogleich gibt er alles auf, was er besitzt, um seinem neuen Herrn, dem Gottesmann, zu folgen. Er wird sein Knecht und Jünger; der biblische Text formuliert es folgendermaßen: »Er hat Elija Wasser über die Hände gegossen« (2 Kön 3, 11).

Doch die Jüngerschaft ist kein leichtes Amt. Einem geistlichen Herrn zu dienen heißt immer auch, einem menschlichen Herrn zu dienen, die Geheimnisse, Schwächen und Verkehrtheiten des Meisters kennenzulernen. In geistlicher Hinsicht heißt es, sich gnadenlos der eigenen Unzulänglichkeiten in religiösen Dingen bewußt zu werden. In menschlicher Hinsicht heißt es, die im Alltag anfallenden Arbeiten für den Meister zu übernehmen und die eigenen Wünsche und Bedürfnisse um des anderen willen zurückzustellen. Dabei sind die beiden Aspekte nicht voneinander zu trennen. Denn im Lernen zu dienen, das eigene Ego hinter den Dienst für den anderen zurückzustellen, liegt das innerste Geheimnis der Jüngerschaft. Der Jünger gibt seinen Willen und seine Wünsche in die Hände des Meisters. Es ist ein Ausliefern, doch eines, in dem das Bedürfnis nach Selbstachtung und persönlicher Integrität, ganz zu schweigen von den eigenen Begierden, Bedürfnissen und Schwächen, erhalten bleiben. Der Jünger möchte sich die Qualitäten des Meisters zu eigen machen. Er würde sie gar nicht erkennen, wenn er nicht bereits innerlich Zugang zu ihnen hätte. In der Interaktion mit dem Meister werden diese Gaben frei, werden gefördert, wachsen über das im Augenblick noch beschränkte Verständnis hinaus. Doch auf dem Weg dorthin lauert ständig die Versuchung, eine Abkürzung zu nehmen, die Gefahr für den Jünger, allein auf Grund seiner Beziehung zum Meister allzu tief in die Geheimnisse des Geistes einzudringen. Und genau hier liegt das andere große Problem. Denn der Stolz des Schülers über das Erreichte wird immer wieder eingeholt vom korrigierenden Scharfblick des Meisters – ganz gleich, ob dieser seine Kritik direkt äußert oder dem anderen nur durch einen Seitenblick zu verstehen gibt: »Du bist noch nicht soweit, du bist noch ganz tief unten, und das weißt du.« Zum Verletztsein des Jüngers gesellt sich immer auch die Scham über die eigenen Fehler, ein Schmerz, dem er möglicherweise nur in Ablehnung, ja im Haß auf den Meister Ausdruck verleihen kann. So ist der Meister derjenige, der dem Jünger den Weg weist und ihm zugleich im Weg zu stehen scheint.

Eines Tages muß der Jünger den Meister verlassen und allein in die Welt hinaustreten. Die Trennung fällt schwer, zu sehr ist er von seinem Vorbild geprägt – so erscheint es jedenfalls dem Außenstehenden. Elischa nimmt seine Aufgabe an und wiederholt die Werke Elijas. Und doch ist er auch eine eigenständige Persönlichkeit und muß lernen, seinen eigenen Erkenntnissen und Erfahrungen zu trauen. Manchmal wird ihn die Richtung, die er einschlägt, von der ›Lehre‹, vom Weg seines Meisters wegführen. In dieser Situation der Trennung werden die beiden am härtesten auf die Probe gestellt. Der Meister muß wissen, wann er den Jünger gehen lassen sollte, und darauf vertrauen, daß er ihn das Nötige gelehrt hat und daß seine Intuition ihn den rechten Jünger wählen ließ. Bei den Rabbinen heißt es, ein Lehrer muß mit der einen Hand ziehen und mit der anderen stoßen – damit er seinen Schüler weder zurückstößt noch zu stark in seine eigene Richtung lenkt. Diesen Fehler machte Elischa nach Auffassung der Rabbinen bei Gehasi. Und das war auch der Fehler der Lehrer Jesu, wie eine rabbinische Passage ausführte, die der talmudischen Zensur zum Opfer fiel. Auch der Meister kann irren, auch er steht auf dem Prüfstand.

Der Jünger wird natürlich ebenso auf die Probe gestellt, und zwar im Hinblick darauf, wie er die Trennung von seinem Lehrer bewältigt, wenn er seinen eigenen Weg gefunden hat. Der Jünger, der den Absprung verpaßt, wird den Meister, der seinem unabhängigen Wachstum im Wege steht, schließlich hassen. Umgekehrt wird der Meister, der seinen Jünger nicht gehen lassen kann, versuchen, den potentiellen Rivalen zu vernichten. Spirituelle Macht oder Autorität feit keineswegs gegen die allersimpelste menschliche Schwäche, im Gegenteil, je größer die Macht, desto schlimmer kann die Vernichtung ausfallen. Heilige Kriege sind bitter und grausam.

Ich habe hier versucht, den Kampf zwischen Meister und Jünger möglichst nüchtern und ohne alle Sentimentalität zu beschreiben. Es ist dies einer der großen spirituellen Wege und ein Kampf, der ungeahnte Auswirkungen zeitigt. Dieser Kampf findet statt, wann immer ein Gottesmann wie Elija einen Anhänger hat und das eigene Wissen weiterzugeben versucht. Darüber hinaus ist er aber auch gleichsam das Urbild des Verhältnisses zwischen religiösen Bewegungen und den Sekten, die sich von ihnen abspalten, ja sogar zwischen zwei großen Weltreligionen wie dem Judentum und dem Christentum, die letztlich in genau derselben problematischen Beziehung leben. Ob man nun das Vorbild von Meister und Jünger oder von Eltern und Kindern nimmt, es ist immer derselbe Kampf, das Ringen darum, vom Meister als wahrer Nachfolger anerkannt zu werden und zugleich seine Achtung für den eigenen, unabhängigen Weg zu gewinnen, der in neue Richtungen führen muß. Ein solcher Kampf läßt sich nicht nur in Begriffen der Freundschaft und Toleranz beschreiben. Es ist immer auch ein Kampf zwischen Liebe und Haß, in den Neid und Rivalität hineinspielen. Es ist ein Kampf um Macht und Kontrolle und zugleich um gegenseitige Achtung und Bewunderung. Frieden kann es nur geben, wenn die Beteiligten erkennen, auf welcher Ebene der eigentliche Kampf ausgefochten werden muß.

Allzuoft kämpfen wir in der äußeren Welt, wenn der eigentliche Kampf sich innen abspielt. Denn wenn der innere Kampf nicht erkannt und ernst genommen wird, dann tragen wir ihn nach außen und riskieren dabei, alles, was uns in den Weg kommt, zu zerstören. Alle engen, intensiven Beziehungen – die zwischen Eltern und Kindern, Mann und Frau, Meister und Jünger – sind in kleinstem Maßstab Abbilder des Kampfes, der unserem Ringen um eine Begegnung mit Gott zugrunde liegt. Und vielleicht bilden ja der tiefe Zweifel, die Ambiguitäten und das Mißtrauen in der Beziehung zwischen Juden und Christen die Arena, in der wir uns unserer inneren Berufung stellen müssen.

Verläßt Elija Elischa in dem für beide richtigen Moment? Bereut Elija sein Weggehen, oder sieht er eine neue Reise vor sich, eine neue Aufgabe, die seinem vorwärtsdrängenden, leidenschaftlichen Naturell entgegenkommt? Besteht Elischa darauf, ihn zu begleiten, weil er der Macht seines Meisters ganz und gar teilhaftig werden will, oder hat er Angst vor dem letzten Schritt, nun seinerseits der neue Meister einer Gruppe bedürftiger Jünger und eines bedürftigen Volkes zu werden? Welchen Schmerz haben sie einander wohl zugefügt, welche Wunder vollbrachten sie in den vielen gemeinsamen Jahren? Der biblische Bericht läßt uns an dieser Stelle im Stich. Doch wie jede neue Generation von Meister und Jünger, Lehrer und Schüler, haben beide gemeinsam den Jordan überschritten. Einer aber ist zurückgekehrt, um der Welt allein gegenüberzutreten.

13

Jeremia einmal anders

Bibelwoche 25.7.92 (Jeremia)

Ich weiß nicht genau, was die folgenden Betrachtungen ausgelöst hat. Und ich frage mich auch, wie es der Gemeinde in Bendorf wohl damit ging. Die meiste Zeit saßen meine Zuhörer wahrscheinlich da und warteten darauf, daß ich endlich irgendeinen erkennbaren Bezug zum Propheten Jeremia herstellte, mit dem wir uns in der vergangenen Woche beschäftigt hatten. Andererseits macht ja genau diese Irritation die Hälfte des Unterhaltungswerts einer Predigt aus – vorausgesetzt, es gelingt dem Vortragenden, das Interesse und die Neugier so lange wachzuhalten, bis er auf den Punkt kommt, und natürlich auch vorausgesetzt, daß es überhaupt einen Punkt gibt, auf den man kommen könnte. Doch es gehört fraglos zu den faszinierenden Auswirkungen der Bibelwoche, daß sie zu Gedanken dieser besonderen Art inspirieren kann, die zum entsprechenden Zeitpunkt sowohl für mich als auch für den Kontext der Tagung durchaus am Platze waren.

Es gibt zu viel Information. Die Daten legen sich uns über die Augen, die Ohren, auf Nase, Mund und Haut. Alle unsere Sinne werden ununterbrochen mit Stimuli bombardiert. Die reine Masse des Inputs droht uns zu überwältigen, so daß wir aus Gründen des Selbstschutzes zeitweilig abschalten müssen. Wir sehen nicht alles, was es zu sehen gibt, wir hören nicht alles, was zu hören ist. Aus der Kakophonie einer überfüllten Straße hört ein Kind das Klingeln des Eiswagens heraus, eine Mutter das Weinen ihres Kindes. Der Rest wird ausgefiltert durch unsichtbare Mechanismen, die unserer bewußten Wahrnehmung nahezu unbemerkt bleiben.

Unser ganzer Körper ist darauf eingestellt, Informationen aufzunehmen. Jeder Muskel, jedes Gelenk registriert den Tonus und die Spannung, die in ihm herrscht. Jeder Herzschlag sendet eine Botschaft an Zentren, die unsere Körperhaltung, unser Gleichgewicht, jede unserer Bewegungen kontrollieren. In unserem Blut zirkulieren Drüsensekrete als Ergebnis kurzfristigen Stresses oder längerdauernder Belastungen, die sich gegenseitig in einem hochempfindlichen Gleichgewicht halten. Und jede dieser Aktionen oder Reaktionen wiederum setzt Signale an übergeordnete Zentren frei, die unsere Position im Raum, unsere Atmung, die Entladung oder den Stau elektrischer Impulse, die Auslösung von Myriaden winziger chemischer Abläufe steuern. Doch all diese Reaktionen, die Millionen von Informationseinheiten, die wir in jedem Augenblick unseres Lebens aufzeichnen, bleiben stumm, unbemerkt, selbsttätig.

Würden wir uns jemals auch nur eines winzigen Teils davon bewußt werden, so würden wir ertauben von ihrem Dröhnen, ertrinken in ihrer hartnäckigen Beanspruchung unserer Aufmerksamkeit. So viel Information, lebenswichtige Information, die um unserer begrenzten Verarbeitungskapazität willen unsichtbar, unhörbar bleibt, ja unterdrückt werden muß. Wir können nur überleben, weil unsere Informationsaufnahme selektiv arbeitet, weil wir nicht alles registrieren, bemerken, bewußt aufnehmen. Unser Bewußtsein ist hierarchisch organisiert, höhere Kontrollmechanismen kontrollieren die niedrigeren, akzeptieren oder unterdrücken Nachrichten.

Unsere innere Welt lebt aus einem Reichtum, den wir niemals voll erfahren können. Aber auch das, was aus der Außenwelt zu uns dringt, ist der Zensur bewußter oder unbewußter Mechanismen in unserem Gehirn unterworfen. Alles, was wir sehen, hören, riechen, schmecken oder tasten, wird registriert und weitergeleitet oder ignoriert. Myriaden von Informationsteilchen konkurrieren miteinander um unsere Aufmerksamkeit, aus dem von einem hierarchisch geordneten Kontrollsystem das herausgefiltert wird, was uns nicht erreichen und beeinflussen darf. Aus diesem Grund ist ein ganzer Wirtschaftszweig damit befaßt, unsere

Verteidigung zu durchbrechen, die richtigen Bilder zu finden, die direkt oder versteckt in unser Bewußtsein dringen, unsere Aufmerksamkeit fesseln und eine Reaktion herbeiführen.

So verbringen wir unser Leben mit dem Sammeln von Informationsfragmenten aus der Innen- und der Außenwelt, mit Hilfe unserer Sinne und Empfindungen, unserer Vernunft und Intuition. Aus diesen Fragmenten formen wir eine Erzählung, leiten wir einen roten Faden der Kohärenz und Konsistenz ab, der uns zu jedem beliebigen Zeitpunkt erlaubt zu bestimmen, wer wir sind, und uns hilft zu entscheiden, wie wir mit dem nächsten Bündel von Informationen umgehen, das uns erreicht. Wir erschaffen die Geschichte unseres Lebens, integrieren in sie, was wir integrieren können, und schließen aus, was wir ausschließen müssen.

Wenn wir auf so selektive Weise schon mit Informationen verfahren, die an sich neutral und belanglos sind und letztlich allenfalls eine Ablenkung oder Zerstreuung darstellen, was geschieht dann mit Informationen, die auf das Areal der Werte und Überzeugungen einwirken? Wie gehen wir mit Daten um, die das, was für uns feststeht, in Frage stellen, die genau die Hierarchie zu infiltrieren versuchen, die unsere persönliche oder kollektive Identität aufrechterhält? Was nicht tolerierbar ist, kann ganz einfach nicht gehört werden – es ist allzu gefährlich für den Organismus, deshalb wird es unterdrückt, auf eine niedrigere Organisationsstufe verbannt, an einen Ort, wo es sich nicht aufdrängen und uns Angst machen kann. In unserem Bewußtsein macht sich das Signal dann lediglich noch als Jucken oder winziger Stich bemerkbar. Auch das sind zwar Warnzeichen eines Schadens, der dem Organismus zugefügt wurde, doch der Körper weiß, daß sie nicht lebensbedrohend sind und deshalb nicht allzu ernst genommen werden müssen. Sie werden registriert, man spürt sie, doch ihre Mahnung kann übergangen, ihre Botschaft ertränkt werden in Aktivitäten oder durch die Konzentration auf andere Dinge – in dem Wissen, daß die Impulse mit der Zeit nicht mehr weitergeleitet werden, die Nerven nicht mehr reagieren, die Bedrohung erlischt.

Bei all unserer individuellen Komplexität sind wir Teil eines größeren Ganzen. Jenseits unseres Selbst existieren die Gruppen, denen wir angehören, und die Organisationsstrukturen, in die sie eingeordnet sind. Doch ganz gleich, wie hoch wir auf der Skala der Kollektivität auch gehen, es scheinen immer dieselben Regeln selektiver Wahrnehmung und Verarbeitung zu gelten. Die niedrigere Ebene ist der höheren untergeordnet, die wiederum ihre Identität und Sicherheit durch die selektive Unterdrückung von Informationen schützt, die sie von unten erreichen. Das ganze Gebilde kann nur bestehen, weil es sich leisten kann, ›x‹ Prozent Schmerzen seiner Glieder zu ignorieren, ›y‹ Prozent Unruhe und ›z‹ Prozent Kritik auszuschalten. Es darf nur ein genau bemessenes Quantum an Information aufgenommen und verarbeitet werden, nur eine festgelegte Menge darf auf das Funktionieren des Ganzen einwirken. Dahinter mag an sich nichts Böses stecken, keine Verschwörung mit dem Ziel der Unterdrückung oder Verletzung, lediglich die einander entgegengesetzten Kräfte von Effektivität und Trägheit, vielleicht noch das Gewicht von Konvention und Bequemlichkeit, ergänzt durch Eigeninteresse, Selbstschutz und Überlebenswillen. Dennoch könnten neue Daten an einem kritischen Punkt allein durch ihre Menge den Schutzpanzer durchbrechen, ob von innen, aus dem Organismus, oder von außen. Die höheren Hierachieebenen werden davon tiefgreifend erschüttert, sie nehmen eine Neuordnung und Neuanpassung vor, es kommt zu Umwertungen, Altes wird fallengelassen, Neues eingepaßt – und der Prozeß beginnt von neuem.

In diesem Spiel ist wenig Raum für Unvorhergesehenes. Ein Virus im Körper, eine Frage, die den einzelnen nicht ruhen läßt, ein Prophet, der die fette Selbstzufriedenheit derer, die die Macht haben, nicht hinnehmen kann – sie alle sind gefährlich. Solange sie bloß ein Jucken sind, können sie noch toleriert, ignoriert, vielleicht auch einfach wegerklärt werden. Doch sobald sie zu einer Bedrohung auf höherer Ebene werden, müssen sie unter allen Umständen aufgehalten werden – um den Organismus als Ganzes im Gleichgewicht zu halten, der seine ganz eigenen Antennen für Gefahr hat. Also werden die Worte der Propheten unterdrückt, die Propheten selbst werden unter Hausarrest gestellt, ins Gefängnis geworfen oder umgebracht, und der Organismus kann wieder frei atmen.

Dennoch erstehen immer wieder neue Propheten, Männer und Frauen, die eine andere Vision aus der Realität herausfiltern, die im Tumult der Welt den Schmerzensschrei wahrnehmen. Und weil sie hören und sehen, was andere nicht hören oder sehen können, sind sie zu einem einsamen Kampf am Rand der Gesellschaft oder auch am Rande des Wahnsinns verurteilt.

Jeremia bekämpfte die tödliche Auswirkung der Hierarchien seiner Gesellschaft: den Kult, der die Offenheit für das Wort Gottes durch hohle Frömmigkeitsrituale ersetzt hatte – *heichal adonai, heichal adonai, heichal adonai*, »der Tempel des Ewigen, der Tempel des Ewigen, der Tempel des Ewigen« (7, 4); die Sehnsucht nach Frieden ohne die Bereitschaft, seine Vorbedingungen zu schaffen, Gerechtigkeit und Verantwortung – *schalom, schalom w'ejn schalom*, »Friede, Friede, aber da ist kein Friede« (8, 11); die Liebe zum Vaterland, die zum Götzendienst entarten konnte – *erez, erez, arez*, »Land, Land, Land« (22, 29). Der Organismus als Ganzer konnte nicht dulden, was er zu sagen hatte, und verdammte ihn. Doch dann kam der radikale Einbruch der neuen Realität, die Jeremia vorausgesehen hatte, und die alte Welt wurde zerstört. Seine Worte aber, der Bericht seines Kampfes und seines Lebens blieben erhalten.

Der Organismus der Menschheit lebt fort. Das Gewicht von Konvention und gesundem Menschenverstand gibt uns Bodenhaftung; die inneren und äußeren Hierarchien kontrollieren sich gegenseitig; sie vermitteln uns die Illusion von Sicherheit. Doch gleichzeitig ist da Jeremia, der uns aufruft zu sehen, was wir nicht sehen wollen, und zu hören, was wir nicht hören wollen. Nachdem wir nun einige Zeit in seiner Gesellschaft verbracht haben, ist er ein Teil von uns geworden, ein Fragment der Geschichte, die wir über uns selbst erzählen. Und es könnte sein, daß er durch uns fortfährt, die Welt aus ihrer vermeintlichen Ruhe aufzustören.

14

Der junge Jeremia

Bibelwoche 24.7.93

Dies war nun das dritte Jahr, das wir uns mit Jeremia beschäftigten, und ich verspürte das dringende Bedürfnis, die Atmosphäre etwas aufzulockern. Im übrigen kam es nicht von ungefähr, daß ich als Direktor eines Rabbinerseminars immer wieder auch mit den Interna einer solchen Einrichtung zu tun habe. Die Frage lag nahe, ob ein Jeremia wohl das dreitägige Zulassungsverfahren am Leo Baeck College bestanden hätte? Doch ganz im Ernst gesprochen, wir dürfen uns die Propheten nicht als Verrückte vorstellen, die plötzlich auf dem Markplatz auftauchten und den Weltuntergang prophezeiten. Sie gehörten vielmehr einer Art Gilde an und genossen eine Ausbildung in ihrem Fach. (Jeremia war nach eigener Aussage noch so etwas wie ein »Lehrling«, als er von Gott berufen wurde; »so jung«, Jer 1, 6). Aus ihren Rängen gingen einige bemerkenswerte Persönlichkeiten hervor, die nicht einfach ›ja‹ zum Tun der Könige sagen und den Mächtigen schmeicheln konnten, sondern dazu verdammt waren, die Wahrheit zu sagen, wie sie sie sahen.

Ich möchte hier ausdrücklich darauf hinweisen, daß die folgende Predigt parodistisch gemeint ist, auch die pseudo-wissenschaftlichen Ausführungen am Anfang – manchmal merken die Leute das nicht gleich und regen sich fürchterlich darüber auf! (Tatsächlich überkam mich damals mitten in der Predigt ein Kicheranfall, von dem ich mich bis zum Schluß nicht mehr erholen konnte.) Die Tatsache, daß es sich um eine Parodie handelt, tut jedoch dem grundlegenden, ernsthaften Anliegen keinen Abbruch. Ich beschließe damit das vorliegende Buch mit einer Abhandlung über eine der subversivsten Gestalten der Hebräischen Bi-

*bel überhaupt. Als solche galt Jeremia jedenfalls zu seiner Zeit,
und da seine Schrift erhalten geblieben ist, kann er die Menschen bis heute ansprechen und herausfordern. Jeremias ›Subversivität‹ nimmt dabei zutiefst paradoxe Züge an, wie es dem
prophetischen Wort entspricht, das ja immer auf das Verhalten
der Menschen antwortet. Vor dem Fall Jerusalems war er der
leidenschaftlichste Kritiker seiner Zeit; nach dem Fall Jerusalems wurde er zum Tröster seines Volkes.*

Die biblische Forschung hat vor nicht allzu langer Zeit durch die
aufsehenerregenden Funde in den Höhlen von Qumran einen
ungeheuren Aufschwung erlebt. Leider wurden den Gelehrten
viele Dokumente jahrelang vorenthalten. Da daraufhin der Ver-
dacht laut wurde, daß wichtiges Material unterdrückt würde, ist
es nun umso mehr zu begrüßen, daß inzwischen sämtliche Texte
veröffentlicht sind. Eine Sammlung spezieller Dokumente ist den
Wissenschaftlern allerdings erst seit ganz kurzer Zeit zugänglich. Im folgenden wird dieses Material zum allerersten Mal öffentlich vorgestellt, und es kann durchaus als angemessen erachtet werden, daß dies gerade anläßlich der fünfundzwanzigsten
Jüdisch-Christlichen Bibelwoche geschieht.
Bei den genannten Dokumenten scheint es sich um die Aufzeichnungen einer der Prophetenhochschulen aus dem siebten und
sechsten Jahrhundert v. Chr., also aus der Zeit vor der Zerstörung Jerusalems durch das babylonische Heer, zu handeln. Die
Aufzeichnungen enthalten auch die Akten einer Reihe von Kandidaten für das Prophetenamt, in denen unter anderem die Ergebnisse der Vorgespräche im Zusammenhang mit der Aufnahme an der Hochschule festgehalten sind. Daneben finden sich
Einträge über die Studienfortschritte der Kandidaten bis zu ihrer
Salbung zum Propheten sowie eine Abschlußbeurteilung. Diese
Berichte sind von unschätzbarem Wert, gehören sie doch zu den
seltenen außerbiblischen Zeugnissen über biblische Gestalten.
Als besonderer Glücksfall ist zu betrachten, daß sich unter den
Namen der Prophetenanwärter auch der eines gewissen Jirmija-
hu ben Hilkia findet, der vermutlich mit jenem Jeremia von Ana-

tot identisch ist, mit dem wir uns während der vergangenen Woche beschäftigt haben.

Das Dokument beginnt mit dem Bericht über die offenbar mit ungewöhnlicher Heftigkeit geführte Debatte über seine Eignung zum Prophetenamt.

Jeremia präsentierte sich dem Gremium in ungewöhnlich jungem Alter. Er behauptete, bereits vor seiner Geburt zum Propheten berufen worden zu sein, ja seinen eigenen Worten nach hatte Gott ihn sogar erwählt, als er noch im Mutterleib war. Die Mitglieder des Zulassungsausschusses waren geneigt, Nachsicht mit diesem jugendlichen Dünkel zu üben. Sie nahmen an, daß der eher scheue, zurückhaltende junge Mann sich zu stark mit den Geschichten über Simson identifiziert hatte. Da sie es jedoch immer wieder mit Kandidaten zu tun hatten, denen es schwerfiel, ihrer Berufung in klaren Worten Ausdruck zu geben, empfanden manche Mitglieder Jeremias Direktheit sogar eher als erfrischend, zumal er nicht prahlerisch auftrat, sondern eher bescheiden, beinahe mit einem Gefühl der Verwirrung oder gar Angst. Man beschloß also, ihn beim Wort zu nehmen und die Sache auf sich beruhen zu lassen.

Den weiteren Angaben nach stammte Jeremia aus einem Priestergeschlecht, wenngleich darauf hingewiesen wird, daß sein Zweig der Familie auf Grund innerer politischer Auseinandersetzungen, die das Komitee nicht weiter verfolgen wollte, aus dem Dienst im Jerusalemer Tempel ausgeschlossen worden war. Es wurde lediglich angemerkt, daß der junge Mann aus einer der besten Jerusalemer Familien kam und ihm unter normalen Umständen ein Platz am Bet Jeschajahu, der Jesajahochschule, zugestanden hätte, dem vor nun fast einem Jahrhundert von ehemaligen Schülern des großen Jerusalemer Propheten gegründeten Seminar.

Der weitere Verlauf der Aufnahmeprozedur gestaltete sich dann allerdings eher problematisch. Am meisten Schwierigkeiten machte Ahab ben Kolaja (Jer 29, 21), der, wie es im Rahmen des Aufnahmeverfahrens üblich war, offenbar eine Art psychologisches Gutachten über den jungen Mann erstellte. Wir besitzen leider nur die Aufzeichnungen über seine Ergebnisse, doch sie lassen ahnen, wie verheerend dieses Gutachten sich auf Jeremias Zulassung zur Ausbildung zum Propheten hätte auswirken können.

Ahab fiel zunächst ein recht selbstherrlicher Zug an dem jungen Mann auf, in dem sich ein ernstzunehmender Mangel an Achtung vor Autoritätspersonen spiegelte. Man kann wohl davon ausgehen, daß Jeremia Ahab selbst nicht den Respekt bekundete, den dieser von einem künftigen Schüler erwartete, deshalb sollte das Urteil Ahabs in diesem speziellen Punkt mit Vorsicht betrachtet werden. Schwerer wiegen dagegen die folgenden Eindrücke, die ganz eindeutig aus Unterhaltungen mit Leuten gewonnen wurden, die den jungen Jeremia gut kannten. Daraus geht hervor, daß der künftige Prophet offenbar unter starken Stimmungsschwankungen litt, die bisweilen so stark waren, daß er in einer anderen Zeit und einer anderen Gesellschaft wegen schwerer Depressionen in eine psychiatrische Klinik eingewiesen worden wäre. In solchen Phasen hatte er offenbar das Gefühl, daß die anderen hinter seinem Rücken über ihn redeten, und wurde seiner Familie und seinen Freunden gegenüber ausfallend, bis hin zu der Anschuldigung, sie planten eine Verschwörung gegen ihn. Manchmal, bei besonders schlimmen Krankheitsschüben, wurde er so aggressiv, daß er tatsächlich genau das Verhalten gegen sich provozierte, über das er sich beklagte.

Noch ein dritter Faktor wurde als bedeutsam erachtet. Ahab notierte, daß der junge Mann, obwohl bereits in den Zwanzigern stehend, es ablehnte, sich, wie es üblich war, eine Frau zu suchen. Als man ihn darüber befragte, tat er sein ungewöhnliches Verhalten mit der Bemerkung ab, seine Berufung verlange von ihm, alleinstehend zu bleiben – eine Aussage, die Ahab in höchstem Maße beunruhigend fand. Der wahre Prophet, so argumentierte er, brauche ein stabiles und geordnetes Privatleben und sollte die Verantwortung für eine Frau und eine Familie haben, die ihm ein Gefühl für seine Pflicht gab und ihn in allem, was er tat, mit der nötigen Vorsicht und Behutsamkeit zu Werke gehen ließ. Schließlich konnte nur ein Mann, der sich der politischen und

gesellschaftlichen Realitäten bewußt war, dem Staat in der wichtigen Rolle des Propheten wirklich effektiv dienen. Außerdem, so Ahab, war ein unverheirateter Prophet kein gutes Vorbild. Der große Jesaja, der ja schließlich gleichsam der Vater dieser Hochschule war, hatte seine Frau und seine Kinder in einem seiner berühmtesten prophetischen Aussprüche als Symbole gebraucht. Es wäre zweifellos gefährlich, diesen zentralen israelitischen Wert, den Segen der Nachkommenschaft, in Frage zu stellen, erst recht von einem Mann, der in der Tradition Jesajas stand! Doch damit nicht genug. Die weiteren Notizen Ahabs geben einen Einblick in die charakterlichen Voraussetzungen und Fähigkeiten, die jemand nach damaliger Auffassung für das Prophetenamt mitbringen sollte. Ahab war der Ansicht, daß Jeremia ein allzu schroffes Wesen habe. Zwar war er empfindsam, doch nur in Hinsicht auf seine eigenen Gefühle, die leicht zu verletzen waren – die Gefühle anderer schienen ihn dagegen wenig zu kümmern. Der Gutachter schließt seinen Bericht mit der zusammenfassenden Warnung, daß die soziale Kompetenz des jungen Mannes wenig ausgeprägt sei und er sich vermutlich schwertun werde, seinen Beruf in einer kleinen Dorfgemeinschaft auszuüben. Falls es der Hochschule nicht gelänge, ihm einen Posten zu verschaffen, in dem seine Stärken – vor allem sein starker Glaube und sein Sendungsbewußtsein – voll zur Geltung kamen, so Ahabs abschließendes Urteil, wäre es nicht ratsam, ihn aufzunehmen und so viel Geld in die Ausbildung eines jungen Mannes zu investieren, der den von ihm angestrebten Beruf später nicht in angemessener Weise ausfüllen würde.
In der anschließenden Diskussion gab es eine ganze Reihe von Wortmeldungen. Für Jeremia sprach die Tatsache, daß er durch seine Familie in Hofkreisen bekannt war. Irgend jemand aus dem Ausschuß wies darauf hin, man müsse, ungeachtet aller Vorbehalte im Blick auf Jeremias Persönlichkeit, schließlich bedenken, daß die Geldmittel für die Hochschule aus der königlichen Schatztruhe kamen – ein falsches Wort von Jeremias Familie dem König gegenüber konnte womöglich den Bau des nach der Königinmutter benannten neuen Flügels vereiteln. Derartige mate-

rielle Überlegungen sollten zwar eigentlich keine Rolle spielen, wenn es um die religiöse Zukunft eines jungen Menschen ging, doch man sollte deshalb die praktische Seite einer zu treffenden Entscheidung nicht ganz aus dem Auge verlieren.

Es kann kaum überraschen, daß das Mitglied des Gremiums, das die stärksten Bedenken äußerte, kein anderer war als Hananja ben Asur, der später eine ernsthafte Auseinandersetzung mit Jeremia haben sollte, die ihn schließlich sogar das Leben kostete. Vorerst hatten seine Einwände allerdings rein akademische Gründe. Jeremia war Analphabet! Er mochte zwar ein intelligenter junger Mann sein, und es war verständlich, daß seine Bildung in einem kleinen Dorf wie Anatot vernachlässigt worden war, aber schließlich galt es, an den Ruf der Hochschule denken. Woher konnte man wissen, ob er den geistigen Anforderungen der Seminare, die er besuchen mußte, und ernsthafter wissenschaftlicher Arbeit überhaupt gewachsen war? Und wie sollte er – falls er kein photographisches Gedächtnis hatte – überhaupt Buch führen über die all die Dinge, die er würde lernen müssen? Diese durchaus schwerwiegenden Einwände hätten vielleicht zu dem Beschluß geführt, Jeremia nicht zum Studium zuzulassen, wenn nicht das damalige Oberhaupt der Hochschule, Micha der Moraschiter, der, im neunundfünfzigsten Lebensjahr stehend, noch immer den Vorsitz im Zulassungsausschuß innehatte, darauf hingewiesen hätte, daß er eine private Unterredung mit dem Vater von Jeremia geführt habe und mit ihm übereingekommen sei, Jeremia für seine Notizen einen Schreiber zur Seite zu stellen. Tatsächlich wurde unmittelbar nach der Zulassung Jeremias ein gewisser Baruch ben Nerija zu diesem Zweck angestellt.

Den Ausschlag für die Zulassung Jeremias gab schließlich die Rede eines der älteren Mitglieder des Ausschusses, der Prophetin Hulda. Zur Überraschung der ganzen Versammlung begann sie ihre Ansprache damit, daß sie alle bis dahin vorgetragenen Vorbehalte gegen den jungen Mann für berechtigt erklärte. Seine Labilität, sein Eigenbrötlertum sowie sein Hang zum Fanatismus gaben Anlaß zur Sorge. Konnte es angehen, so fragte sie, einem solchen Menschen die Macht zu geben, die zweifellos mit dem Prophetenamt gekoppelt war? Andererseits, fuhr sie fort, war dies wirklich das einzige, was bedacht werden mußte? Bestand ihrer aller Aufgabe als Propheten ausschließlich darin, den Menschen ein bequemes Leben zu ermöglichen? War es denn nicht vielmehr so, daß sie alle isoliert waren, der Gesellschaft entfremdet, um Gott besser dienen zu können? Hulda zeigte sich beeindruckt vom unbestechlichen Gerechtigkeitssinn des jungen Mannes, von seiner Kompromißlosigkeit in Dingen, die er für wichtig hielt. Zum Teil war dies sicherlich auf seine große Jugend zurückzuführen, und mit der Zeit würde er bestimmt reifer und besonnener werden. Nach ihrer Ansicht war es angezeigt, ihn für eine Zeitlang aus der doch recht engen dörflichen Gemeinschaft von Anatot herauszuholen, damit er Erfahrungen in der Welt sammeln konnte. Da er seine akademischen Fähigkeiten erst noch unter Beweis stellen mußte, konnte man ihn vielleicht nach Babylon schicken; dort könnte er sein Aramäisch aufpolieren und das Großstadtleben kennenlernen. Vielleicht wollte er sich ja schließlich sogar dort niederlassen und ließe den Gedanken an eine Prophetenausbildung fallen. Den letzten Satz meinte sie wohl eher ironisch, doch Jeremias spätere Tutoren nahmen ihn offenbar ernst, da Jeremia zu einem späteren Zeitpunkt in seinem Leben ganz eindeutig Kontakte zu Babylon hatte.

Völlig ernst gemeint waren dagegen Huldas Schlußworte. Ihnen allen standen schwere Zeiten bevor. Die Welt um sie herum war im Umbruch begriffen. Neue politische Mächte waren im Aufstieg begriffen, und man wußte nicht, was aus den gegenwärtigen Bündnissen werden würde. In einer solchen Zeit wurden Propheten unterschiedlichster Couleur gebraucht, um den Menschen das Wort Gottes in neuer, unverbrauchter Form nahezubringen. Vielleicht war ein Hauch von Anarchie, von Leidenschaft in einer solchen Zeit unverzichtbar, auch wenn das bedeutete, daß dabei einigen wichtigen Persönlichkeiten auf die Zehen getreten wurde. Jeremia mochte vielleicht nicht der geeignete Prophet für ruhige Zeiten sein, doch in den Stürmen, die ihnen allen bevorstanden, waren seine Liebe zu Gott und zu seinem

Volk womöglich genau der Impuls, den sie brauchten. Und wer weiß, vielleicht würde man sich, wenn alle ihre augenblicklichen Lieblingsschüler längst vergessen waren, an eine kreative, schwierige, ein wenig verschrobene Persönlichkeit wie Jeremia immer noch erinnern.

Jeremia wurde schließlich an der Hochschule aufgenommen – vermutlich infolge dieser Rede Huldas. Wie vorherzusehen war, verlief seine Zeit auf der Hochschule eher stürmisch. Mindestens zwei Gelegenheiten sind aktenkundig, bei denen sein Ausschluß gefordert wurde: einmal, weil er die anderen Studenten in einem Protestmarsch zu einem neuen babylonischen Schrein führte, der unmittelbar vor den Toren Jerusalems errichtet worden war, und ein andermal, weil er Ahab beschimpfte, der das Unglück gehabt hatte, zu seinem Tutor ernannt worden zu sein. Er bekam sehr gute Noten für seine Predigten, wenngleich sein Lehrer einige seiner symbolischen Handlungen für übertrieben hielt. Offenbar trug er ein paar Wochen lang ausländische Kleider, die er dann irgendwo vergrub, um die verrotteten Überreste nach einiger Zeit in Jerusalem zur Schau zu stellen. Nichtsdestoweniger wurde er für seine Arbeit über das Fehlschlagen der Reformen Joschias ausgezeichnet, und trotz seiner persönlichen Isoliertheit waren seine Seminare außergewöhnlich gut besucht. Schließlich erwarb er sich im ganzen Land einen Ruf durch seine Arbeit an der zeitgenössischen Auslegung des Bundesgesetzes.

Man hätte annehmen können, daß er sein Studium nach den turbulenten Anfangsjahren einigermaßen ruhig zum Abschluß brachte. Doch mitten in der Salbungszeremonie im Tempel sprang er plötzlich auf, stürmte hinaus und beschwerte sich, daß man das Geld für die vierzig Ochsen, die zu diesem Anlaß geschlachtet worden waren, besser für die Unterstützung der Witwen hätte verwenden können.

Die Akte schließt mit einem Kommentar in einer anderen Handschrift – vermutlich der des Nachfolgers Michas als Oberhaupt der Hochschule. Möglicherweise handelt es sich bei dem Schreiber um Urija ben Schemaja, der später große Schwierigkeiten bekam, nach Ägypten floh, deportiert und schließlich vom König getötet wurde, weil die Prophezeiungen, die er in Kriegszeiten machte, als Hochverrat angesehen wurden (Jer 26, 20-23). Jeremia geriet später beinahe mit demselben Gesetz in Konflikt, von daher können wir in dieser Beurteilung seiner Hochschulkarriere womöglich die Stimme eines Mannes erkennen, der den jungen Jeremia in seinen entscheidenden Jahren beeinflußte. Der Text lautet:

Wenn wir diese Akte schließen, so tun wir dies nach wie vor in der Überzeugung, daß es richtig war, Jeremia am Bet Jeschajahu aufzunehmen. Er ist ein begabter junger Mann mit einem ausgeprägten Gefühl für seine Berufung, und wenn er jemals den richtigen Platz für seine unzweifelhaften Fähigkeiten findet, müßte er eigentlich großen Erfolg haben. Unglücklicherweise sehe ich im gegenwärtigen, eher konservativen politischen Klima in Jerusalem keine Zukunft für ihn. Ich kann mir nur eine einzige Situation vorstellen, in der seine besonderen Gaben dringend gebraucht würden. Doch dies wäre eine Zeit so schrecklichen Unglücks für Jerusalem, ja für das ganze Volk, daß ich hoffe und bete, daß er nie berufen wird, die Worte des einen, wahren Gottes auszusprechen.

Bibelstellenregister

Jonathan Magonet

Mit der Bibel durch das jüdische Jahr

128 Seiten. Kt.
[3-579-01443-9] GTB 1443

Der Bibelerzähler und Bibelinter-
pret Jonathan Magonet nimmt den
Leser in diesem Buch mit in die
Welt des jüdischen Glaubens. Seit
1990 hält er viermal im Jahr im
Norddeutschen Rundfunk Sabbat-
ansprachen. So sind im Laufe der
Zeit biblische Exegesen entstanden,
die ein lebendiges Bild von Alltag
und Festtagen des jüdischen Jahres
zeichnen.

Die vorliegenden Texte vermitteln
einen Einblick in die aktuellen Themen jüdischen Lebens und zeigen
gleichzeitig, wie unkonventionell
und ironisch Magonet mit dem
heiligen Text der Hebräischen Bibel
umgeht.

Gütersloher
Verlagshaus